KB102811

일자리 그 위대한 여정

일자리
그 위대한 여정

AI 시대 우리 일자리는
지속 가능한가

백완기 지음

지베르니

프롤로그

2023년 1월 하순 어느 날 나는 여느 때와 마찬가지로 스마트폰으로 뉴스를 보며 하루를 시작했다. 구글 뉴스 앱에서 평소 지정해 두는 분야의 뉴스들을 훑어봤더니 챗GPT 기사가 주를 이루고 있었다. 그리고 영국 오카도 그룹의 물류 센터 관련 기사, 모래사장을 세계 최고 속도로 달리는 한국 KAIST 연구팀의 사족 보행 로봇 기사가 뒤를 잇고 있었다. 세 기사 모두 미래에는 인류가 하던 일을 기계가 대체하고 그것도 매우 효율적으로 인간의 능력을 뛰어넘을 것이라는 점을 공통적으로 암시하고 있었다. 이 모든 일의 중심에는 AI(인공지능)가 있다.

"AI가 몰려온다."

"머지않은 장래에 AI가 거의 모든 일자리에서 인간을 몰아내고 그 자리를 차지하게 될 것이다. 그리고 한번 없어진 일자리는 되돌아오지 않는다."

일자리에 대해 조금만 관심이 있는 사람이라면 요즘 가장 자주 그리고 가장 심각하게 듣는 말이다. 이 말은 사실일까? 아니면 과장된 이야기일까? 결론적으로 말하면 맞기도 하고 틀리기도 하다. 지금까지 인류가 영위해 왔던 일자리가 없어진다는 것은 맞는 말이고, 우리 일자리가 완전히 사라져 인간이 모두 백수가 된다는 것은 틀린 이야기다. 왜냐하면 다음과 같은 이유에서다.

첫째, 인류는 곧 과학기술에서 특이점을 맞이할 것이기 때문이다. 이는 곧 인류가 영원히 돌이킬 수 없는 변화의 시점을 지나게 된다는 것이고, 이는 일자리에 대한 우리의 생각을 근본적으로 바꿀 것을 요구할 것이다.

둘째, 지금까지 인류 문명이 인간의 육체·정신·정서 노동 효율을 높이는 데 초점이 맞추어져 발전해 온 것과는 달리 미래에는 인간의 노동 효율을 높이는 것이 아니라 인간의 노동 자체를 기계가 근본적으로 대체할 것이기 때문이다. 인간이 생산 및 유통 과정에 끼어들 여지가 없어지는 것이다. 인간은 여전히 생산하고 소비하는 존재로 남겠지만 인간이 주로 생산하는 제품은 달라진다. 미래에 가장 중요한 생산품은 정보다.

셋째, 세계화가 더욱 심화되어 지구 전체가 하나의 공동체로 묶일 것이기 때문이다. 우리 삶에 영향을 미치는 문제는 더 이상 국지적으로 해결할 수 없다. 인류는 거대한 하나의 네트워크에서 살아가게 된다.

일자리도 사회와 더불어 진화한다

인류 최초의 일자리는 무엇이었을까? 초기 인류에게 가장 중요한 것은 생존을 위한 투쟁이었다. 원시인들은 살아남기 위해 사냥을 하고 채집을 했다. 이렇게 생존을 위한 투쟁에서 해야 할 일이 인류 최초의 일자리이자 직업이었다. 일자리-직업이 기본적으로 인간의 생물학적·사회적 생존을 보장하는 근간이라는 관점에서 보면 초기 인류는 모두 직업이 같았다고 할 수 있다. 즉 초기 인류는 모두 하나의 직업을 가진 무리 집단이었다. 이처럼 밥그릇 싸움은 처음부터 인류에게 숙명이었는지 모른다. 한정된 자원에 대한 투쟁이 일자리의 시작이다. 물론 초기 인류의 생존 환경이 에덴동산과 같은 낙원이었을 수도 있다. 하지만 인류가 10만 년간 지속된 빙하기를 겪고도 살아남아 오늘날까지 존속되고 있는 것을 생각하면, 원시 인류부터 현생 인류인 지금의 우리가 있기까지 고난으로 점철된 시간이었다고 봐도 큰 무리는 없을 것이다.

일자리는 처음 만들어진 이후 끊임없이 변화해 왔고 지금도 계속 변화하고 있다. 전통적인 직업들은 인류가 사회를 구성하고 살아가기 시작할 때나 문명이 발생해 국가가 성립될 때 생겨났다. 전통적인 시대의 일자리는 그리스 신화에 나오는 '시시포스의 형벌'과 흡사했다. 제우스를 속인 죄로 지옥에 떨어진 시시포스는 하데스의 저주에 따라 커다란 바윗덩어리를 끊임없이 산 정상에 올려놔야 하는 벌을 받는다. 시시포스의 일은 '아무런 소득이나 효과 없이 끝없이 되풀이되는 고된 일'처럼 보이지만 사실 정상을 향한 시시포스의 투쟁은 인간의 끊임없는 노력을 나타내기도 한다. 반복되는 일상에서 어제와는 다른 무언가를 찾아 노력하며 살아가는 사람을 우리는 장인匠人이라고 부른다. 바위를 산꼭대기에 올리는 길은 수없이 많을 것이고 단계마다 힘을 쓰는 방법도 다를 수 있다. 나타난 결과가 같다고 해서 들어간 노력이 같은 것은 아니다. 세상 어디에나 우리가 존경할 만한 장인이 있고 그들의 삶에는 의미가 있고 희망이 있다. 인류는 시시포스와 같은 삶을 단순하게 저주받은 삶으로 받아들이지 않고 미래 발전을 위해 노력하는 생산적인 과정으로 만들었다. 산업혁명은 기술과학혁명이면서 동시에 인간 세계관의 혁명이었다. 기술과학을 통해 인간은 축력과 인력에서 벗어나 인위적으로 생산된 에너지를 사용하는 법을 익혔고 사회혁명을 통해 신으로부터 해방되어 인간이 중심이 되는 세상을 만들었다.

생명체가 생태계에서 서로 영향을 주며 진화하듯이 일자리도 우리가 살고 있는 사회와 함께 공진화한다고 할 수 있다. 일자리가 미래에 어떻게 될 것인가를 알아보기 위해 우선 인류가 가지고 있는 일자리가 어떻게 생겨났고 변해 왔으며, 일자리가 가지고 있는 본질이 무엇인가를 생각해 보는 데서 시작해 볼까 한다. 요즘처럼 세상이 빠른 속도로 변하는 시대에 과거를 돌아보는 것이 부질없어 보일지도 모르지만 미래를 준비하려면 과거를 아는 것이 무엇보다 중요하다. 새로운 세상을 만드는 혁신은 과거의 토대에서 시작되기 때문이다. 온고지신溫故知新이라는 말처럼 과거를 모르고서는 새로운 것을 알아가기 쉽지 않다.

거시적 관점에서 지금까지 발달해 온 우리 일자리를 조망해 보면, 일자리는 문명사회의 거대한 시스템 내에서 개인의 역할을 규정하는 좌표와 같은 것이다. 역할을 표현하는 방법(구체적으로 현장에서 이뤄지는 일의 형태)은 문명사회의 하부 구조라 할 수 있는 과학기술의 발달 단계에 따라 결정된다. 마르크스는 사회를 분석하면서 경제적 부분을 하부 구조로, 정치를 상부 구조로 파악했는데, 일자리는 과학기술이라는 하부 구조 위에 문명사회라는 상부 구조를 갖는다고 할 수 있다. 산업혁명을 맞이하기 전까지 과학기술의 발전 속도는 그 시대 사람들도 공유할 수 있는 정도였기에 인간이 자신의 일자리와 자신을 인식하는 사고 체계 사이에서 간극을 느끼는 경우는 거의 없었다. 하지만 산업혁명을 겪고 기적의 20세기를 거치면서 인류의 과학기술은 거침없는 속도로 발달했고 이로 인해 기술의 진보가 인간의 의식을 누르는 결과가 나타났다. 자신의 삶과 자신의 일을 주체적으로 느끼지 못하게 되면서 일과 합일되지 않아 일자리로부터 유리된 것이다. 이 공허함을 메워 준 것은 신을 대체한 인본주의였다. 인본주의는 우리 자신을 절대적인 존재와 비교할 필요가 없다는 것을 깨닫게 해 주었다. 이제 인간은 자기중심적인 사고를 하게 되었고 세상의 중심에 인간 자신을 세워 놓았다. 하지만 내면을 가득 채우기에는 한계가 있어 인간의 공허함을 완전하게 해결하지는 못했다. 이 공허함은 이후 포스트모더니즘과 같이 이성과 합리성, 근대성을 부정하는 경향으로 나타났다.

뛰어난 사람들의 새로운 생각들이 사회에 수용되기 위해서는 새로운 것을 긍정적으로 받아들이는 사회·생태적 환경이 필수적이다. 심리학자 미하이 칙센트미하이 Mihaly Csikszentmihalyi 의 말처럼 "창의성은 새로운 사고가 수월하게 인정받는 곳에서 좀 더 순조롭게 발전하기" 때문이다.[1] 새로운 생각이 새로운 사회를 만드는 데 출발점이 되지만 사회 어느 한 분야만 바뀌는 것으로는 사실 아무것도 바뀌지 않는다. 민주주의나 개인의 자유가 중요하다는 것은 모두가 받아들이는 가치임에도 민주주의와 개인의 자유가 진정으로 실현되는 사회는 쉽게 만들어지지 않는다. 광범위한 인간 네트워크가 바뀌지 않는 이상 사회 생태계는 바뀌지 않으며 사회 생태계의 변화 없이 우리가 추구하는 사회는 도래하지 않기 때문이다.

욕망이 일자리를 낳는다

일자리는 본질적으로 인간 욕망의 산물이다. 소비 주체의 욕망과 소비 능력, 소비 선호도가 일자리를 만들어 낸다. 일자리는 인간의 의식 세계가 만들어 내는 거대한 사회 그물망과 같은 것이다. 전제 군주 시대에는 왕과 귀족의 욕망이 주요 일자리를 만들어 냈으며, 자본사회 이후에는 자본가의 욕망이, 그리고 경제가 발전한 선진국에서는 일반 국민의 욕망이 일자리를 만들어 내는 주요 동인이다. 그리고 그런 욕망은 우리 사회의 문명을 만든다. 그래서 일자리는 바로 우리가 살고 있는 문명의 결과물이기도 하다. 인류 문명의 변화에 따라 우리 일자리도 변해 왔으며, 일자리의 변화는 다시 문명의 발전을 견인해 왔다. 그래서 교역이나 전쟁과 같은 문명 간의 접촉은 항상 새로운 일자리 만들어 낸다. 고구려 태생의 당나라 장수 고선지가 아랍 세계와 접촉했던 탈라스 전투가 계기가 돼 중국 제지술이 서양에 알려지고 이후 서양 세계에 제지와 관련한 일자리가 생겨난 것은 역사에서 문명 간의 접촉이 새로운 일자리를 만들어 낸 대표적인 사례다.

일자리는 시대를 살아가는 인간들의 가치를 가장 명확하고 사실적으로 보여 주는 지표다. 일자리가 좋은 사회여야 사람이 살기 좋은 사회이며, 일자리가 나쁜 사회가 살기 좋은 사회가 될 리 만무하다. 예술은 문명사회의 척도와도 같다. 예술 활동으로 인간의 정신세계는 더욱 깊어지고 넓어진다. 문명화된 사회일수록 예술 활동에 더욱 친화적이며 다양한 예술 분야 일자리가 창출된다. 최근 연구에 따르면 예술은 예술가들의 정신세계만 고양하는 것이 아니라 저명한 과학자의 활동에도 긍정적인 역할을 하는 듯하다. 저명한 과학자들은 예술 활동을 좋아했다. 다윈은 소설을 많이 읽었으며 아인슈타인은 바이올린 연주가 훌륭했다. 예술 활동을 꼭 직접 제작에 참여하는 것으로만 한정할 필요는 없다. 박물관이나 미술관에서 걸작들을 만나 감상하는 것도 예술 활동을 하는 훌륭한 방법이다. 발달된 문명사회는 예술 분야에서 좋은 일자리를 다양하게 제공한다.

언론에서는 국민이 가장 선호하는 직업 순위를 주기적으로 발표한다. 선호하는 상위 직업군이 크게 바뀌지 않는 것처럼 보여도 상당히 의미 있는 변화가 꾸준히 일어나고 있다. 특히 일자리에 근본적인 영향을 미치는 기술을 다루는 학문 분야에서 그렇다. 1970년대 서울대 이공 계열 학과에서 입시 점수가 가장 높았던 학과는 건축학과였고 1980년대에는 한때 전자공학과가 그 자리를 차지했다. 물론 의대처럼 항상 상위권에 있는 분야도 있지만 시대에 따라 직업에 대한 선호도가 변하는 것은 사실이다. 1970년대 건축학과의 인기는 아마도 중동 건설 붐에 영향을 받았을 것이고 1980년대 전자공학과의 부상은 삼성전자와 금성사(현 LG전자), 그리고 지금은 이름도 바뀌고 많이 작아져 사람들 뇌리에서 사라진 대우전자 같은 대기업에 대한 선호와 새롭게 발달하는 전자산업이 그 원인이었을 것이다.

한 나라 안에서 시대에 따라 직업에 대한 선호도가 변하기도 하지만 국가별로 선호하는 분야가 확연하게 차이 나기도 한다. 인도에서는 IT 공과대학에 입학하는 것이 가장 어렵고, 중국도 의대보다 선호되는 학과가 꽤 많다.

일자리가 가지는 사회적 통념과 가치는 사회 구성원들의 공통된 인식 바탕 위에 만들어지는 것이지 일자리 자체에 내재되거나 천부적으로 정해지는 것은 아니다. 유독 우리나라에서는 '아빠 찬스'니 '부모 찬스'니 하여 부당한 방법을 총동원해서라도 자식을 좋은 자격증을 딸 수 있는 학과에 진학시키고자 노력한다. 최근에 특히 정치권에서 이 문제가 많이 불거져 나왔지만 비단 정치권만의 문제는 아닐 것이다. 사회 기득권의 도 넘는 욕심이 여러 곳에서 목격된다. 단순히 자신의 삶을 망치는 것으로 끝나지 않고 '공정'의 가치를 가장 중요하게 생각하는 한국 사람들에게 너무나 많은 실망감과 허탈감을 줬다. 사람들이 분노하는 것은 "사돈이 집을 사면 배가 아프다" 같은 질투심이 아니다. 우리 사회가 당연히 정의로울 것이라는 믿음을 무너뜨리는 일이기 때문이다. 믿음이 무너진 자리에는 분노만 남게 된다. 이 모든 것은 사회적으로 한정된 좋은 일자리를 자기 자식이 차지했으면 하는 부모들의 잘못된 욕심에서 기인한 것이다. 아마도 베이비 붐 세대의 부모들이 치열하게 사회생활을 해 오면서 자식에게는 보다 안정적이고 좀 더 많은 수입이 보장되는 직업을 갖게 해 주려는 대리 만족의 심리가 큰 게 아닌가 싶다. 그런데 그 욕심이 지나치면 사회를 병들게 하고 자신이 가장 사랑하는 자식들의 삶마저 망칠 수 있다. 하지만 모든 나라가 그렇지는 않다. 물론 의학 계열이나 법학 계열에 대한 선호는 어디에서든 비교적 보편적으로 나타나지만 사회 전체가 병적일 만큼 편중된 것은 한국 사회의 특수한 현상일 것이다. 한국과 같이 의대나 로스쿨을 가기 위해 사회 상층의 엘리트 집단이 죄의식 없이 입시 부정을 저지르는 것은 유럽이나 미국 같은 선진국 사회에서는 찾아보기 힘들다.

　어느 한 개인을 겨냥한 이야기는 아니다. 이는 한 개인의 문제가 아니기 때문이다. 언론에 대서특필되어 있는 사례가 전부이겠는가? 다만 한 사건이 많은 사람들에게 알려지고 각인되었을 뿐 우리가 모르는 불공정이 한국 사회에 만연해 가고 있다는 데에 많은 사람이 공감하고 있을 것이다. 불공정은 비단 교육 문제에만 한정되지 않는다. 사법 체계에 의문을 품고 있는 이들도 많다. 도저히 일반 상식으로 받아들이기 어려운 판결들이 우리를 어리둥절하게 만들고 분노하게 만든다. 이 모든 불공정은 궁극적으로 우리 일자리를 악화시킨다.

공정하지 못한 편법이 판치는 세상에 미래는 없다.

영원불멸의 가치를 내재하고 있는 직업은 없다. 직업은 사회적 배경과 사람들의 의식 속에서 선호도가 갈린다. 자동차 정비 일은 1970년대 이후 산업화가 진행되는 동안 고등학교 졸업자들이 가장 선호하는 직업 중 하나였으며, 자동차 정비공으로 자부심을 가지고 살면서 가정을 꾸려 훌륭하게 자식들을 키워 내고 남부럽지 않은 생활을 영위할 수 있는 방편이었다. 그러나 지금은 3D 업종이라 하여 사람들의 기피 대상이 됐다. 국가나 지방자치단체가 실시하고 있는 무상 기술 교육기관에서도 교육생을 모으기 가장 힘든 학과 중의 하나다. 유럽에서 굴뚝 청소부는 상당한 수입이 보장되고 사회적 존경을 받는 직업이다. 직업에 대한 선호도는 사회에 따라, 시대에 따라 항상 변하고 앞으로도 변할 것이다.

직업은 사람들에게 삶의 근간이자 행복을 추구할 수 있는 가장 기본적인 요건이다. 직업이 철저하게 서열화된 사회에서는 많은 사람들이 행복해질 수 없다. 모든 사람이 의사나 변호사로 살 수는 없기 때문이다. 하지만 그런 사회가 설령 온다고 해도 그 사회 구성원들이 과연 행복할까?

일자리의 가치는 끊임없이 변화해 왔다. 미래 일자리에 가치를 부여하고 향유하는 것도 우리 자신이다. 이제 우리는 '인류의 일자리가 어떻게 될 것인가'보다 '어디로 가야 하고 어떤 생각을 가지고 일자리를 만들고 받아들여야 하는가'를 고민해 봐야 한다. 일자리는 어차피 우리가 만들고 향유하는 것이기 때문이다.

일자리는 인류의 욕망을 충족하기 위한 수단으로 탄생되지만, 동시에 일자리 자체가 인류 욕망을 표현하는 수단이기도 하다. 결국 돈을 많이 벌고 사회적으로 존경받으며 남보다 위에 서고자 하는 인간의 욕망에 따라 일자리는 선호도가 달라지고 서열화돼 왔다. "직업에 귀천은 없다"는 이야기는 허상이거나 정신적 수련을 통해 삶을 해탈한 사람들에게나 통할 수 있는 말이다. 우리 시대에 직업에는 귀천이 있으며 이는 오히려 심화되고 있다.

태어난 사회적 신분이 개인의 삶을 좌우하는 시대에는 신분에 따라 직업의 귀천이 나뉘었다. 국가를 유지하고 통치하는 좋은 방법 중의 하나는 직업에 귀천이 없다는 생각을 널리 퍼뜨리고 소수의 지배 계급이 될 수 있는 통로를 형식적으로 열어 놓아 그 가능성에 삶의 위안을 느낄 수 있게 하는 것이다. '등용문登龍門'이나 "개천에서 용 난다"는 표현들이 함축하고 있는 내면이다. 하지만 조선 시대 위인으로 추앙받고 있는 인물 중에 양반 가문 출신이 아닌 사람은 찾기 어렵다. 장영실 같은 극소수의 사람이, 그것도 성군을 만났을 때나 가능한 일이었다.

신분제가 무너진 근대에 들어서는 부모의 재력과 직업이 신분제의 역할을 대체했다. 좋은 일자리를 갖기 위한 열망은 어느 시대에나 같았다. 다만 신분 상승이 힘들었던 조선 시대에는 "올라가지 못할 나무는 쳐다보지도 말라"는 말처럼 포기하면서 살았다면, 우리나라가 선진국 대열에 들어설 만큼 경제 성장을 이룬 지금은 달라졌다. 자신은 하지 못했어도 자식만큼은 선망의 직업을 가지게 하려는 부모들의 열망이 터져 나왔다. 하지만 욕망의 목표가 무언가 잘못됐다. 남위에 설 수 있는 일자리가 최고의 일자리라는 잘못된 인식이 사회 전반에 보편적인 가치로 자리매김되었다. 사회를 분열시키고 남과의 치열한 경쟁에서 승리한 자만을 성공한 사람으로 규정하는 사회는 지속 가능한 사회가 아니다. 이런 갈등과 격한 투쟁을 요구하는 사회가 번영을 지속하기 어려운 사회라는 것은 역사가 증명하고 있다. 지금 한국 사회의 일자리는 이런 잘못된 요구를 개개인의 삶에 강요하고 있다.

일자리는 필연적으로 사회적이다

일자리는 자신이 속한 사회에 결정적으로 영향을 받는다. 같은 일을 해도 돌아오는 결과는 자신이 속해 있는 국가에 따라 다르다. 같은 자연환경에서 같은 민족성을 가진 사람들이 살고 있어도 마찬가지다. 태국 방콕에서 캄보디아 시엠레아프(시엠립)의 앙코르와트로 이동하기 위해 국경을 넘은 적이 있다. 태국과 국경을 맞대고 있는 캄보디아는 육로를 이용해 국경을 넘어서 갈 수 있다. 삼면이 바다이고 위로는 북한과 단절된 우리나라에서는 불가능한 일이기에 새롭고 즐거운 경험이었다. 방콕을 출발한 버스는 캄보디아 국경에 인접한 도시인 아란야쁘라텟으로 향한다. 일상적인 사람들의 이동보다 태국과 캄보디아 국경 사이 면세 구역에 위치한 카지노에 가는 사람들을 위해 부정기적으로 운행하는 버스다. 버스는 룸피니 공원을 출발해 33번 국도를 따라 동쪽으로 달린다. 14세기 위대한 크메르 제국에 치명적인 일격을 가한 아유타야 왕조의 군사들이 크메르의 수도 앙코르를 침략하기 위해 바로 이 길을 갔었을지도 모를 일이다. 길 양옆으로 보이는 풍경은 태국의 여느 풍경과 다를 바가 없다. 태국식 고속도로와 국도가 이어지고 중간중간 도시들을 거쳐 곡창 지대의 광활한 논이 펼쳐진다. 그렇게 약 2시간 넘게 달리면 아란야쁘라텟에 도착한다. 간단한 국경 수속 절차를 거치면 도보로 약 1~2분 정도에 다시 캄보디아 국경 도시 포이페트의 국경 검문소에 도착한다. 그 사이에는 카지노 건물들이 쭉 늘어서 있다. 대부분 태국 사람들이 이용한다는데 지금은 아마 중국 사람들도 많이 이용하지 않을까 싶다.

태국은 비교적 공업화가 일찍부터 진행되어 동남아시아 국가 중에서는 선도 국가에 속한다. 물론 국가명 자체가 '독립'을 뜻하는 '타이'인 것에서 보듯이 태국은 동남아시아에서 식민 지배를 당하지 않은 유일한 국가로, 국민의 자부심 또한 높은 편이다. 그런데 아란야쁘라텟에서 캄보디아 국경을 넘어 포이페트까지 불과 몇백 미터도 되지 않는 짧은 거리를 이동하면 전혀 새로운 풍경이 펼쳐진다. 우선 교통수단이 달라진다. 여러 국가에서 수입한 중고 승용차들이 늘어서 호객 행위를 한다. 태국과 달리 대중교통이 없어 여행자들이 어쩔 수 없이 비교적 비싼 돈을 지불하고 이용해야 하는 구조다.

포이페트를 벗어나 시엠레아프로 향하면 캄보디아의 논이 끝도 보이지 않게 펼쳐진다. 3모작이 가능한 자연환경 덕분에 추수가 끝난 논과 모내기를 하는 논이 동시에 존재한다. 일시에 농사를 시작해 일시에 추수를 하는 우리나라 농촌 풍경에 익숙한 내게는 약간은 경이롭게 보이기까지 한다. 과거 크메르 제국은 강력한 국가였다. 800년경에 이미 수리 시설이 완비되어 앙코르 인구 100만 명을 먹여 살렸을 정도로 대단한 기술력을 지녔다. 인근 베트남도 쌀을 수출하는 국가여서 동남아시아 국가들이 정상적인 농업을 영위한다면 그 전체 쌀 수출량은 세계 최고가 될 것이다. 예로부터 동남아시아는 풍부한 생산력으로 전 세계 쌀의 곡창 같은 곳이다.

태국 농민과 캄보디아 농민은 똑같은 자연환경과 조건에서 똑같은 노동을 하지만 생활은 다르다. 이유는 한 가지, 소속 국가가 다르기 때문이다. 국가가 다르면 소득도 달라지고 소득이 달라지면 생활 수준이 달라진다. 일자리가 사회적일 수밖에 없는 이유다. 새들이나 짐승들은 거침없이 넘나드는 길을 인간은 정해진 규율에 의해서만 넘나들 수 있게 인위적으로 정해 놓은 선이 국경선이다. 현실의 공간에서는 그 선을 확인할 수 없지만, 국경선은 엄연한 현실이며 우리의 삶을 좌우한다.

인간은 사회에서 살아간다. 사회에서 살아가는 인간에게는 각자의 역할이 주어진다. 주어진 역할을 수행하는 것이 일자리이고 자신이 속한 사회에 따라 같은 일도 다른 대우를 받는다.

에너지 흐름과 맞닿아 있는 일자리

일자리는 우리가 살아가는 지구와도 떼어 놓고 생각할 수 없다. 우리는 태양계에 속해 있는 하나의 행성인 지구를 벗어나 살아갈 수 없다. 즉 지구는 모든 인류에게 운명이다. 물론 인류가 자멸하지 않고 소중한 지구와 공생·공영의 문명을 성공적으로 발전시켜 간다면 언젠가 새로운 삶의 터전을 찾아 지구를 떠날 날이 올 수도 있겠지만 아직은 요원한 이야기다. 우리는 지구에서 태어나 진화해 가며 살아가는 하나의 생명체로 존재하고 있으며 태양 없이 살아갈 수 없다. 따라서 인간의 일자리 역시 근원적으로 태양에 의존할 수밖에 없다. 정확하게 말하면 태양이 지구에 보내 주는 에너지에 의존하는 것이다. 에너지가 없는 곳에는 생명체도 없기 때문이다.

인류 역사를 돌아보면 인류 문명은 지금까지 보다 크고 강력한 에너지를 사용하기 위한 부단한 노력을 이어 왔다. 인간 육체에서 나오는 에너지만을 사용하다가 가축의 힘을 사용하는 축력, 그리고 풍력과 수력의 활용에 이어 산업혁명을 계기로 탄소 에너지를 사용하는 능력을 갖추게 됐다. 20세기에 들어서는 원자에 내재되어 있는 약력과 강력을 활용하는 단계에까지 이르렀다. 2차 세계대전을 종식시킨 원자 폭탄의 위력은 고작 우라늄 0.7그램의 질량이 에너지로 바뀐 결과물이다. 하지만 이러한 에너지 활용 능력도 앞으로 도래할 과학기술에 비하면 이제 걸음마 수준을 벗어난 정도일 뿐이다.

지구상의 모든 생명체의 근원인 태양 에너지는 태양에서 지구까지 8분 만에 도착하지만, 사실 그 에너지는 8분 전에 만들어진 것이 아니다. 태양 에너지는 태양 표면에서 약 70만 킬로미터 깊이에 있는 섭씨 1500만 도에 달하는 중심에서 생성된다. 태양 중심에서는 핵융합 반응을 통해 1초마다 4조 5000억 개의 원자 폭탄과 맞먹는 양의 빛 에너지를 생성한다. 인간이 만든 수소 폭탄은 이 원리를 이용한 것이다. 태양에서 매초 생성돼 지구에 도달하는 에너지는 단 1시간 동안의 양만으로도 인류 전체가 1년간 사용할 수 있는 에너지량과 맞먹는다. 태양 중심에서 방출된 순수한 에너지가 지구까지 도달하는 여정은 간단하지 않다. 태양의 반지름은 빛이 약 2초 남짓이면 통과할 수 있는 약 70만 킬로미터지만 태양 중심부에서 생성된 빛 입자는 태양 원자핵을 이루는 양성자와 중성자 등의 방해로 태양 표면에 도달하기까지 약 100만 년이 걸린다. 태양 표면에서 지구까지 거리는 1억 5000만 킬로미터나 되지만 이 구간은 그야말로 빛의 속도로 날아와 약 8분이면 지구에 도달한다.

지표면에 도착한 빛 에너지는 식물 엽록소의 광합성 작용을 통해 당 에너지로 형태가 바뀌어 저장된다. 당 에너지 일부는 초식동물을 통해 다시 탄수화물과 지방, 단백질로 형태가 바뀌어 지구 생태계를 따라 전이되고, 남은 양은 동물과 식물을 통해 석탄과 석유의 형태로 지표면 아래에 저장돼 왔다. 지구 생태계 먹이 사슬에 들어온 에너지는 미생물→식물→동물의 생태계를 따라 계속 흘러가며 그중 일부가 탄수화물과 단백질, 지방의 형태로 인간의 몸으로 들어오게 된다. 이렇게 들어온 영양분은 몸속 세포 하나하나의 미토콘드리아에서 우리에게 생명을 주는 에너지로 전환돼 신체를 유지하고 번식할 수 있는 힘을 준다. 지구상에 살아가는 모든 생명체는 이 에너지 흐름에서 벗어나 생존할 수 없다. 에너지는 형태만 바뀔 뿐이지 새롭게 태어나거나 소멸되지 않는다. 인류도 이런 에너지 흐름의 한 부분을 차지하면서 태어났고 진화해 왔으며 또 앞으로도 그 속에서 생존하면서 번식해 나갈 것이다.

일자리란 이런 에너지 흐름 속에서 개개인이 자신의 역할을 수행하는 사회적 역할이라고도 할 수 있다. 국소적이고 단기적인 이익을 추구하는 사회적 역할이 강요됨으로써 이런 자연의 흐름을 방해하는 일자리는 궁극적으로 인류를 지구상에서 지우는 요인이 될 것이다. 인류는 번영하고자 하는 욕구를 가진 존재이지만 동시에 지구상에 살아가는 많은 종 중의 하나로서 다른 생명체와 공존해야 하는 존재이기도 하다. 미래 일자리는 이제 이런 미시적·거시적 관점에서 생각되고 고려돼야 한다. 인류는 이미 지구 단위에서 행동할 능력을 갖췄고 앞으로 그 능력의 최대치가 더욱 확대될 것이기 때문이다.

일자리는 너무나도 명백하고 단순해 보이지만 사실 모든 인간의 욕망과 맞닿아 있으며 우리가 사는 지구 전체와도 연결돼 있는 문제다. 미래 사회는 서로가 서로에게 주는 의존도가 심화될 것이다. 그리고 우리가 살아갈 환경도 지금과는 크게 달라질 것이다. 이런 거대한 변화는 위기이면서 동시에 기회이기도 하다. 인간이 더불어 번영을 공유하면서 유토피아에 살 수 있을지, 아니면 문명의 붕괴와 함께 인류의 멸망을 재촉하게 될지 아직 알 수 없다. 한 가지 명확한 것은 이 모두가 우리 손에 달려 있다는 것뿐이다.

이제 인류와 함께 진화해 온 일자리의 기나긴 여정을 살펴보려 한다. 다만 일자리는 너무 다양해서 인류가 거쳐 온 일자리를 모두 아우르며 이야기하는 것은 불가능할 뿐 아니라, 자칫 너무 번잡한 방향으로 흘러 오히려 혼란에 빠뜨릴 수 있다. 그래서 일자리가 생겨난 큰 시대적 흐름을 생각해 보고 당대의 많은 사람들이 의존했던 일자리 위주로 말하려고 한다. 세상에 극소수만이 알고 종사했던 일자리는 간혹 흥미 차원에서 언급할 수도 있으나, 미래에는 일자리가 어떤 모습이 될 것인지에 대해서도 함께 고찰해 볼 예정이므로, 아무래도 대다수 사람들이 해 왔고 또 하게 될 일에 집중하는 것이 더욱 의미가 있을 것이다. 지금부터 일자리에 대한 탐험을 떠나 보자.

목 차

3장 **도시화와 국가 건설** 107

6장 현재 그리고 미래의 일자리 269

1장

인류 일자리의 시작, 사회화

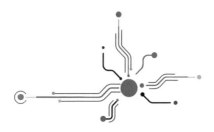

　　　　인간은 사회화 과정에서 자신이 속한
사회에서의 역할을 인지하고 받아들인다. 즉 사회화는 인간의 역할
분담이 이뤄지는 과정이다. 인간이 역할 분담을 받아들이는 것은 그
렇게 함으로써 자신은 물론 자신과 연계된 사람들의 행복에 기여하
고 더불어 같이 살아가는 가치의 실현이 이뤄진다고 믿기 때문이다.
자신의 역할을 수행하는 것은 자부심의 원천이고 삶의 의미이기도
하다. 사회는 개개인의 인간을 구속하지만 그 대가로 개개인에게 삶
의 의미를 부여하고 대대로 이어질 행복한 삶을 약속해 주는 셈이다.

인간은 왜 사회적 동물인가

　진정한 의미에서 일자리의 시작은 어디일까? 인류 일자리의 시작을 유추해 볼 수 있는 곳이 충남 공주 석장리에 있다. 석장리는 한반도에서 최초로 발견된 구석기 유적지다. 금강 변을 따라 자리 잡은 석장리의 자연환경을 보면 인간이 무리를 이뤄 초기 정주 생활을 하기에 적합한 지역이었음을 쉽게 알아차릴 수 있다. 유유히 흐르는 풍부한 수량 덕분에 천렵이 용이했을 것이고, 한반도의 다른 지형에 비해 평지와 야트막한 산이 잘 어우러져 있어 식량이 될 만한 과일 등을 수월하게 채집할 수 있었을 것이다. 한마디로, 안온한 주거 생활이 가능했기에 이곳에 움막을 짓고 무리를 지어 살았을 것이다. 무리를 이루는 것은 가족 단위로 생활하는 원시사회의 탄생을 의미한다.

　공주석장리박물관에는 석장리 유적지 발굴 내용과 구석기인들에 대한 과학적 연구 결과가 간단하지만 명료하게 정리돼 있다. 일자리가 관심인 내게는 실내에 전시된 유적보다 야외 공간에 설치해 놓은 모형들이 더 눈길을 끌었다. 움막집에 살았던 구석기인들의 생활상을 복원해 놓은 모형들이다. 남자들은 주로 사냥과 수렵을 하고 여자들은 자녀들을 보살피고 과일 등을 채집하는 모습을 재미있게 표현해 놓았는데 이 모습이 우리 인류 최초의 일자리 모습일 것이다. 성별과 나이에 따라 사회 안에서 각자의 역할이 주어진 것이다. 모든 사람이 생존을 위해 투쟁했던 시기에 최초로 구분되기 시작한 일자리는 오늘날까지 그 영향을 미치고 있어서 현대를 살아가는 우리에게도 이런 모습이 낯설지 않다.

수렵·채집 생활 시기, 가족 단위 생활에서 아동도 거뜬히 해낼 수 있는 정도의 노동은 당연히 있었을 것이다. 하지만 산업화가 된 이후 성인이 해야 하는 일을 아동이 대신할 수 있는 기계가 발명되어 성인의 임금을 줄이는 방법으로 아동 노동이 사용되면서 사회적 문제를 야기했다. 기술의 발달이 사회 가치를 앞서 가면서 일어나는 현상 중

공주 석장리 유적지의 움집 복원 모형

하나다. 지금까지도 인류는 이 문제에서 자유롭지 못하다. 아동의 노동 착취로 생산된 제품을 불매하는 운동이 선진국을 중심으로 전개되고 있지만 여전히 심각한 문제다. 여성 노동 또한 마찬가지다. 여성은 힘을 덜 쓰는 일이나 집안일같이 '여성스럽다'고 여겨지는 일을 해야 한다는 생각은 현재까지 선진국 사회에도 존재하는 '유리 천장glass ceiling'이라는 표현에 잘 나타나 있다. 유리처럼 투명해서 눈에 보이지는 않지만 위로 올라가는 것을 차단하는 막이 있음을 나타내는 표현이다. 여성은 여전히 사회에서 남성에 비해 불평등한 대우를 받고 있다. 기술이나 사회의 변화를 인간의 인식이 따라가지 못할 때 발생하는 부조리 현상 중 하나다.

▮ 사회생활을 하는 생물은 많다 ▮

사회성은 비단 인류만의 고유한 특징은 아니다. 지금도 호주 서부 해안 샤크베이에 있는 해멀린풀Hamelin Pool 해양자연보호구역에는 시생대부터 지구상에 생존해 온 스트로마톨라이트stromatolite라는 남세균 군락이 서식하고 있다. 이 남세균은 지구 생명체 중에 최초로 출현했던 원핵생물의 일종인데, 그와 비슷한 시기에 출현한 다른 원핵생물들도 흔히 생물학적 "직업군"이라 불리는 협력 활동을 했다. 선캄브리아 시대 화석을 자세히 들여다보면 실처럼 생긴 남세균('남조류'라고도 하는데 생물학 연구에 의하면 원핵생물은 '남세균'이 맞는 표현이다) 주위에 막

호주 서부 해안 해멀린풀 해양자연보호구역에 있는 현생 스트로마톨라이트 군락
(© Paul Harrison / Wikimedia Commons)

대 모양이나 구형의 균류인 에오스파이리아Eosphaeria 등이 모여 있다. 이는 원시적인 생명체들도 상부상조하면서 생존해 왔음을 의미한다. 인류도 지구 진화의 한 생명체라는 관점에서 보면 사회적 협동은 35억 년이 넘는 기나긴 역사를 지닌 활동인 셈이다. 어쩌면 우리 DNA에 새겨진 본능인지도 모른다.

이와는 별개로 지구상의 원핵생물이 진핵생물로 진화하고 또 다세포 생물로 진화하는 '세포내공생설endosymbiont theory'을 대부분의 과학자들이 받아들이고 있다. 세포내공생설이란 원핵생물이 자유롭게 돌아다니던 미토콘드리아나 엽록체를 삼키고 이때 삼켜진 미토콘드리아나 엽록체가 소화되지 않고 원핵생물 내에 공존함으로써 보다 기능이 다양하고 강력한 진핵생물로 진화했다는 이론이다. 이는 원핵생물에서 인류로 진화하는 과정에서 매우 중요한 단계로, 자연의 진화 과정이 단순히 선택과 도태 등 '경쟁'의 결과라기보다 다양한 협업 과정에서 이뤄지는 것임을 보여 주는 사례다. 사회성은 지구상의 생명체가 본능적으로 가지고 있는 특성인지도 모른다.

지구상의 모든 생물이 진화를 통해 탄생했다는 것을 생각해 보면 사회생활을 하는 생물이 여러 종류 존재하는 것은 당연한 일이다. 벌, 개미와 같은 곤충에서부터 미어캣, 늑대, 말, 고래와 같은 포유류, 그리고 우리 인간에 이르기까지 다양한 사회생활 생물들이 존재한다. 현생 인류인 호모 사피엔스 사피엔스가 나타나기 전에 존재했던 다양한 종류의 유인원들도 마찬가지다. 모든 생물이 사회생활을 하지는 않지만 사회를 구성하고 살아가는 생물들을 관찰해 보면 공통점을 발견할 수 있다. 모든 사회적 생물은 사회 안의 역할 중 하나를 맡아 수행하면서 살아간다는 것이다. 일자리는 집단 안에서 하나의 역할을 담당함으로써 자신과 가족 그리고 자신이 속한 집단 구성원과 더불어 삶을 영위하는 것이다. 그런 의미에서 일자리는 사회의 시작과 함께 시작된다. 로빈슨 크루소처럼 홀로 살아간다면 석장리에 재현된 생활상들을 모두 혼자 감당하면서 살아야 했을 것이다. 홀로 살아가면 타인과 구분되는 특별한 역할이 없고 당연히 일자리 구분도 무의미해진다. 일자리는 사람들이 모여 사회를 구성하면서 생겨난 자연 발생적인 결과물이다.

그런데 사회생활을 하는 여러 생물 중에 왜 인류가 지구상에서 가장 큰 사회를 만들고 유지하면서 발전했을까? 크게 두 가지를 중요 요인으로 꼽을 수 있다.

│ 정주 생활과 농업으로 폭발적으로 커진 인간 사회 │

인간이 사회 규모를 키울 수 있었던 첫째 요인으로는 정주 생활을 꼽을 수 있다. 한곳에 오래 정착하게 되면 가족의 재산 규모도 커지고 생활에 필요한 여러 기술도 발전한다. 기술 발전으로 다양한 도구를 제작함으로써 생산력이 높아지고 잉여 생산력도 더욱 늘게 된다. 그리고 소유는 상속된다. 상속되는 재산은 인간에게 안정감을 주게 되고 안정된 사회를 구축한 인류는 종족 번식에도 유리한 위치를 점하게 된다.

모든 진화가 그렇듯 인류의 정주 생활도 무언가 목적을 가지고 시작된 일이 아니었고 자연환경이 인류에게 제공한 자연스러운 생활 방식이었다. 정주 생활을 하면서 육아에서 아빠의 도움도 받을 수 있고 자식을 엄마의 품에서 빠른 시간 안에 내려놓고 기를 수도 있게 된 덕분에 인류는 터울을 2년으로 줄일 수 있었다. 집단에 맞춰 이동하려면 엄마가 어린 새끼를 업고 가야 하는데, 정주 생활은 그보다 훨씬 빨리 어린 새끼를 품에서 내려놓을 수 있기 때문이다. 엄마 품에서 새끼가 떨어져 나가는 시기는 침팬지가 6년이고 보노보는 4년이다. 1년마다 자식을 생산할 수 있는 종과 4~6년마다 자식 생산이 가능한 종은 세대가 흘러감에 따라 개체 수에서 엄청난 차이가 나게 된다. 태어난 개체를 양육할 수 있게 영양분을 공급할 수 있는 안정된 사회까지 구성하면 그 차이는 더욱 커진다.

15만 년 전 2만 명 정도였던 세계 인구는 기원전 1만 년에 약 400

만 명이 됐고, 기원전 5000년까지 약 500만 명으로 서서히 늘었다. 5000년 동안 100만 명 정도가 늘어난 셈이니 거의 자연 증가율 수준이었다. 그러던 인구가 농업과 정주 생활이 본격적으로 시작된 지 채 5000년이 되지 않은 기원 전후에 이르러서는 그 수가 1억 7000명으로 급격하게 증가했다. 한번 가속된 인구 팽창은 걷잡을 수 없이 진행됐고, 기원후 1000년경에는 약 2억 6000만 명으로 인구가 늘어나 인류는 곤충류를 제외하고 세계 모든 지역에서 유일한 깃대종(지역의 대표가 되는 종)이 됐다. 문명화가 시작되고 채 6000년이 되지 않아 500만 명에서 2억 6000만 명으로 약 50배의 증가율을 나타낸 것이다.

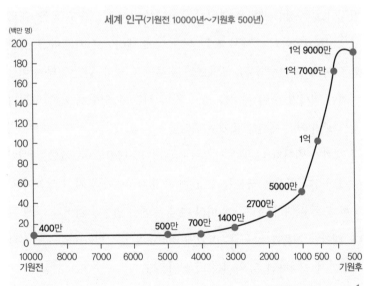

세계 인구(기원전 10000년~기원후 500년)

출처: Atlas of World Population History[1]

농업이 사회를 키우는 데 결정적인 역할을 한 것은 비단 인류 역사에 한정된 것은 아니다. 인류처럼 농업을 하는 잎꾼개미는 무려 2000만 년 전에 곰팡이 정원 농사에 성공해 개체 수를 폭발적으로 늘렸다. 잉여 가치가 생산되면 자연스럽게 개체 수가 폭발하고 사회 규모자체가 커진다.

| 사회화는 인간 DNA에 새겨진 운명 |

인류가 사회를 키울 수 있었던 두 번째 중요한 요인은 바로 진화다. 무리를 이루는 데는 무리의 구성원이 서로를 인식할 수 있는 능력이 중요한데, 여기에는 뇌의 작용이 필수적이다. 뇌는 진화를 통해다양한 기능을 습득했고 진화 결과물은 DNA에 각인됐다. 뇌 기능을진화의 전략으로 선택한 인간은 가장 많은 수의 무리를 인식할 수있는 능력이 있었다.

"인간은 사회적 동물"이라는 말은 고대 그리스 아리스토텔레스의말로 우리에게는 너무도 익숙하다. 인간이 사회생활을 받아들인 것은 정주 생활을 하기 한참 전, 소규모 집단으로 무리를 지어 이동하면서 살던 시기까지 거슬러 올라간다. 사회생활은 인류가 진화해 오는 과정에서 인간의 DNA에 깊숙이 각인된 거의 본능화된 생활 습관이라 할 수 있다. 인간의 적응 행동은 사회 공동체를 염두에 두고 만들어지며 또한 창조적 행위를 공유할 가능성이 높다.

인간이 고도로 발달한 사회적 동물이라는 것은 현대 과학의 눈부신 발전에 따라 실체적인 사실로 규명되었다. 이는 '공명'하는 인간의 유전자와 깊게 연관되어 있다. 공명은 타인과의 관계에서 감정을 이입하거나 감정이 전염되는 현상으로 인해 일어난다. 다른 사람의 감정이나 행동에 대한 정보를 제공하는 신호가 우리에게 도달하면 우리 뇌는 이를 인식하고 해석한 다음 거울 반사 행동으로 응답하는데 그것이 바로 공명이다. 이와 연관된 신경세포를 발견한 윌리엄 허치슨William Hutchison은 이를 '거울 신경세포mirror neuron'라 명명했다.[2] 또 사회적 관계와 연계해 '공유 신경망shared networks'이라고도 한다.

인간은 선천적으로 서로 영향을 주고받고 이에 반응하도록 태어난다. 부정적인 공명을 받는 것도 고통스러운 일이지만 이보다 더 고통스러운 것은 아무런 공명을 받지 못하는 상태다. 흔히 하는 말로 '투명 인간' 취급을 받는 것이다. 증오보다 무서운 것이 무관심인 것이다. 인간은 사회 안에서 끊임없이 상호 작용하며 살아가게 돼 있으며, 서로에게 호의적인 또는 다정한 공명을 통해 인간으로서 존재 가치를 느낀다. 이런 절대적인 생물학적 존재로서 인간은 사회적으로 상호 의존한다. 특히 자신에게 중요한 인물을 위해서는 기꺼이 희생을 치를 준비도 돼 있다. 이것이 "인간은 사회적 동물"이라는 명제의 실체적인 내용이며, 인류가 혼자만의 자유로운 삶을 포기하고 사회의 구속을 받아들인 출발점이면서, 동시에 우리 일자리의 출발점이라고 할 수 있다. 이런 희생과 선의의 목적의식적 행동은 이타적 행동인 동시에 자신의 삶을 의미 있고 행복하게 만드는 이기적 유전자의 행동이라고 할 수 있다.

인간이 사회적 동물이라는 건 단순히 사회 내에서 같은 공간을 공유하며 살아가는 것을 의미하지 않는다. 사회에 속하는 인간은 사회의 이야기를 공유하게 된다. 초기 사회적 이야기는 '신화'의 형태로 나타나는 것이 일반적이다. 이야기를 공유한다는 것은 타인과 자신을 동일시하고 가치를 공유함으로써 사회 안에서 자신의 행위를 긍정하고 당연하게 받아들이게 됨을 뜻한다. 인간은 사회 속에서 살아가며, 거기서 일어나는 상호 작용은 대부분 사회적인 성격을 띤다. 타인의 목표와 자신의 목표를 일치시키는 과정에서 사회로부터 각자에게 주어진 일을 수행하는 것은 가치 판단과 관계없이 누구나 받아들이는 것이다. 현재를 살아가는 우리에게 가장 절실하고 중요한 문제인 일자리는 이렇듯 아주 오래전부터, 인간이 인간으로 살게 된 순간부터 인간의 삶과는 떼려야 뗄 수 없는 관계를 맺고 있다. 이는 일자리의 본질 중 하나를 깨우쳐 주는 것이기도 하다. 일자리는 단순히 생존을 위한 경제적 문제를 해결하는 수단인 것이 아니라 그보다 훨씬 더 심오하게 우리 삶과 직접적이고 근본적으로 연결돼 있다. "인간은 사회적 동물"이라는 단순하고 함축적인 명제는 일에 대한 깊은 성찰을 보여 준다. 일자리의 가장 깊은 뿌리는 인간이 사회적 동물이라는 데 있다.

인간 DNA의 발현은 인간의 이타적 본성에도 나타난다. 아리스토텔레스는 최고선으로 '에우다이모니아 eudaimonia'를 제시했는데, 이는 '잘 사는 것', 즉 '행복'을 의미한다. 독일 신경과학자이자 의사인 요아힘 바우어Joachim Bauer는 의미 있는 삶을 추구하는 에우다이모니아적인 삶이 인간의 DNA에 미치는 영향에 대해 연구했다. 그 결과, 의미 있는 삶을 추구하는 사람들은 그 정신적 영향으로 인해 건강을 해치는 단백질을 생산하는 유전자 활동은 억제되고 건강에 위험하지 않은 유전자 활동은 증가되어 건강하고 행복하게 산다는 결론이 도출됐다. 한마디로, 인간의 정신 활동과 스트레스가 육체적 삶에도 크게 영향을 미치는 것을 사실에 기반한 데이터로 증명한 연구였다. 이는 인간의 유전자가 오래전부터 사회적 활동과 직접적이고 긴밀한 관계를 가져왔다는 것을 나타내 준다. 이런 주장은 4주간 시행된 후속 연구를 통해 더욱 확실하게 증명됐다. 150명을 4개 그룹으로 나눈 뒤, 1번 그룹에는 '타인에게 좋은 일'을 할 것을 요청하고, 2번 그룹은 '자기 자신만을 위한 일'을 할 것을, 3번 그룹에는 '인간적으로 좋은 일'을 할 것을 주문했으며, 4번 그룹에는 별다른 임무를 주지 않았다. 연구 결과, 무언가 선행을 요청받은 집단에서만 '위험한 유전자 활동'이 현저하게 줄어들었다. 다른 사람에게 선한 일을 행하는 인류 고유의 인간성은 우리 몸을 만성 염증으로부터 보호해 주는 유전자 패턴을 활성화시켜 건강을 유지하도록 한다는 결론인 셈이다.

사회와 인간의 관계는 비단 좋은 경험과 환경에만 국한되는 것은 아니다. 최근 실시되는 인지과학이나 신경과학 연구에 의하면, 인간이 사회적으로 소외감을 느끼거나 자신이 불공정하게 대우받는다고 느끼는 경우, 평소에는 신체적 고통이 가해질 때 활성화되는 신경망이 이때도 활성화되어 인간의 삶에 영향을 미친다. 사회심리학자 나오미 아이젠버거Naomi Eisenberger와 매슈 리버먼Mathew Liberman의 연구에 의하면, 신체적 고통은 통증 신호가 시상thalamus을 거쳐 뇌로 전달된 다음 체성 감각 피질somatosensory cortex에 새겨지고, 정신적 고통은 전방 대상 피질anterior cingulate cortex을 활성화시킴으로써 부정적인 사회 환경이 인간의 삶에도 영향을 미치게 된다.[3]

이런 연구들은 "인간은 사회적 동물"이라는 명제가 우리 DNA에 새겨진 운명임을 말해 준다. 인간은 본질적으로 에우다이모니아적인 삶을 살아가도록 진화돼 왔다. 사회적 차별은 개별적인 삶뿐 아니라 정치·사회 문제나 경제 문제와도 직결된다. 에우다이모니아적인 삶을 방해하는 미국의 인종 차별이나 다민족 국가의 소수 민족에 대한 차별 정책은 사회적 불안감을 야기할 뿐 아니라 그 자체로도 막대한 경제적 손실을 가져온다. 유럽 국가들이 노력하는 '차별 없는 사회'는 차별로 인한 폭력이 난무하는 사회의 대안일 뿐 아니라 경제적인 효과도 포함된다. 인간이 사회적 동물이라는 것은 표면상으로 나타난 현상이 아니라 우리 DNA에 깊숙이 새겨진 본능의 발현이다.

인간의 사회적 성향이 초기 사회에 더욱 강하게 나타난 것은 이런 인류의 DNA 발현에도 원인이 있지만 초기 소규모 사회들이 대부분 친척들로 이뤄진 집단이었다는 점 때문이기도 하다. 인간은 진화의 산물로 자신의 유전자를 다음 세대로 이어 가고자 하는 원초적인 본능이 있다. 부성애, 모성애, 가족에 대한 헌신 등은 이런 인류의 본성이 진화해 온 것이다. 유전자를 후대에 남기고 더욱 번창하기 위해서는 자신의 생존과 더불어 같은 유전자를 공유한 가족이나 친족 구성원의 안전은 필수적이다. 그런데 사회는 확인되지 않은 미지로부터 발생하는 위험에서 개인을 보호해 줄 수 있다. 미지는 그 자체로 위험한 것이며, 자신이 알 수 없는 세상에서 발생하는 위험은 자신과 가족, 친척에게는 치명적인 결과를 가져올 수 있다. 그래서 사회 체계가 무너지고 혼란스러워지면 개인은 심각한 불안을 경험하고, 이를 극복하기 위해 더 적극적으로 사회 유지를 위해 노력하게 되는 것이다. 개인이 사회에 공헌하는 것이 있는 만큼 사회도 개인에게 보상하는 관계가 형성되고 이 관계 속에서 주어진 일자리는 자연스럽게 천직으로 받아들여지게 된다. 이처럼 사회 속에서 주어지는 일자리는 개인의 안전과 직결된다. 동시에 사회 속에서의 자신의 역할을 인지하면서 자신이 당당한 한 명의 사회 구성원으로서 기능하고 있다는 보람을 느끼게 한다.

| '우리'를 인식하고 점점 확장시켜 온 인류 |

사회를 이루고 살아가는 동물은 모두 '우리'라는 개념을 인식하고 있다. 즉 사회의 탄생에는 '우리'라는 집단의 개념을 정의하는 것이 필수 요건이다. 곤충들은 페로몬과 같은 냄새로 '우리'를 구분하고, 다른 동물들도 각자의 방법으로 '우리'를 구분한다. 인류가 인식하는 '우리'는 같은 생각과 경험, 언어를 공유하는 집단을 의미하며, 대부분의 언어에서 '우리'는 인간을 나타내는 말과 동일시된다. 여기서 말하는 인간은 우리가 생각하는 보편적인 인간이 아닌 '우리 사회'에 속한 인간, 즉 '우리'를 의미한다. '우리'가 아닌 인간은 나와 같은 인간이 아닌 다른 존재로 인식했다. 아프리카 대륙의 절반 정도를 차지하는 종족인 반투족의 '반투Bantu'는 인간을 의미하는 'Ba'와 인류를 의미하는 'ntu'의 합성어로, '반투'는 말 그대로 '인간'을 의미한다. 이와 비슷한 사례로 남태평양의 마오리족을 들 수 있다. '마오리Maori'는 말 그대로 해석하면 '보통 사람'이라는 뜻이다. 야만인 및 이방인을 가리키는 영단어 '바바리안barbarian'은 그리스어 '바르바로이Barbaroi'에서 비롯되었는데, '바르바로이'는 야만인과 비슷한 의미를 가진 '비그리스인'이라는 뜻이다. 중국에서도 동이東夷, 서융西戎, 남만南蠻, 북적北狄 의 이夷, 융戎, 만蠻, 적狄 은 모두 '오랑캐'라는 뜻으로, 나와 '내가 아닌 상대방'을 구분하는 말이다. 이렇듯 인류가 '우리'라는 개념을 정립하는 데는 언어의 역할이 매우 중요하게 작용했다.

인간은 다른 어떤 생물도 갖지 못한 정교한 언어를 사용한다. 최근에는 몇몇 종의 생물이 언어를 통해 소통한다는 연구 결과도 발표됐지만, 오로지 인류만이 정신세계를 공유하고 상호 이해할 수 있는 고도의 언어 체계를 발달시켜 왔다. 고도의 언어를 사용함으로써 인간은 직접적인 사회적 사실 이외에 고차원적인 정신세계를 공유할 수 있는 능력을 갖출 수 있었다. 최초 무리사회에서 인간은 낮에는 경제적 활동과 휴식을 하며 시간을 보내다 밤이 되면 모닥불 앞에 모여 대화를 나눴다. 낮에는 경제적인 활동을 비롯해 사실과 직접적인 연관이 있는 내용이나 다른 사람에 대한 불만 등을 주로 이야기한 반면, 밤에 모여 나누는 대화는 전설이나 민담 같은 스토리가 주였다. 타인에 대한 불만은 조직에 위해를 가하기보다는 오히려 조직 내 규율을 지키는 방향으로 작용해 조직원들에게 규율에 대한 책임감을 강화시키는 계기가 됐다. 낮에 경제 활동 등에 대해 이야기하는 사람과 밤에 전설이나 민담을 이야기하는 사람은 다른 사람이었을 것이다. 낮이 왕성한 젊은이들의 시간이었다면 밤은 경험과 지혜가 쌓인 연장자들의 시간이었을 것이다. 이런 사실은 평생을 보츠와나 토착민족인 쿵족!Kung 을 민족지학적으로 연구한 인류학자 폴리 위스너Polly W. Wiessner 의 연구에서도 유추해 볼 수 있다. 인간은 언어를 통해 소통하고 하나라는 인식을 공고히 해 왔다. 그 대표적인 결과물이 현대인의 사고에까지 영향을 미치는 신화와 전설로 남아 있다. 인류는 진화하면서 '우리'의 범위를 지속적으로 확장해 왔다. '우리'는 불변의 고정 범위가 아니다.

일자리의 시작점이 된 사회적 분업

사회를 구성해서 살아가는 모든 생물은 사회적 분업을 통해 조직 안에서 자신의 역할을 부여받고 수행한다.

초기에 사회적 분업은 어떤 작용을 통해 이뤄졌을까? 연구에 따르면 초기 사회에서 가장 효과적인 리더십은 '명령'이 아닌 '설득'이었다. 초기 사회에도 위계는 필요했지만 일차적인 인간관계에 의해 형성된 작은 규모의 사회였기에 집안의 가부장이 가지는 정도의 권위로도 충분했기 때문이다. 초기 사회에서 가장 중요한 덕목은 겸손이었다. 사회 안에서 이기적이고 권력 지향적인 자가 허세를 부리거나 타인을 억압하려는 시도가 있으면 이를 멈추기 위해 다수가 결탁해 저지했기 때문이다. 결과적으로 초기 사회 안에는 평등이 확립되었다. 따라서 초기에 일자리 분화가 이뤄졌을 때는 강제적이거나 사회 구성원이 바라지 않는 일을 어쩔 수 없이 떠안아야 하는 상황은 아니었다.

명령이 아닌 설득에 의해 사회적 역할을 담당하게 됐다는 것은 기본적으로 '사회적 분업'을 사회 구성원들이 모두 받아들일 수 있어서 원만하게 유지되는 사회였다는 의미다. 하지만 초기 사회가 모든 면에서 균등한 사회는 아니었다. 가족 내에서 가부장은 절대적인 권한을 가지고 있었으며, 성별과 나이에 따라 요구되는 일이 달랐기 때문에 일의 분화가 이뤄졌던 것이다. 인류의 일자리 분화는 이렇게 시작됐다. 사회 조직 내에서 자신이 해야 할 일을 받아들이고 규약을 받아들인 데는 자신의 일이 사회 다른 조직원에 비해 부당하게 과중하다거나 굴욕적으로 받아들여야 하는 일이거나 하지는 않았기 때문이다. 즉 자신에게 주어진 일자리가 사회가 존속하고 개인의 사회적 삶을 살아가는 데 타당하다고 여겨졌으므로 받아들여진 것이다. 민족지학적 연구에 의하면 부족 구성원들은 자신이 부족의 일원이라는 사실과 부족의 일원으로서 해야 할 일에 대해 긍지와 자부심을 갖는 것이 일반적이다. 일자리 분화는 기본적으로 사회적 정의가 바탕이 되어 시작된 것이다.

┃ 자연스럽게 시작된 계층 분화 ┃

사회는 국가가 성립하기 전부터 존재하는 것으로 인간 생활을 가장 근본적으로 규정한다. 사회는 긍정적 관계와 부정적 관계, 우호적 관계와 적대적 관계 등 온갖 종류의 관계를 아우른다. 사회는 협력자들만의 집합체가 아니다. 사회는 모든 구성원이 지속적으로 공유하는 정체성에 의해 명확한 소속감을 갖게 되는 특정 종류의 집단으로 인식해야 한다. 한 사회의 구성원들은 서로 정기적으로 접촉하든 그렇지 않든, 서로 도울 의지가 있든 없든 '우리는 하나'라는 정체성에 의해 단결된다.

자연 상태 사회에서 계층 분화는 자연스러운 현상이다. 모든 개체가 최고 지위를 가질 수는 없다. 계층 분화에 의해 자신의 삶이 제한되는데도 불구하고 대다수의 인간이 사회생활을 받아들인 이유는 무엇이었을까? 계층 분화는 스트레스를 유발하기도 하지만 일단 위계질서가 정해지면 개체 간 충돌을 줄일 수 있는 여러 가지 사회적 기제가 가동하게 되고 결국 모두에게 폭력으로부터 자유로운 공간을 제공하게 된다. 이는 17세기 철학자 토머스 홉스가 말한 '리바이어던 Leviathan'의 초기 형태라고 볼 수 있다. 홉스는 사회의 규율을 어기는 자가 있을 때 강력한 힘을 가진 국가 권력이 이를 억압함으로써 강제적 평화가 이뤄진다고 하면서, 이러한 국가를 성서에 나오는 바다 괴물인 리바이어던에 비유했다. 자연 상태 사회에서 계층 분화가 시작된 것은 초기 리바이어던의 출현인 셈이다.

사회를 받아들이고 사회 안에서 생활한다는 것은 이런 이점을 수용한 인간 선택의 결과물이다. 이동 생활을 하는 원시 씨족 시기에도 사회는 존재했고 부족사회, 군장사회, 국가, 제국을 형성한 곳에도 우선적으로 항상 존재했다. 사회적 행위는 개체와 종족의 보존에 유리하게 작용한다. 그럼 이런 사회는 그 규모가 어느 정도였을까? 지금까지의 연구 결과에 의하면 인류는 최초에 약 15~20명 내외의 무리로 사회를 구성했다. 사회를 구성해 사는 것이 적의 공격으로부터 방어하기가 용이하고 사냥에서도 유리하다는 것이 증명되면서 그 규모가 조금씩 커져 가장 크게는 2000명까지로 확대되었다.

'우리'에 대한 구분이 이미 확립된 때에 집단을 키우는 방식은 주로 전쟁을 통해서였다. 최근의 고고학적 발굴에 따르면 초기에 집단으로 살면서 이동 생활을 했던 인류의 유골에는 폭력의 흔적이 생생하게 남아 있다. 이는 초기 소수 집단의 이동 생활이 우리가 생각하는 에덴동산과 같은 낙원이 아니라 치열한 생존의 현장이었음을 보여 준다. 집단과 자신의 생존을 위해 무력 사용은 필연적인 일이었으며, 이는 인류가 무력 사용을 잘하는 직업군의 필요성을 자연스럽게 터득하는 계기가 됐을 것이다. 인류가 보노보 같은 타 집단을 만났을 때 폭력보다는 섹스를 통해 문제를 해결하는 방식을 터득했다면 인류 역사 전체가 달라졌을 수도 있다. 하지만 인류에게 자연 상태에서 생존을 위한 활동 이외에 최초로 필요하게 된 일은 무력을 행사하는 일이었다. 물론 무력은 생존에 필수적인 활동이기도 하다. 무력이 절대적으로 필요한 시기에 전사는 최고의 대우를 받는 일자리였다. 전사들을 이끄는 자가 사회의 우두머리가 되며 점점 더 커진 사회를 이끌게 됐다. 무력 우위 사회는 인간이 문명화된 몇몇 도시국가를 건설하기까지 전 세계적인 현상이었다. 다음에 좀 더 자세히 살펴보겠지만 무력으로 서서히 사회의 규모를 키워 가던 인류는 정주 생활이라는 새로운 생활 방식과 농업의 시작이라는 새로운 환경을 맞이하게 됐다. 그리고 이 두 가지가 인류에게 극적인 변화를 가져왔다.

| 교류와 교환이 추동한 분업화 |

무리사회를 이룬 인간 집단이 '우리'와 대별되는 다른 집단과 전쟁이라는 수단을 통해서만 접촉한 것은 아니다. 집단 간에는 다양한 형태의 상호 교류를 하게 된다. 교역을 통한 교류도 전쟁 못지않은 중요한 접촉 수단이다. 교류는 사회 구성원들의 필요를 충당하기 위한 필연적인 행위다. 인간이 원하는 모든 재화를 자체적으로 생산할 수 있는 사회는 없기 때문이다. 교류란 이처럼 자체 소모품 이외에 추가 생산의 필요성이 있기에 발생한다. 그래서 집단 간 상호 교류는 인류 생산력을 끌어올리는 역할을 했다.

인간은 자신에게 없는 물건을 소지한 사람을 만나거나 새로운 물건을 보게 되면 소유욕이 발동한다. 욕심이 나는 물건을 소유하는 방법에는 힘을 사용해 강압적으로 빼앗는 방법과 서로가 가진 것을 교환하는 방법이 있다. 물론 인간은 전자와 같은 방식으로 물건을 차지하기도 했지만, 장기적 관점에서 서로의 물건을 교환하는 것이 유리하다는 것을 깨달았다. 자신이 원하는 물건을 얻기 위해서는 상대방에게 줄 수 있는 물건을 소지해야 하고, 이로 인해 자신과 자신이 속한 사회에 필요한 물건 이외에 추가로 재화를 생산해야 할 필요성이 대두됐다. 집단 간 '분업'이 발생했고 이와 더불어 잉여 가치 생산이 필요해졌다. 이 때문에 이전보다는 좀 더 일해야 했을 것이다. 새로운 것을 소유하고자 하는 인간의 욕망은 경제적 부가 가치를 생산하는 동인으로 작용했다. 그리고 추가로 생산된 물건을 시장에서 자유롭게 교환함으로써 자신의 욕구를 충족하게 됐다. 인간이 사회를 이루지 못하고 개별적으로 생존했다면 생존 이외의 욕구를 달성하기 위해 더 많은 생산 활동을 하는 일은 없었을 것이다. 사회화는 이런 측면에서 비록 작을지라도 잉여 생산을 하는 계기를 만들어 주었다. 인류에게 가장 많은 일자리를 제공한 것은 언제나 전쟁이었지만, 자신의 욕망을 충족시키기 위해 자유롭게 교환하는 행위(시장에 진입하는 행위와 같다) 역시 부족 간의 분업을 통해 불완전하지만 일자리가 만들어지는 기회를 제공했다.

초기에 15~20명 정도의 무리 생활을 하던 인류가 정착하면서 마을을 만들면 그 안에 사는 사람들의 수가 대략 150명 정도가 됐다. 이는 세계 어디에서나 보편적으로 나타나는 현상이며 지금도 자연 발생적인 부락의 규모는 이 수준을 크게 벗어나지 않는다. 왜 인간은 이 정도 규모의 사회를 선호했을까? 영국 진화심리학자 로빈 던바 Robin Dunbar 의 연구를 주목할 만하다. 그의 이론에 따르면, 무리를 이루기 위해선 구성원들이 서로를 공동체의 일원으로 인식하는 것이 필요한데 이는 뇌 용량과 밀접한 관계가 있다. 가장 많은 무리를 인식할 수 있는 동물은 인류다. 인류는 뇌를 전략적으로 진화시키는 전략으로 대뇌 피질을 발달시켰다. 그 결과 어떤 동물들보다 많은 수인 150명 내외를 인지하고 공동체 의식을 가질 수 있는 능력을 갖게 됐다.[4] 150명 내외는 인간 뇌가 가장 안정감을 느끼며 조직 생활을 할 수 있는 적정 규모다. 무리의 규모가 크다는 것은 집단의 생존 확률을 높이고 사회 내에 잉여 생산력을 갖출 수 있는 바탕이 된다. 이처럼 개인이 사회적 관계를 안정적으로 유지할 수 있는 사람의 수를 '던바의 수 Dunbar's number'라고 부른다. 던바의 수가 중요한 이유는 개체를 알아보는 인식의 한계가 곧 초기 사회의 구성원 수를 결정하기 때문이다. 사회 구성원을 인지하지 못하면 이는 사회가 아니라 단순한 무리이며, 그저 한 공간에 같이 존재할 뿐이다. 던바의 수는 인류 역사가 발전해 오는 동안 150~200명이라는 수로 그 크기가 놀랍도록 일관성 있게 유지돼 왔다. 이는 SNS를 통해 온라인상으로 인간관계를 맺고 유지하는 현재에도 여전히 유효한 수치다. 페이스북 관계를 토대로 교류하는 인간의 온라인 네트워크에 대한 연구에서도 여전히 대부분의 사람들이 친구를 맺고 관심 있게 관리하는 규모는 이 정도인 것으로 나타난다.

초기에 인간의 인지 능력을 바탕으로 형성된 집단의 크기는 언어와 문자를 사용한 의사소통 과정을 통해 정체성을 확립하고 '우리'의 개념을 확장함으로써 더욱 커져 갔다. 초기 집단사회(밴드사회)부터 벌써 인류는 "공동의 기억을 유산으로 물려받고 집단적 정체성에 대한 갈망을 통해 강한 유대 관계로 맺어진 우리"를 가지게 됐다. 강한 유대 관계는 공통의 언어, 식생활 습관, 그 밖의 표지標識들을 바탕으로 형성된다. 상징을 통해 동질감을 느낌으로써 자신의 소속 범위를 넓히게 됐고 인류는 이렇게 확장된 동질감 덕분에 다른 유인원에 비해 보다 큰 사회를 구성할 수 있는 능력을 갖추게 됐다. 그리고 무엇보다 중요한 것으로, 문화를 공유하게 됐다.

| 신화는 사회적 융합에 기여하는 '이야기' |

초기에 인간의 본성에 의해 일정 규모로 커진 사회가 더욱더 커지기 위해서는 또 다른 사회적 기제가 필요했다. 물리적으로 집단의 규모를 키우는 것은 전쟁이지만 화학적 융합을 가져오는 것은 인간 인식의 확장인데, 이때 가장 유용한 사회적 자산이 신화였다. 신화는 단순한 이야기가 아니고 사회를 실질적으로 움직이게 하는 것으로, 사회 구성원 모두에게 강력한 영향을 미쳤다. 인간은 신화를 통해 인간의 욕망을 이해하고 인간의 역할에 대한 의무감을 받아들였다. 기록으로 전해지는 최초의 신화는 메소포타미아 문명에서 탄생한 『에누마 엘리시 Enūma Eliš』다. 이후 인간은 『에누마 엘리시』와 유사한 구조를 가진 다양한 신화를 지역마다 발전시켜 갔다. 그리스 문명에는 그리스 신화가 있으며 이집트, 인도, 중국, 메소아메리카 문명에서도 각자의 문명 동질성을 확인할 수 있는 신화를 공유했다. 모두 같은 기능을 가진 신화라 할 수 있다.

신화가 사회 통합에만 기여하는 것은 아니다. 사회는 또한 인간에게 신화를 통해 자연스럽게 자신의 목표를 설정하고 성취할 수 있는 방법을 알려 준다. 일상적인 행동을 모두 자신이 판단해서 해야 한다면 인간이 하루에 할 수 있는 일은 극히 한정될 것이다. 모든 것이 낯설고 새롭고 매번 그 안에 있는 위험을 파악해 올바른 대응 방식을 찾아 행동해야 한다고 생각해 보라. 인간이 아침에 눈뜨고 하루를 보내며 얼마만큼의 일을 해낼 수 있겠는가? 하지만 인간은 사회에서 축적된 경험과 지혜를 통해 체득한 삶의 방식을 간접적으로 접하면서 이러한 문제를 해결할 수 있는데, 바로 교육이나 사회적 기제인 신화 및 이야기 등을 통해서다. 이렇게 함으로써 다른 사회 구성원들과 같은 삶의 방식, 같은 가치 기준을 갖게 되고 이로부터 나오는 생활 방식을 받아들임으로써 자신이 마주해야 할 미지의 영역을 줄일 수 있다. 자연을 대할 때나 인간관계를 유지하는 데 필요한 요령이나 방식을 사회로부터 전수받는 것이다. "한 아이를 키우기 위해서는 하나의 마을이 필요하다."는 아프리카 속담에는 인류 전체의 역사적 경험이 집적돼 있다.

세계 여러 지역에서 전래되는 신화는 신기하게도 비슷한 내용을 담고 있으며 그 이야기 안에 함의된 가치도 보편성을 띠고 있다. 이는 신화의 근원이 하나이기 때문이라기보다는 인간의 사회성을 바탕으로 구성돼 있고 또 그 자체가 인간의 삶에 긍정적인 도움을 주기 때문이다. 사회는 혼란스럽고 복잡한 세상을 살아가는 인간에게 구성원 전체가 공유할 수 있는 유용한 가치를 제공한다. 특정 상황에 대한 행동 양식이 확립되면 인간은 두려움이나 망설임 없이 문제를 해결하고 보다 진보적이고 새로운 생각을 할 수 있는 시간적, 정신적 여유를 얻게 된다. 인간이 만든 사회 안에서 만들어진 신화는 사회 구성원들에게 이식됐으며 이후 좀 더 정교한 종교로 발전했고 철학으로도 이어졌다. 현대인들이 이성적으로 판단하면 도저히 받아들일 수 없는 종교적 믿음이 여전히 인류에게 강력한 영향을 미치는 것도 이 때문이다. 인간은 전통적으로 내려오는 이야기, 종교, 철학을 통해 자신의 가치를 수립했으며 이 사고 체계 내에서 안정감을 느끼고 살아왔다.

하지만 사회 불만이 누적되고 극한의 상황이 오게 되자 이성이 전통적인 사회 가치 체계를 의심하기 시작했고 인간은 극심한 혼란을 겪는 격동의 시기를 맞이했다. 인류 역사에서 가장 큰 격동기는 바로 14세기부터 16세기까지 유럽에서 일어난 르네상스 시기였다. 르네상스를 통해 인간의 가치가 재발견되고 그동안 신에 묶여 있던 인간이 해방됨으로써 인간의 창의성이 폭발적으로 신장했다. 폭발된 창의성 덕분에 인간의 개인 능력 효율도 최대화됐다. 특히 인간이 일자리에 기계를 도입하면서 기존과는 비교할 수 없는 생산성 향상이 이뤄졌다. 인류의 일자리 여정은 르네상스를 통해 인간의 의식이 이성화되면서 새로운 가치 체계가 만들어지고 그에 맞춰 새로운 일자리가 지배하는 세상으로 이어졌다. 물론 이런 과정은 인간이 사회를 만들고 살아가기 시작한 지 한참 뒤, 1만 년도 훨씬 지난 후에 나타난 것이다.

| 일자리는 사회 속에서 비로소 의미를 가진다 |

초기의 15~20명 정도의 무리 생활에서 기본적으로 성별과 나이에 의해 일의 분화가 이뤄졌을 것이다. 건장한 성인 남성은 주로 사냥을 하고, 성인 여성은 나무 열매 채집이나 집 안에서 일어나는 일들을 반복해서 담당했을 것이다. '사회적 분업'이 곧 일자리의 시작점이라 할 수 있다. 특히 다른 생물과 달리 고도의 정신세계를 갖추고 사회생활을 하게 된 인간은 자신에게 주어진 역할을 통해 사회 구성원으로서의 소속감과 자신의 존재 가치를 느끼고 자부심을 갖게 됐을 것이다. 일자리는 사회 안에서 비로소 그 의미를 가진다. 사회에 속한 개체만이 일자리에 대한 의미를 생각할 수 있고, 또 사회가 존재해야만 다양한 형태의 일자리가 생겨나고 필요하기 때문이다. 사회를 구성하기 시작한 순간부터 일자리가 시작됐다고 할 수 있다. 일자리의 시작점인 '사회적 분업'을 통해 바라보면, 일자리의 본질은 사회에 대한 소속감과 자기 자신의 존재감, 그리고 같은 사회에 속한 동료에 대한 의무감이라 할 수 있다. 인간은 일을 하면서 삶의 의미를 느끼고 사회 구성원과 교류하며 자신과 가족의 삶에 활력을 불어넣어 왔다. 일자리가 인간에게 윤리, 도덕의 원천이 되고 개개인 삶의 근본이 되는 것이다. 하늘에서 내려 준 일자리는 쉽게 포기하거나 그 속에 담긴 뜻을 곡해할 수 없는 신성함까지 느끼게 한다.

인류는 문명을 이룩하기 훨씬 전부터 사회화를 받아들였고 이를 통해 위대한 문명을 발전시켜 왔다. 2020년 갑자기 전 지구를 덮친 코로나19(코로나바이러스감염증-19) 팬데믹은 사람들의 사고에 큰 변화를 가져왔다. 더운 여름날 불편을 무릅쓰고 실내는 물론 실외에서도 마스크를 착용한 것은 우리가 혼자 살아가는 존재가 아닌, 사회 구성원 중의 하나임을 받아들인 것이다. 인간은 혼자서는 살아갈 수 없으며, 같이 살아가면 훨씬 더 행복하고 더 오래 장수하며 살 수 있다. 이런 생각들이 받아들여지면 우리 일자리는 진정으로 우리를 사람답게 만들어 주는 본연의 가치를 회복할 것이고 이것이 인류 미래 일자리의 모습이 될 것이다.

사회를 이루고 정주 생활을 시작한 인류는 문명을 이룩하게 됐다. 문명은 이후 도시 건설과 국가 성립으로 이어졌다. 국가 성립은 어느 사건보다 다양한 사회 분화를 일으켰고 그에 걸맞은 일자리를 창출했다. 인류가 사회를 받아들이면서 자신의 일에서 자부심과 보람을 느꼈다면, 이어지는 사회 발전을 겪으면서는 일에서 무엇을 찾게 됐을까? 어떤 이유로 문명사회를 받아들이고 국가에 소속되어 의무를 수행하게 됐을까? 그리고 그 일들은 우리 일자리에 어떤 의미를 부여하게 됐을까? 우리의 여정은 계속된다.

2장

문명화, 다양한 일자리의 만개

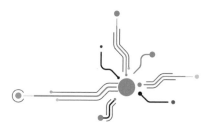

        사회 규모가 커지면서 잉여 가치는 계속 쌓여 갔다. 잉여 가치의 축적은 농경을 통해 가속화됐고 큰 부락이 형성된 지역을 중심으로 문명이 나타나기 시작했다. 농경의 시작, 인구 집중, 도시 건설이 상호 순기능으로 작용하면서 사회에 축적된 문화와 지식이 결합돼 문명이 탄생했다. 문명은 복잡하고 계층적인 사회 조직을 갖춘 도시와 사회적 지식 전달 체계인 문자, 과학이 결합해 만들어 낸 종합 시스템이다.

    문명사회에서 개인은 자신만의 특화된 일을 부여받는다. 문명화는 인류가 마침내 최초로 일상적인 직업을 가지는 계기가 됐다. 일상생활을 영위하기 위한 기본적인 의식주와 관련된 일들이 생겨났고, 사회 구성원 중 일부는 생존을 위한 활동에서 벗어나 다른 영역에서 활동할 수 있게 됐다. 생활을 편리하게 해 주거나 자기 자신을 드러내 주는 여러 물건을 만드는 장인들도 출현했다.

문명의 탄생

약 10만 년 전 동아프리카 평원을 떠났던 신생 인류는 무리를 이뤄 꾸준히 이동하면서 세계 곳곳으로 퍼져 나갔고, 약 1만 년 전이 되자 동물 중에서 유일하게 전 세계에 걸쳐 살아가는 종이 됐다. 하지만 여전히 영장류의 생활에서 조금 벗어난 정도일 뿐 크게 문명화된 생활을 영위하지는 못했다. 아침에 일어나면 먹이를 구하러 다니고 때때로 자신이나 동료를 꾸며 주거나 연장자들의 경험담을 듣기도 했으며, 젊은 커플들은 사랑을 속삭이는 등 특이할 것 없는 일상을 보냈다. 주변의 식량 환경이 열악해지면 큰 고민 없이 지체하지 않고 다른 지역으로 이동했다. 이동하는 동안 특이하게 먹을거리가 풍부한 지역을 만나는 행운도 있었다. 자연 보리나 밀이 생산되는 지역을 만나게 되면 불편을 감수하면서 이동할 필요 없이 1~2주일 정도의 수확 활동으로 거의 1년을 먹을 수 있는 식량을 확보하는 일도 발생했다. 농경을 시작하기 전 인류는 자연적으로 생산되는 농작물을 수확하는 것 외에도 하루 한두 시간이나 그보다 적은 시간의 활동을 통해 충분한 식량을 확보할 수도 있었다. 예를 들어 누 떼나 연어 철이 오면 약 10일 정도의 노동으로 1년 동안 섭취할 식량을 확보할 수 있었다. 사냥하는 것보다 사냥한 재료를 보관하기 위한 후속 작업의 효율이 문제였을 뿐이다. 그런 곳은 날씨도 온난하고 먹을 물도 충분했으며, 덤으로 조개나 물고기를 잡을 수도 있었다. 기원전 1만 년 전쯤에는 몇몇 씨족사회 무리들은 식량 사정이 좋은 곳을 우연히 만나 반정착 생활을 하게 되고 이는 정주 생활로 이어져 농업혁명이 일어나게 됐다.

최초의 집단 정착지는 기원전 9600년에 세워진 튀르키예 남부 괴베클리테페Gobekli Tepe 유적지에서 찾을 수 있다. 동양에서는 중국 요하 문명 지역에 촌락이 형성된 것이 확인된다. 이 촌락에서는 사람 1명당 4~5제곱미터의 넓이(약 1.5평)를 기준으로 방을 만들었다. 가장 큰 방으로는 140제곱미터(약 40평)짜리가 있어 공공장소로 쓰였을 확률이 높다. 방은 4~6명 정도가 거주할 수 있는 크기로, 큰 촌락의 경우 145가구도 있어 촌락민은 700여 명이 거주했을 것으로 추정된다. 현재 한국의 촌락 가구 수가 50~70가구인 것을 생각해 보면 비교적 많은 사람들이 모여 살았다고도 볼 수 있다. 이런 촌락은 주변의 더 작은 촌락에 비해 노동력 차출이 비교적 쉬웠으며, 이 정도 규모의 촌락 중에 최초로 취락지 주변을 도랑으로 파서 두른 환호環濠 마을이 탄생했다. 동아시아 최초의 환호 마을은 중국 흥륭와 문화(기원전 6200~기원전 5200년) 유적지 중 하나인 흥륭와촌 유지에서 발견된다.[1] 초기에 이런 촌락은 강가를 따라 산재해 있다가 교통이나 종교적 상징이 있는 곳을 중심으로 인구가 모여들어 관개 농업이 가능한 수준까지 이르렀다.

농업은 기원전 7000년경에 메소포타미아 북부 무레이베트와 자르모의 주민들이 시작한 것으로 보인다. 도기는 농업이 본격적으로 발달하기 전부터 이미 사용된 것으로 최근 연구 결과 밝혀졌다. 벽돌을 만들고 금속을 가공해 집과 일상생활에 필요한 물품들을 제작하기 시작했다. 기원전 5500년경 티그리스강과 그 지류 연안 텔에스사완과 초가마미에서 관개 농업으로 농경을 전환해 본격적인 농업이 이뤄졌다. 기원전 4000년 도시 우르가 건설됐다. 우르에서는 바퀴와 범선, 쟁기가 사용됐고 천문학도 기원했다. 기원전 3300년경 수메르인들은 문자를 발명했다. 문명이 발달할 수 있는 모든 조건이 갖춰진 것이다.

| 문명 탄생의 선행 조건 |

문명이 탄생하기 위해서는 몇 가지 선행돼야 할 요소가 있다.

우선 인간의 정신적 활동이 필연적으로 요구된다. 최초의 인간 활동 중에 정신적인 활동은 주술사나 동굴 벽화의 존재에서 찾을 수 있다. 구석기 시대 주술사는 정치적 지배 계층을 겸하는 신정일치 사회 계급이었다. 동굴 벽화 제작자들은 독자적인 영역을 가진 전문가 집단이었다. 지금 세계 곳곳에 남겨진 동굴 벽화의 예술성이나 완성도를 보면 일반 사람들이 작업했다고 보기 어렵기 때문이다. 주술과 예술은 인간의 정신 활동을 전문적으로 하는 일자리의 출현을 의미한다. 어둠침침한 동굴에 그려진 아름다운 벽화는 단순한 사실을 표현한 감상용이 아니고 특정한 목적성을 가진 인간 사고의 표현이다. 이후 예술은 사회적 목적에서 서서히 벗어나 예술 자체의 존재 의미를 추구하게 됨으로써 중요한 일자리로 자리매김했다. 기원전 13000~9500년경 제작된 것으로 보이는 아르헨티나 리오핀투라스 동굴의 암각화를 보면, 이때부터 인류가 그림에 나타난 대상 그 자체에 생명력을 부여하기 시작했음을 알 수 있다. 예술은 예술 자체로 의미 있는 행위가 됐다. 기원전 약 5000년경 농업혁명과 종교의 탄생으로 인류는 새로운 세계관을 형성하고 상상력을 활용해 사회를 발전시키는 능력을 갖추게 됐다.[2] 예술로 시작된 인간의 정신세계 탐구는 이후 그리스 이오니아 시기인 기원전 7~6세기에 순수한 탐구로서 학문의 이념으로 이어졌다. 곧 이오니아 자연철학이 태동했고 이를 바탕으로 '순수' 과학도 출현했다. 즉 문명 탄생의 필수적인 예술 활동은 학문으로 이어져 미와 진리를 탐구하는 정신 활동 일자리의 창출로 이어졌다.

둘째, 문명이 탄생하려면 정착 생활을 하는 집단의 출현이 필수적이다. 물론 후대에 이르러 유목 생활을 하는 종족도 문명을 만들지만 이 역시 정착 생활을 하는 집단과의 교류를 통해 건설된 것이고 종국에는 유목민 자체가 정착 생활을 하게 됐다. "말을 타고 정복할

'손의 동굴'이란 뜻의 리오핀투라스 동굴의 암각화

수는 있지만 말 위에서 다스릴 수는 없는" 법이다.[3] 정착지는 문명 중
심지가 되면서 거대 도시들로 발전해 갔다. 도시는 일자리 창출의 용
광로다.

셋째, 정착지와 더불어 문명이 발생하기 위해 중요한 것은 경제적
토대다. 즉 충분한 식량 생산이 필수적이다. 지속적이고 안정적인 식
량을 확보하지 못하면 문명의 발생이나 지속이 불가능하다. 농업은
이후 산업혁명이 일어나기 전까지 인류가 사회를 유지하고 발전시켜
오는 근간이 됐다. 주로 농업에 종사하는 것과 농업을 바탕으로 이룩
한 결과물을 군인이 되어 지키는 것, 이렇게 크게 두 가지 일이 보통
사람들의 모든 일자리의 근본이었다. 그 외의 일자리는 이 두 가지를
효율적으로 수행하기 위한 부수적인 업무들이었다. 경제적 토대를 제

공하기 위해 시작된 농업은 인구 집중이라는 부수적인 결과를 낳아 도시를 탄생시켰고, 이는 문명 발전을 가속화하는 순작용으로 나타났다.

넷째, 경제적 토대가 갖춰지면 이를 지키기 위한 군사력과 군사력을 운영하고 지휘하기 위한 정치 세력이 필요해진다. 경제적 토대를 갖춤으로써 도시가 형성되고 부가 쌓이게 되면 주위의 모든 세력이 차지하고자 하는 목표물이 되기 때문이다. 부는 생활을 윤택하게 해 주지만 동시에 위험으로 작용하게 되는 셈이다. 부를 외부로부터 지키는 일은 생존을 위해 필수적이다. 여기에는 하드웨어적인 부분과 소프트웨어적인 부분이 동시에 필요하다. 도시를 감싸는 성벽 같은 것이 하드웨어적인 부분이라면, 일부 사회 구성원들이 이런 업무를 담당하는 것은 소프트웨어적인 부분이다. 이를 위해서는 일정 부분의 사회적 불평등을 감수하는 구성원 계층이 필요하고, 동시에 사회 통합을 위한 정치적, 경제적 메커니즘, 그리고 때로는 노골적인 무력과 그를 통한 위협이 필수적이다. 권력자들은 이를 자신들이 권력을 지켜 주는 자들의 충성심을 담보하기 위한 수단으로 사용했다. 이것이 바로 중앙집권화의 메커니즘이었다. 이 일을 담당하는 집단이 군사력이었으며, 이를 조직하고 운영하는 집단이 정치 세력으로 등장했다. 즉 군사력과 정치 세력의 등장으로 군인, 경찰, 공무원과 같은 분야의 일자리가 만들어졌다.

다섯째, 문명에는 정치 세력의 통치와는 별개로 사회 구성원들의 행동을 규제할 규범이 요구된다. 정치 세력의 주 관심사는 공적인 사회 질서와 군사력과 같은 무력의 통제였다. 하지만 많은 사람이 집단을 이루게 되면 법으로는 해결할 수 없는 많은 문제가 발생한다. 이를 공식적인 법으로 일일이 규제하는 데는 한계가 있고 효율적이지도 못하다. 이때 생겨난 것이 사회 규범이다. 사회 규범은 종교, 도덕, 윤리의 형태로 나타나고 때때로 법보다 더 강한 구속력을 가진다. 초기에 사회 규범은 가족을 단위로 한 씨족사회의 규범이 그대로 이어졌다. 사회 규범의 필요에 따라 지금까지 우리 사고에 영향을 미치고 있는 동서양의 여러 성인들과 이를 따르고 연구하는 집단들도 나타났다.

여섯째, 사회적 행동 규범과는 별개로 구성원 전체의 가치를 통합할 사회적 가치와 이를 위한 소통 수단이 필요하다. 사회적 가치는 신화를 통해 확립되고 이를 널리 공유하기 위한 수단으로 문자가 탄생했다. 이렇게 탄생한 문자는 국가를 경영하기 위한 실용적인 목적으로 사용됐다. 설형 문자(점토 위에 갈대나 금속으로 새겨 쓴 쐐기 모양 문자) 점토판에 나타난 단어들의 빈도수는 보리, 전쟁 포로, 남녀 노예순이다. 이후 문자는 과거의 기억을 보존하여 역사 기록이 가능하도록 하는 역할을 했다. 문자 덕분에 신화, 전설, 서사시를 창작하고 기록할 수 있었으며, 법전을 만들어 사회 통합을 이룸으로써 보다 큰 규모의 사회 조직인 국가의 성립과 통치가 가능해졌다. 문자 덕분에 과학적 연구들을 체계적으로 정리해 후손에게 전달함으로써 본격적으로 지식이 쌓이게 됐다. 이 외에도 문자는 열거할 수 없는 수천 가지 다른 목적을 위해 사용됐다. 인간은 문자를 통해 놀라운 기술적 발견과 지적인 업적을 이뤘다. 초기에 이런 일을 담당했던 집단이 자연스럽게 그 문명사회 엘리트로 자리매김했다. 메소포타미아의 회계사, 이집트의 필경사, 그리고 중국 문명에서 글을 도구 삼아 문관 중심 사회를 만든 집단이 사회 중추 세력으로 부상했다.

일곱째, 과학기술이 필요하다. 인구가 밀집되면 기술적 문제들이 많이 발생한다. 또 상징적인 건축물을 건설하거나 적으로부터 도시를 방어하기 위한 여러 방안들도 과학기술이 뒷받침돼야 실행 가능하다. 사실, 우리 일상생활에 필요한 많은 일자리가 과학기술이 없다면 존재하기 어렵다. 과학기술은 어느 요소보다 문명에 꼭 필요한 요소다.

문명의 이런 요소들이 독립적으로 존재하며 개별적으로 작용하는 것은 아니다. 삶은 항상 총체적이다. 이런 요소들도 마찬가지로 때때로 모순되게, 때때로 상승 작용을 일으키면서 개인 삶에 영향을 주고 전체 문명에도 파급되면서 문명의 일부분이 된다. 문명은 우리에게 생존과 발전의 기반을 제공하는 다양한 일자리의 원천이다.

| 문명은 열려 있어야 발전한다 |

문명은 상호 교류를 통해 발전한다. 고립된 문명은 발전의 속도도 느릴 뿐 아니라 종국에는 사라지거나 더 우수한 문명에 굴욕을 당하게 된다. 아메리카 대륙에 고립된 채 발전한 아스테카 문명과 마야 문명이 겪은 운명이나 18세기 이후 중국 문명이 겪은 운명은 고립된 상태가 지속된 탓이 컸을 것이다. 교역은 문명의 상호 교류를 더욱 활성화시킨다. 메소포타미아 문명이나 이집트 문명 시기 이미 멀리 동남아시아나 인도 문명 유적지인 모헨조다로까지 교역이 이뤄진 것을 확인할 수 있다. 초기에 교역은 통치자나 왕실 친척 및 고위 관리 등 특권 계급을 위한 것이었다. 특히 장거리 교역으로 오가는 물자들은 이들을 위한 물품들이 대부분으로, 이를 통해 부를 손에 넣고 과시할 수 있었다. 하지만 이렇게 시작된 교역으로 지식을 공유하고 상호 작용을 통해 발전이 촉진됐다.

문명은 문명 간의 교류뿐 아니라 문명권 이외의 주변 세력과도 끊임없이 교류하고 서로 견제하면서 발달해 왔다. 유라시아 대륙에서는 토착 정주 세력과 유목 세력이 서로 충돌하고 교류하면서 문명이 발달했다. 특히 수메르, 메소포타미아, 이집트, 인도 문명에서는 유목 인종인 고대 인도·유럽계 민족들이 남하하면서 토착 세력과 충돌하는 일이 잦았다. 역사에 나타난 대표적인 유목 세력은 기원전 3000년경 소아시아(지금의 아나톨리아 지방)에 진입한 인도·유럽계 민족인 히타이트인이다. 인도 문명에서는 하라파 유적을 건설한 토착 세력인 드라비다인과 기원전 1500년경에 갑자기 인도 반도에 나타난 고대 인도·유럽 인종인 아리아인이 전쟁을 치르며 경쟁했다. 1000년 가까이 아리아인들이 인도 반도로 계속 유입됨에 따라 인더스 지역민의 운명이 바뀌었다. 중국 문명에서는 흉노라고 일컬어지는 유목 세력과 중국 토착 세력인 한족이 투쟁했다. 유목 문명 집단의 가장 큰 특징은 뛰어난 야금술과 군사력이다. 이 두 가지 덕분에 두 세력 간의 대규모 접촉이 가능했고 상호 교류가 촉진됐다. 상호 교류는 새로운 기술을 발달시켰고 그에 따라 새로운 산업과 직업이 창출됐다.

문명 교류에 있어 인적 교류는 가장 중요한 요소다. 사람이 오가면 생각이 오가고 기술이 오간다. 이 과정은 새로운 일자리가 만들어지는 것을 촉진한다. 일자리가 다양해진다는 것은 문명의 생산력이 높아지는 것을 의미한다. 교류 대상이 없는 고립된 문명은 발전이 늦어질 수밖에 없다. 문명의 개방성은 이민자를 대하는 방식에 잘 나타난다. 이민자를 마땅히 대접받아야 할 '손님'이자 자국 문화를 한 단계 끌어올릴 중요한 행위자로 보았던 문명은 융성했다. 태어난 국가의 종교가 바로 자신의 종교가 되던 시절, 종교적으로 포용이 컸던 나라들이 지구상에서 가장 성공적인 제국을 만들었다.

나와 다른 남을 인정하는 태도야말로 발전을 위한 기본 세계관이다. 이는 찬란한 제국의 역사를 만든 위대한 지도자들에게서 공통적으로 나타나는 품성이다. 인도 마우리아 왕조의 1대 왕 찬드라굽타는 힌두교를 부흥시켰지만 동시에 불교에 대해서도 포용 정책을 시행해 불교를 지원하는 관리를 따로 두었다. 이슬람 무굴 제국의 아크바르 황제는 모든 종교 지도자들이 기탄없는 대화를 통해 상호 교류하도록 했다. 당 태종 시절의 장안에는 세상의 모든 종교 사원이 번성했다. 기독교를 공인한 것으로 유명한 로마 콘스탄티누스 1세도 죽을 때까지 다른 종교를 탄압하지 않았고, 심지어 자신을 신으로 믿겠다는 종파까지 인정했다. 몽골 제국의 포용 정책은 더욱 유명하다.

광활한 몽골 제국 어디에서나 종교적 자유를 누렸다. 19세기 스위스 역사가 야코프 부르크하르트 Jacob Burckhardt 가 "왕좌에 있는 사람 중 최초의 근대인"이라고 평했던 신성 로마 제국 황제 프리드리히 2세의 타 문화에 대한 포용력은 유명하다. 그는 "세기의 경이"라는 극찬을 받았다. 중국 문명에서 춘추 전국 시대는 전쟁으로 혼란스러운 세상이었지만 사상의 자유는 그 어느 때보다 완벽하게 실현된 시기였다. 수많은 제후국은 전국 시대에 진秦, 초楚, 연燕, 제齊, 조趙, 한韓, 위魏의 일곱 나라로 대립했고, 이 와중에 '제자백가諸子百家'라 불리는 사상가들은 부국강병을 이루기 위한 다양한 사상을 전개했다. 이를 '백가쟁명百家爭鳴'이라 하고, 대표적인 집중 장소는 제나라 수도 임치에 있었던 직하학궁이다. 그 당시는 항상 전쟁 상태였지만 사상가들이 주유하면서 자신의 생각을 밝히는 데 걸림돌은 없었다. 대표적인 사상은 유가儒家, 묵가墨家, 도가道家, 법가法家다. 지금도 많은 사람들이 당면한 어려움을 해결하는 데 이들의 가르침을 떠올리고 있으며 여전히 우리에게 지혜와 영감을 주는 원천이 되고 있다. 이 때문에 역대의 식견 있는 학자들은 이때를 중국 사상계의 황금시대로 여기고 공경했다. '오픈 마인드'는 인간의 창의성을 자극하고 문명 발전에 초석이 된다.

세계의 문명

현재의 우리 일자리에 절대적인 영향을 주었던 메소포타미아, 이집트, 에게, 인도 문명, 그리고 지리적 원인으로 인해 이 문명들과는 독자적으로 발전해 온 중국 문명에 대해 살펴보는 것은 문명과 일자리의 관계를 파악하는 데 도움이 될 것이다. 특히 문명의 특징이 일자리에 어떤 영향을 주는지에 대해서도 알아보자.

┃ 최초의 문명, 메소포타미아 ┃

최초의 문명은 메소포타미아 지역에서 시작되어 전 세계적으로 뻗어 나갔다. 메소포타미아 문명은 최초로 도시를 건설하고 국가를 성립했다. 문명은 수메르 지역에서 본격적으로 시작됐는데, 이는 수메르 대표 신화 『길가메시 서사시』에 잘 나타나 있다. 주인공인 길가메시는 우루크 4대 왕인 두무지가 여신 이난나와 결혼해 낳은 자식이다. 이 신화에는 이난나와 결혼하기 위해 어부인 두무지가 목자 엔키두와 경쟁했다는 장면이 나온다. 이는 농경과 목축, 어로가 가능해식량이 풍부했던 지역에서 문명이 시작됐음을 보여 준다.

일자리에 결정적으로 영향을 미친 인류 최초 문명의 본질은 기원전 2600년경 수메르의 도시국가 라가시를 이끈 구데아왕의 이야기에 잘 나타나 있다. "7년 동안 자기가 모시는 마님과 동등한 지위를 누렸고, 노예도 자기 주인 옆에서 나란히 걸을 수 있었으며, 도시에서는 약자가 강자 옆에 나란히 묻힐 수 있었다."라는 비문에 잘 드러나 있듯이, 구데아는 약자를 위해 강자의 힘을 통제했다. 라가시의 마지막 왕 우루카기나 또한 구데아처럼 백성들 편에서 정의를 실현했다. 우루카기나는 당시 사회 기득권층인 신관들의 탐욕을 비판하고 과도한 세금 징수, 법 집행 과정에서의 뇌물로 인한 부패를 공격함으로써 일반 백성들의 권익을 위해 노력했다. 구데아와 우루카기나는 문명 초기 정의를 실현한 왕이었다. 문명의 본질은 정의에서 시작됐으며 문명 내에서 만들어진 모든 일자리는 이를 따를 것이라는 믿음을바탕으로 한다. 일자리는 본질적으로 내가 하는 일이 다른 사람이 하는 일과 차별 없이 동등하게 대우받을 것이며 부당함을 당하면 국가가 이 문제를 해결해 줄 것이라는 믿음을 바탕으로 시작됐다.

성공한 문명은 개방성을 띤다. 개방성은 생존을 위한 생산 활동 이외에 인간의 욕망을 충족시키는 다양한 일자리를 만들어 낸다. 메소포타미아 문명도 기원전 6000년경부터 이미 인도 문명은 물론 이집트 문명과 에게해, 시리아·팔레스타인 지역과 접촉했다. 기원전 6000년경의 농민 촌락이 발견된 메르가르 지역은 인더스의 계곡에서 이란의 고원으로 이어지는 오래된 교역로에 위치한 곳으로 서아시아, 중앙아시아(투르크메니아)와 일찍부터 연결돼 왔다. 메르가르 지역 무덤에서 구리 공예품과 이란에서 수입된 터키석, 먼 아라비아 해안의 조개 제품이 출토되어 이를 뒷받침하고 있다. 이집트 문명과 인도 문명도 일찍부터 메소포타미아·수메르 문명과 연결돼 영향을 받았다. 바레인섬의 딜문 고분군에서는 인더스강 유역 형식의 저울 분동이 발견됐고, 인도 문명 유적지인 로탈에서는 페르시아만 형식의 도장이 발견됐다. 구리는 주로 아나톨리아에서 들여왔고, 주석은 이란에서, 금은 인도와 이집트에서, 흑요석은 아르메니아에서 수입했다. 청금석의 산지는 아프가니스탄이었으며, 고급 삼나무는 딜문을 통해 들여왔고, 자그로스산맥에서 설화석고와 단단한 석회석을 채굴했다. 메소포타미아 문명 중 하나인 히타이트는 오론테스강의 카데시에서 이집트 람세스 2세와 전투를 벌인 끝에 기원전 1258년 세계 최초의 평화 협정을 체결했다. 기원전 1500년과 1200년 사이에 미케네의 선원들과 상인들이 시리아 해안에 있는 우가리트에 살았으며, 고전 시대의 실린더 인장이 그리스 보이오티아 지방의 테베에서 발견됐다.(아마 아시리아 왕들의 것으로 추측된다.) 기원전 24세기에 아카드의 왕 사르곤은 자신의 수도 항구에 오만과 바레인, 인더스강 유역에서 온 선박들이 얼마나 많이 정박해 있는지를 자랑한 기록이 남아 있다.

　메소포타미아 문명은 이후 인접한 이집트 문명과 에게 문명, 멀리 인도 문명에까지 영향을 미쳤다. 서양 문명의 요체 중의 하나인 기독교 성서의 근간 역시 메소포타미아 문명의 신화와 뗄 수 없는 관계를 가지고 있다. 예를 들어, 성경에 나오는 홍수는 수메르 문명의 종교 중심지 니푸르에서 발견된 점토판의 내용과 너무 유사하다.(니푸르는 그리스 문명의 신탁 중심지 델포이와 같은 기능을 했다.) 점토판에는 "신들이 홍수로 인간을 멸했지만 지우수드라 노인이 배를 타고 살아남는다." 라고 새겨져 있다. 히포크라테스 의학, 피타고라스의 수학 역시 메소포타미아에서 출발했으며, 헤라클레스와 오디세우스의 원형은 길가메시라 할 수 있다. 무엇보다 고전 시대 그리스 상, 소상, 부조가 동시대 혹은 그 이전 시대 메소포타미아 예술과 유사하다는 점은 실제 유물을 통해 쉽게 확인할 수 있다.[4]

| 세 대륙을 연결한 이집트 문명 |

고대 이집트를 통치한 파라오는 외부 세력들로부터 이집트인들을 보호하고 가축과 곡식을 먹어 치우는 맹수와 질병을 막아 내는 신의 역할을 함으로써 국가 구심력으로 작용했다. 파라오는 신이면서 동시에 정의를 실현하는 존재였던 것이다. 재상이자 건축가였던 임호테프 Imhotep 가 설계한 계단식 피라미드 건축물 구역 전체는 지상 왕권의 영원함과 장엄함을 보여 주기 위한 무대였다. 이집트 역사상 가장 빛나는 시기를 만든 파라오는 12왕조를 연 아메넴헤트 1세였다. 그는 비문에서 "내가 다스릴 때는 그 누구도 배고픔과 갈증에 시달리지 않았노라."라고 자신의 통치 시기를 자랑스럽게 서술했다.[5] 라가시의 구데아왕의 업적이 연상되는 글귀다. 모든 백성의 행복이 통치자의 가장 큰 자부심임이 잘 나타나 있는 이 간략한 문구는 문명이 추구하는 목표가 무엇인지 잘 나타내 준다. 그의 통치는 이후 500년간의 이집트 부흥기를 여는 초석이 됐다.

이집트는 그리스·로마 문명과 밀접하게 연결돼 있었다. 그리스 신화에 나오는 많은 신들은 이집트 신들의 새로운 표현이며, 기독교 성서에 나오는 부활의 개념도 이집트 오시리스 신화에 원형을 두고 있다. 이집트 신왕국 시대(기원전 1570~1070년경) 아모세 1세가 건설한 아바리스의 힉소스 성채에서는 미노스 화가들의 작품으로 장식된 석회 회벽칠 벽화가 발견됐다. 여기에는 이집트에서는 볼 수 없는 수염을 기른 신관, 크레타와 같은 강 풍경, 바위가 많은 산줄기 등이 그려져 있었고, 황소와 황소몰이꾼, 미로를 배경으로 날뛰는 다른 동물들도 있었다. 이는 이 시기에 이집트와 에게 문명의 기초가 되는 크레타 간에 밀접한 교류가 있어 서로 영향을 주고받았다는 증거다. 미노스의 상인 집단이 테베의 귀족 무덤에 안치되기도 했다. 이집트 문명은 나일강 농업 기반 경제 지역을 지중해 동부 연안의 레반트, (구리가 풍부한) 키프로스, 튀르키예, 메소포타미아, 에게해 여러 지역과 묶은 거대한 경제·정치적 상호 네크워크였다.

| 서구 문명의 뿌리, 고대 그리스 |

에게 문명은 서구 문명의 뿌리로 여겨진다. 에게 문명은 기원전 30세기경부터 기원전 12세기까지 에게해의 여러 섬과 연안에 발달한 고대 청동기 문명을 통칭한다. 키클라데스 문명, 미노스(크레타) 문명, 미케네 문명, 트로이 문명 등이다. 기원전 2100년경 그리스 남부에 위치한 크레타섬에 미노스인들이 청동기를 사용하는 미노스 문명을 건설했다. 기원전 16세기에는 그리스 본토 미케네, 아테네, 테베 등 펠로폰네소스반도에 미케네 문명이 구축됐다.

최근 DNA 기술을 기반으로 한 연구 결과에 따르면, 소아시아 아나톨리아 평원에서 거주하던 무리가 에게해로 건너가 미노스 문명과 미케네 문명을 이뤘을 것으로 판단된다. 즉 수메르 문명 지역에 살던 일부 집단이 선진 문명을 가지고 이동해 에게 문명의 뿌리가 된 것이다. 에게 문명의 기원이 수메르, 메소포타미아, 이집트 문명에 영향을 받은 것은 여러 곳에서 확인된다. 그리스 초기 조각상은 아시리아와 페니키아, 히타이트에서 영향을 받아 납작한 얼굴과 올라간 눈매, 차가운 표정, 경직된 다리를 표현했다.

하지만 에게 문명은 메소포타미아나 이집트 문명과 달리 농경을 근본으로 이뤄진 문명이 아니다. 크레타섬과 펠로폰네소스반도를 아우르는 그리스는 농경 국가라기보다는 목축 국가였다. 곡물 재배가 부적합한 자연환경에다 목축만으로는 충분한 소출을 기대하기 어려웠기에 올리브, 포도, 무화과 등과 같은 과실수를 주로 재배했다. 주

에게해의 여러 섬과 연안에 발달한 에게 문명

식은 보리로, 보리죽이나 보리빵을 먹었다. 그에 따라 주요 생업 수단도 다른 문명과 달리 상업과 식민지 건설이 중심이었다. 에게 문명은 와인과 올리브유를 주 품목으로 교역을 했으며, 산악 지역에서 생산되는 흑요석이나 구리 같은 수요가 많은 물품을 농업 생산력이 좋은 이집트 같은 국가에 공급하는 중개 무역을 통해 문명을 발달시켰다. 에게 문명에서 가장 중요한 것은 언제나 지중해 제해권 장악 문제였다. 인간 사회의 수요는 적절한 교역로를 찾아내는 것으로 이어지고 물류 수송과 그에 따른 사회·정치적 환경도 창출된다. 교역망과 교역 통로를 지키는 것은 곧 문명의 존망과 직결된 문제였다. 이와 같은 문명 출현 배경은 문명에 내재돼 있는 사람들의 사상과도 긴밀하게 연관된다. 인류 역사에서 농업 경제에 바탕을 두지 않은 에게 문명이 인간의 자유에 가장 많은 공헌을 한 것은 바로 이 때문이었을지도 모른다.

고대 그리스인들은 자신들의 문명이 이집트에서 유래했다고 믿었다. 이런 사고는 개방성을 키우는 요인으로 작용했고 자유로운 사상의 근원이 됐다. 고대 그리스의 뛰어난 인물들인 탈레스, 피타고라스, 솔론, 플라톤, 데모크리토스 등은 이미 기원전 7세기경부터 이집트를 찾아 선진 문명에 깊이 감동을 받았다. 헤로도토스나 플루타르코스 같은 이들은 오르페우스교의 사후 심판 교리나 엘레우시스에서 행해지는 데메테르와 페르세포네의 부활 의식이 이집트 이시스와 오시리스 신앙에서 기원했다고 믿었다. 그리스인들은 청동 주조 기술은 물론 도기, 직물, 금속 세공, 상아 등을 다루는 대부분의 기술과 기하학을 이집트에서 배웠다.

그리스인들은 메소포타미아와 이집트로부터 문명을 배우면서도 자신들만의 독특한 문명을 구축했다. 그리스를 둘러싼 이집트, 메소포타미아, 페르시아, 카르타고 문명이 절대 군주가 다스리는 독재 체제로 유지된 점과 달리, 그리스인들은 개인의 자유와 이성적인 삶에 주안점을 두고 문명을 발달시켰다. 이런 문명의 특징은 그리스인들의 일에 대한 관념에도 큰 영향을 끼쳤다. 특히 그리스의 대표적인 도시국가인 아테네 시민들의 일자리 의식은 독특했다. 일은 경제적 보상과는 별개로 여겨졌다. 장인부터 의사에 이르기까지 모두 같은 급여를 지급받았다. 부자의 집은 가난뱅이의 집과 구분되지 않았으며 장례식에 쓸 비용은 법으로 한도가 정해져 있었다. 가난은 부끄러운 일이 아니었고 부자들이 오히려 수상한 사람으로 의심받았다. 아테네 시민에게는 부를 쌓는 것이 가치 없는 일이었으며 시민으로서 역할을 다하는 것이 가장 중요한 덕목이었다. 생산적인 일이나 상업 활동 등은 사회 하층민, 그리고 시민들보다는 한 단계 낮게 취급받는 국외 이주자들의 몫으로 여겨졌다. 이는 아테네 경제 체제가 노예제를 근간으로 했기 때문에 가능했던 일이다. 시민권을 가진 자유민은 상업이나 산업, 금융업에 종사하지 않았다. 참정권이 보장되는 시민권은 아테네 시민들에게만 부여된 특권이었다. 중산층과 관련된 대부분의 일은 '메토이코스metoikos', 즉 시민권이 없지만 아테네에 계속 거주하는 외국 출신 자유민의 차지였다. 이들은 주로 상인, 도급업자, 제조업자, 관리자, 교역업자, 기술자, 예술가로 활동했다. 고대 그리스에서 가치 있는 일이란 토론하는 것, 전쟁이 나면 시민으로서 영예롭게 참전하는 것, 평상시에는 놀고 즐기는 것이었다. 아테네의 정치 체제와 경제 체제가 오랫동안 아테네의 패권을 지탱한 것은 경제 분야에서 사회주의적 규제와 개인의 부 추구 열망이 적절히 조화되고 유지됐기 때문이다.

이런 삶의 태도에서 민주주의가 탄생했다. 하지만 민주주의가 순탄하게 발전한 것은 아니다. 민주주의의 원형을 만들었다고 평가되는 아테네에서도 자신의 이익을 위해 기득권을 방어하고 공고히 하고자 하는 귀족들에 의해 일반 시민의 권리가 위협받고 제약받기도 했다. 특히 기원전 7세기에서 6세기로 넘어오던 때에는 부가 집중되고 양극화가 심해지면서 사회 갈등이 최고조에 이르렀다. 이런 시기에는 많은 경우 전제 국가가 출현한다. 기득권자들은 기존의 권력을 놓치지 않기 위해 공권력을 장악하고 정의롭지 못한 사회를 만들고자 했지만 아테네는 달랐다. 솔론이 나타나 개혁을 통해 아테네 전 시대를 통틀어 가장 관대한 정치적, 경제적, 사회적 질서를 수립했다. 개혁의 핵심은 모든 개인의 채무를 말소하는 것이었다. 본인 스스로가 상당한 채권자였던 솔론은 자신이 손해를 보면서까지 경제 개혁을 단행했다. 그 과정에서 부자들의 저항이 거셌지만 물리쳤다. 그리고 무엇보다 그는 사회 정의 실현을 위해 부자와 빈자 모두가 동등하게 적용받는 법을 시행했다. 또 모든 시민이 참여하는 민회인 에클레시아 ekklesia 를 최고 의사 결정 기구로 삼았다. 특히 6000명으로 구성된 시민 법정인 헬리아이아 heliaea 라는 중요한 제도를 뒀는데, 상위 계층과 일반 시민이 완전히 동등하게 추첨을 통해 배심원에 배정돼 기득권층을 위한 편향된 판결이 불가능하도록 했다.

솔론의 사후 페이시스트라토스가 군사 쿠데타를 감행해 아크로폴리스를 장악하면서 아테네 민주주의의 위기가 찾아왔다. 하지만 그는 솔론의 개혁법을 거의 변경하지 않았고, 가난한 사람들에게 국가 소유 토지를 나눠 주는 정책을 펴 경제 민주화를 실천했다. 페이시스트라토스 참주정의 핵심은 부의 병적인 집중과 기득권층의 배타성으로부터 시민들을 중산층 중심으로 단결하게 하여 부자들이 정치적

술수로 자신들의 기득권을 강화해 가난한 사람들을 착취하지 못하게 하고, 가난한 사람들이 표결이나 폭력으로 부자들을 겁박하지 못하게 해 사회를 정의롭게 하는 것이다. 메소포타미아나 이집트 문명이 전제 군주를 중심으로 정의로운 사회를 구축해 나갔다고 한다면, 고대 그리스는 개인의 자유를 중심으로 한 민주주의로 정의를 구현해 나갔다고 할 수 있다. 중산층이 붕괴된 사회에는 사회 정의가 없으며 사회 정의가 없는 국가에는 좋은 일자리가 살아남기 어렵다. 참주정은 민주정으로 가는 과정에 중요한 역할을 했다. 참주정이 끝나고 아테네는 본격적인 민주정치 시대로 접어들었다.

아테네 민주정치의 핵심 요소는 추첨과 도편추방제다. 모든 시민은 500명으로 구성된 직접민주주의 민회인 '불레boule'의 구성원으로 1년간 복무할 권리가 주어졌는데, 선거가 아닌 추첨에 의해 선정됐다. 요즘으로 하면 국회를 추첨으로 구성한 셈이다. 또한 추첨이나 순번에 따라 도시 최고 행정직에까지 취임할 수 있으며, 여러 위원회에 참여해 도시 중요 정책을 결정할 수 있었다. 당시 약 5만 명이었던 아테네 시민은 죽기 전에 적어도 한 번은 불레 의원으로 복무했을 것이다. 사법 체계도 추첨에 따라 배심원을 역임함으로써 국가 사법 체계에 실질적인 참여가 보장됐다. 법원에서는 통상 201명으로 구성되는 배심원들이 추첨을 거쳐 선출됐으며 정치범의 경우 501명으로 구성됐고, 배심원은 최대 1500명까지 확대될 수 있었다. 모든 공직은 전 시민에게 공정하게 개방돼 있어 모든 사람이 차례로 다스리고 다스려지는 시스템으로, 시민들은 삶의 절반을 기꺼이 국가에 바쳤다.

그리고 아테네는 도편추방제ostracism를 통해 권력을 과도하게 소유한 시민이 출현하는 것을 막았다. 독재자(참주)가 될 위험이 있는 인물을 시민들이 도기 조각에 적어 투표해 6000표 이상을 득표한 인물이 나오면 10년간 국외로 추방할 수 있는 제도다. 아테네 시민 대다수가 문맹이었음을 상기해 보면 아테네가 인류 역사에서 이렇게 잘 정비된 민주정치를 실현했다는 것은 놀라운 일이다. 아테네 민주정치는 대의민주주의의 위기를 겪고 있는 현대 문명국가에 시사하는 바가 크다. 아테네 민주주의는 인류 민주주의의 시발이면서 동시에 현대 민주정치 위기 극복을 위한 새로운 민주사회 건설의 발판이 될 수도 있다.

고대 그리스는 산악 지형에 섬이 많은 자연환경 탓에 지역별로 형성된 도시국가를 기반으로 성장했다. 이렇게 여러 도시국가로 나뉘어 있었던 그리스를 하나로 묶는 역할을 한 것이 있었으니 바로 제전이었다. 제전은 제우스를 비롯한 그리스 신을 모시는 제례 의식과 함께 운동 경기가 펼쳐지는 행사였다. 그중 전 그리스 국가 규모로 열린 피티아 제전, 이스트미아 제전, 네메아 제전, 올림피아 제전이 4대 제전으로 꼽힌다.

특히 기원전 766년 시작된 올림피아 제전은 지금도 전 인류를 들뜨게 하는 근대 올림픽의 기원이다. 4년마다 정기적으로 열렸으며, 제전 기간은 국가 공휴일로 선포됐다. 그리스 내 모든 전쟁의 휴전이 선언됐고 이를 어기거나 여행자를 방해할 경우 벌금을 부과했다. 고대 그리스 극작가 메난드로스는 올림피아 제전을 "군중, 시장, 곡예사들, 오락, 도둑들"이라 표현했다. 경기는 멀리뛰기, 원반던지기, 창던지기, 단거리 경주, 레슬링 등 5종 경기와 권투, 365미터 경주, 4.4 킬로미터 경주, 장거리 무장경주가 있었다. 올림피아 경기의 하이라이트는 경마와 전차 경주였다. 특히 전차 경주는 40대가 출발해 1대만 결승점을 통과할 정도로 긴장감과 박진감이 어마어마했다. 5일간의 경주가 끝나면 월계수 화관으로 승자의 영예를 기렸다.

기원전 6세기 인보 동맹(신전 관리와 제례 유지를 위해 델포이 아폴론 신전 주변의 도시국가들이 결성한 동맹)에서 개최한 피티아 제전은 운동 경기 이외 음악과 시의 경연이 더해졌다. 이후 이런 원리는 거의 모든 예술, 도기와 시, 조각, 회화, 합창, 웅변, 희곡 등으로 적용 범위를 넓혀 갔다. 기원전 7세기경에 킵셀로스가 미인 대회를 개최했는데 여인들 간에 현숙함과 훌륭한 솜씨를 겨루는 시합도 했다. 기원전 6세기 만능선수의 완벽한 신체는 조각상의 이상적인 모델이 됐다. 이처럼 그리스 제전은 종교와 운동 경기, 예술이 결합된 행사였다. 운동 경기와 시, 음악, 심지어 도덕에 이르기까지 즐겁고 창조적으로 교류할 만큼 인간적인 형태를 띤 종교 행사를 통해 지중해에 흩어져 있는 그리스 본토와 식민지가 하나가 됐다.

앞서 야만인 및 이방인을 가리키는 영단어 '바바리안'이 그리스어 '바르바로이'에서 비롯됐음을 언급한 바 있다. 이처럼 그리스인들도 타인과 나를 구분하는 단어를 가지고 있었지만, 식민지를 건설하는 방식은 로마가 제국 시대에 식민지를 개척하던 것에 비하면 개방적이었고 합리적이었다. 그리스인들도 입지 좋은 지역에 식민지를 건설하기 위해 무력에 의존하기도 했다. 미노스 문명을 멸망시킨 바 있던 미케네는 아가멤논의 지휘로 트로이를 멸망시키면서 동방의 발전된 문명을 좀 더 실질적으로 경험했을 것이다. 그리고 그리스 도시국가들은 그리스 동쪽 바다에 존재하는 발전된 문명에 접근하기 위한 제해권의 필요성이 커졌을 것이다. 이는 로마가 카르타고를 멸망시킨 것이나 6세기 이후 아랍이 독점하던 향신료 무역을 끌어오기 위해 대항해 시대 유럽 국가들이 대서양과 인도양의 제해권을 놓고 경쟁한 것과 본질적으로 같다고 할 수 있다. 트로이 전쟁에서 승리하고 그리스 동쪽 바다의 제해권을 장악한 그리스인들은 그 영웅담을 『일리아스』와 『오디세이아』라는 대서사시로 표현했는데, 이 작품들은 서양의 문학과 예술의 근간이 됐으며 대대로 이어져 오늘날까지 전하는 불후의 명작이다. 그리스는 전쟁을 통해 자신들의 이익을 관철하기도 했지만, 그리스 만신전에는 얼마든지 토착 신을 받아들일 준비가 되어 있었고 융화할 수 있는 여유가 있었다.

그리스인들의 성 의식은 특히 개방적이었다. 그리스인들이 생각하는 성은 신의 축복이었다. 여기에는 어떤 금기도 없었다. 이성 간, 동성 간, 미소년, 미소녀, 그룹 섹스 등 우리가 지금 상상할 수 있는 모든 행위에 대해 편견이 없었다. 하지만 그리스 성 의식이 난잡한 것은 아니었다. 자신들만의 규범이 있었고 여성의 사회적 지위는 매우 높은 편이었다. 오히려 여성의 지위가 낮아지면 성에 대한 사회적 구속이 강화된다. 성은 극히 개인적인 것이었으며 타인에게 피해를 주지 않는 행위라면 자연스러운 것으로 받아들여졌다. 아테네에서는 창부도 전문 직업으로 받아들여졌고, 포르나이pornai, 일본의 게이샤와 같은 아울레트리데스_{auletrides}, 그리고 최고 높은 계층인 헤타이라이_{hetairai}로 구분했다. 헤타이라이는 대개 아테네 시민 계급 출신으로 일정 수준의 교육을 받은 철학 논객이어서 지적 논쟁의 상대가 되기도 했다. 우리가 아는 유명한 철학자 소포클레스, 플라톤, 에피쿠로스 등도 이들과 함께하는 것을 부끄럽게 생각하지 않았다.

그리스 도시국가는 당대의 다른 사회와는 달리 시민이 주축이었다. 시민은 자유를 가지고 경제적 부와 관계없이 독립적인 인격체로 존중받는 존재였다. 시민의 존재는 고대 그리스가 타 문화와 대별되는 가장 큰 요소다. 그리스는 경제나 정치 공동체로 묶여 있는 문명이 아니라 개인의 자유로운 삶을 중심으로 묶인 문명이었다. 이에 따라 가치 있는 일자리 역시 다른 문명과는 확연히 다르게 평가됐다. '시민'은 자신의 정체성이면서 동시에 일자리였다.

| 토착·외래 세력의 오랜 융합이 특징인 인도 문명 |

인도 문명의 특징은 지금까지도 인도 사회에 뿌리 깊게 남아 있는 카스트 제도다. 지금은 인간의 창의성을 말살시키는 가장 혐오스러운 제도로 평가되지만 초기 문명 개화기에는 나름의 역할을 했다. 인도 문명은 토착 세력과 외래 세력의 융합이 오랫동안 진행되며 형성됐다. 즉 토착 세력인 하라파인들이 아리아인들의 대규모 침략을 지속적으로 받은 것이 문명에 큰 영향을 끼쳤다. 지속적인 아리아인들의 이주는 사회 구성원들 간의 갈등으로 작용했으며 인도 문명은 이 해결 방안을 종교와 카스트 제도에서 찾았다. 브라만을 중심으로 한 카스트 제도에 근거한 힌두교는 토착 세력과 외부 이주 세력 간의 사회적 갈등을 해소하는 방안으로 작용해 사회 안정화에 기여했다. 하지만 카스트 제도는 이후 신분 고착에 따른 사회 계층 고착화와 직업의 이동을 막는 사회적인 장벽이 됐다. 문명의 기저에 흐르는 가치는 항상 우리 일자리에 직접적인 영향을 주기 마련이다.

아리아인들의 이주가 시작되기 전 인도 문명의 대표 도시는 하라파와 모헨조다로였다. 특히 모헨조다로는 청동기 시대에 지구상에서 가장 빛나는 기술 혁신이 이뤄진 장소로 이미 10만 명이 넘는 인구가 살았던 것으로 추정된다. 다른 문명 지역과 달리 모헨조다로에는 웅장한 신전이나 궁전, 정교하게 치장된 대형 무덤이 없다. 종교적 목적을 위한 대형 정화 목욕장이 위풍당당한 기둥들에 에워싸여 있을 뿐이다. 이는 우리가 일반적으로 생각하는 것과는 다른 속성의 지배 권력이 존재했을 가능성을 시사한다.

인도 문명 사회를 통합한 사상은 힘과 억압에 의한 통제가 아닌 상호 존중과 동등성에 기반을 두었을 것이다. 부당함을 강요하는 사회는 무력을 통해서만 사회 통합을 이어 갈 수 있기 때문이다. 하라파 유적들에서는 사냥을 위한 용도 외의 무기를 보유한 흔적이나 전쟁에 관한 묘사나 서술, 그와 관련된 유적도 발견되지 않았다. 인도 문명의 구성원들이 어쩌면 사회적 갈등 및 외적 집단과의 경쟁을 폭력이 아닌 다른 정치·사회적 방식으로 해결했음을 암시하는 듯하다.

모헨조다로 유적지의 대형 목욕장 (© Saqib Qayyum / Wikimedia Commons)

인도는 경제적으로 낙후된 편이지만, 민주주의를 시행하는 나라 중에서 가장 많은 인구를 보유하고 있는 국가다. 어쩌면 이런 현상은 하라파 문명의 기반이 되었던 가치가 이후로도 사람들의 삶에 녹아 영향을 미친 결과가 아닐까?

하라파인들의 위생 관념은 공공 쓰레기통에서 잘 나타난다. 그들은 도시 건설에서 하수 처리 문제를 가장 중요하게 고려했으며, 기원전 3000년경에 이미 집집마다 수세식 화장실이 완비돼 있었다. 하라파인들에게 청결은 곧 경건함이었다. 물에 대한 신성한 경외감, 그리고 오염에 대한 혐오는 하라파 문명의 정신적 지주였다. 하라파 문명은 평화롭고 기술적으로 진보한 사회의 본보기다. 하라파인들의 정화 목욕 의식은 후대 인도 종교에서도 중요한 부분을 차지한다. 지금도 인도에서는 강이 가장 신성한 존재로 여겨지며, 특히 죽은 뒤에는 화장 후 갠지스강에 뿌려지는 것이 인도인들의 최대 소망이다. 지금의 국가명인 '인디아'도 인더스강 이름에서 유래한 것이다.

하라파 문명 역시 수메르 문명과 오래전부터 교류를 통해 영향을 주고받았다. 상아, 기름, 가구, 황금, 홍옥수 등을 이란 고원 지역과 바레인섬의 딜문, 오만 북부의 마간, 그리고 멜루하 항구(인더스강 계곡으로 추정)를 통해 교역했고, 메소포타미아인들의 주 물품은 양모, 천, 가죽, 기름 등이었다.

하라파 문명의 몰락 원인에 대해서는 여러 설이 있으나, 생태학적인 변화가 가장 그럴듯한 설명으로 꼽힌다. 농민들이 풍부한 강우량을 이용해 농경을 확대하면서 인구가 급격히 늘어났다. 급증한 인구를 부양하기 위해 강변의 숲을 벌목하여 개간하고, 촌락이 확장되면서 벽돌을 굽기 위해 넓은 지역을 태우게 됐다. 평원의 자연 식생 제거는 침식 통제와 범람원 환경에 급격한 변화를 초래했다. 결국 자연 통제가 이뤄지지 않자 범람한 강물이 모든 것을 휩쓸고 지나가버렸다. 이는 마치 신의 분노가 홍수로 나타난 것과 같았을 것이다. 다른 문명과 마찬가지로 인구 증가와 그에 따른 효율적인 생산 활동이 오히려 문명의 멸망 원인이 된 셈이다.

인도 문명에서 힌두교와는 다른 가치를 강조하는 새로운 종교 불교가 탄생했다. 불교의 비로자나불은 인도 문명의 경전 『스와산베드 우파니샤드 Shwasanved Upanisad』에 등장한다. 여기서 비로자나는 "인간의 자아는 여기 이 땅에서 행복을 누려야 한다. 자아는 시중을 받아야 한다. 여기 이 땅에서 자기 자신을 행복하게 하고 자신을 떠받드는 사람은 이 세상과 다음 세상을 모두 얻는다."라고 설파한다. 비로자나불에 의해 정화되고 장엄해지는 세상은 사후 세상이 아니라 바로 우리가 살고 있는 현실 세계임을 나타내는 것이다. 불교에서 중시하는 것은 우리 일상생활의 윤리다. 의식이나 숭배, 형이상학과 같은 신학은 사실 부처의 가르침과는 많이 동떨어진 이야기들이다. 부처는 영원이나 불멸, 신에 대한 논의 자체를 거부한다. 부처의 관심사는 온통 지혜와 평화로 이어지는 현실적인 삶과 함께하는 주제들이다. 우리가 우리 자신을 하나의 전체를 이루는 작은 부분으로 이해할 때 비로소 해탈의 경지에 들어설 것이라고 했다. 현세에서 해탈하는 것이 삶의 주목적이다. 이런 현세 중심관은 힌두교의 내세관과 충돌이 있었을 것이고 불교는 발생지인 인도에서 쇠퇴하게 됐다. 이후 인도 문명권은 현실을 벗어난 사변적인 힌두교가 대세가 됨으로써 후세 사람들의 삶에 큰 영향을 끼쳤다. 힌두교 세계관은 현실의 행복과 성취보다는 내세를 기약함으로써 인간의 창의성과 진취성에 제약을 가했고 사람들이 갖게 되는 일자리에도 영향을 미쳤다. 인도 문명에서 실사구시형 인물을 찾기 힘든 것은 이런 연유에서인지도 모른다.

불교는 인도 최초 통일 제국인 마우리아 왕조 때 전성기를 맞이했다. 무엇보다 왕조의 시조인 찬드라굽타가 불교 포용 정책을 펼쳤고, 그의 손자인 아소카왕이 불교에 귀의한 것에 힘입은 바가 컸다. 아소카왕은 정복 전쟁으로 인도 대부분 지역을 통일했지만 전쟁의 비참함을 느끼고서부터는 불교에 귀의해 철저하게 베푸는 통치를 했다.

제국 전역에 약초 재배지, 병원, 고아원, 양로원을 건립해 무상 치료를 실시하고 생활이 어려운 사람들에게 싼 이자로 돈을 빌려 주는 등 백성의 삶을 안정시켰다. 또한 불교 이외에 아지비카교, 브라만교, 자이나교 같은 다른 종교도 허용해 신앙의 자유를 인정했다. 석가모니 사리를 꺼내 8만 4000기의 불탑을 조성했고 그중 일부를 불교 전파를 위해 여러 나라에 보내기도 했다. 백성을 위한 정치로 정의를 실현한 것이다.

| 고립된 환경에서 융성한 중국 문명 |

중국인들은 스스로 중국 문명의 계통을 삼황三皇 · 오제五帝의 상고시대가 태평성대인 요순시대를 거쳐 최초의 왕조인 하나라로 이어진다고 여긴다. 중국의 시조는 삼황 중의 한 사람인 염제炎帝 신농씨神農氏 다. 염제는 농사짓는 법을 가르치고 백초의 풀을 직접 복용함으로써 약효를 밝혀내 한의학의 창시자로 여겨진다. 『신농본초경神農本草經』도 그의 저술로 전해진다. 그의 아들 황제黃帝 헌원씨軒轅氏 는 창과 방패, 수레와 바퀴, 옷, 글자, 거울, 팔괘 등 생활에 필요한 거의 모든 것을 만들어 문명을 크게 일으킨 신이다. 황제의 첫째 부인 누조嫘祖 는 누에치기하는 법을 발명했다고 한다.

중국 문명은 신화 형태를 띠고 있지만 대단히 실용적인 문명이었다. 모든 출발은 사람들의 생활이 중심이었다. 중국 문명의 시조들은 다른 문명의 신들과 확연히 차별된다. 그리스 신화의 신들은 자신의 욕망을 채우고 즐기기 위해 싸움도 불사한다. 인간을 자신들의 하찮은 피조물로 간주해서 자신의 기분을 위해서라면 언제든 죽여도 좋은 존재로 여긴다. 그리스 신화에서 인간을 위해 뭔가 일을 한 신은 인간에게 불을 가져다준 프로메테우스 정도다. 하지만 중국 문명의 시조들은 신이라기보다는 뛰어난 능력을 지닌 인간의 풍모를 지니고 있으며, 백성 편에서 백성을 위해 부단히 노력한다. 근면과 성실, 그리고 지배층의 덕을 최고 덕목으로 삼는 유교 사상이 문명의 시작부터 이미 잉태돼 있었던 것이다. 욕망을 중시하는 그리스 신화의 자기중심적 사고는 개인의 자유에 대한 열망을 낳았고, 백성을 우선적으로 생각하고 희생하는 중국 문명의 정신은 상대방을 배려하고 더불어 같이 살아가는 지혜를 가르쳐 왔다. 두 가지 요소의 조화는 앞으로 인류 문명이 조화롭게 추구해야 할 가장 중요한 지표다.

중국은 어느 한 세력의 주도로 건설됐다기보다 다수의 중심지가 융합되고 통합되면서 성립됐다는 것이 최근 주류 학자들의 지배적인 의견이다. 다른 문명에서보다 조화와 질서가 중요한 요소로 작용하게 된 것이나 유일신으로 통합되는 과정이 발생하기 어려운 환경이 조성되었던 것도 이런 배경에서일 것이다. 질서와 조화는 일상생활에도 영향을 미쳤다. 하나라의 뒤를 이은 상나라의 대표 유물인 청동기를 살펴보면 서아시아나 유럽의 청동기와 달리 풍부한 문양이 정교하게 장식돼 있는데, 사용하는 계급에 따라 엄격하게 규격화하여 제작됐다. 특히 제기는 신분에 따라 소유하는 종류가 달라 신분을 나타내는 가장 중요한 척도였다. 예를 들어 술잔 하나를 봐도 새 부리 모양의 작爵, 본래 사각으로 만든 각角, 부瓿, 방이方彝 등으로 구분 돼 있고, 사전에 의례적으로 규정된 규칙에 따라 사용했다. 사용하는 물건에 대한 규격화는 후대에도 영향을 미쳐 왕, 제후, 대부大夫, 사士의 신분에 따라 사용 가능한 전차의 규격을 별도로 규정하는 등 중국 문화의 특성이 됐다. 질서와 조화는 일상생활 곳곳을 지배하는 이념이었다.

지리적 여건으로 인해 외부 세계와의 교류에 한계가 있었던 것은 중국 문명의 가장 큰 아킬레스건이다. 이런 고립성이 세계사에 유례 없는 발명품을 만들어 내고도 서양에 뒤처져 치욕을 당하는 결과를 가져왔다. 중국은 종이, 나침반, 화약, 비단, 인쇄술, 도자기를 발명하는 등 기존 발명품을 이용하는 능력보다는 기존에 없던 것을 새로 발명하는 능력이 뛰어난 나라였다. 서양 의학이 19세기 들어서야 시행한 마취술은 한나라 말기 명의 화타華佗가 이미 시술해 의술 분야에서도 가장 빠른 진보를 성취했다.

자연과학 기술뿐 아니라 중국은 세계에서 가장 선진화된 사회 엘리트 선발 시스템을 시행한 나라다. 수나라 때 정착된 과거 제도는 중국 문명이 낳은 가장 독특하고 감탄할 만한 제도다. 과거 제도는 모든 사람에게 공직에 응시할 기회를 평등하게 제공했고, 공직은 자질을 입증한 사람들에게만 열려 있었다. 이는 귀족주의와 민주정치를 상당한 수준으로 조화시킨 제도로 평가할 수 있다. 과거 제도는 당나라 때 가장 완벽하게 작동했다. 당나라 시대 등용된 관리는 당시 세계 최고 수준의 관료와 사회 지배 세력을 형성했다. 서양 문명이 중세까지 전사나 기사 같은 무관 중심의 사회를 건설했던 것과는 달리, 중국 문명은 과거 제도 덕분에 일찍이 문관 우위가 확립됐으며, 전쟁 영웅을 높이 평가하기보다는 대동大同 사회를 이상향으로 하는 사상과 학문적 업적을 중시하고 학자들이 더 대우받는 사회를 건설했다. 중국 사회는 물질적인 부의 획득이나 고귀한 출신이라는 혈연보다 문화·지식계가 최고로 존중받는 사회가 되었고, 문관으로 출세하는 직업관을 동양 세계에 주입했다. 우리나라에서도 산업화가 본격적으로 추진된 1960년대 이후로도 과학자나 기술자보다 정부 관료나 판·검사, 변호사로 출세하는 것을 더 선호한 것을 보면 이런 영향을 무시할 수 없다.

문명의 보편성과 특수성

　모든 문명은 보편성과 특수성을 가지고 있다. 보편성은 인류의 생존과 번영을 위한 것으로, 다윈의 진화론적 법칙에 따라 종이 발전하고 지속하는 방향으로 발전해 왔고, 특수성은 역사적·지역적 특징을 반영한 결과물이다.

　각 문명이 추구했던 가치는 법과 관습, 사회적 규범, 도덕, 종교와 같은 형태로 표현되었다. 인류 초기 역사에 존재했던 수메르 문명, 메소포타미아 문명, 인도 문명, 이집트 문명, 에게 문명, 중국 문명, 메소아메리카 문명 등이 모두 공통적으로 가지는 가치는 '공존'을 위한 상호 인정과 '정의'다. 정의에 가장 중요한 개념은 평등으로, 차별받지 않는 공정한 사회는 인류가 추구해 온 보편적 가치다. 문명의 이런 내재 가치 위에 형성된 사회에서 만들어진 일자리 역시 이런 가치를 내재할 수밖에 없다.

| 문명의 그늘 |

문명은 보편적으로 부정적인 면도 가지고 있다. 무엇보다 문명은 인간을 총체적 사고를 하는 존재에서 부분적 사고를 하는 존재로 만들어 주위 환경으로부터 유리시키는 결과를 가져왔다. 이와 함께 사람들의 일자리도 총체적인 활동에서 부분적인 일을 하는 행위로 성격이 바뀌었다. 수렵 및 채집이 주 활동이었던 시기에는 인류에게 주변 환경과 사냥 대상에 대한 총체적인 감각과 지식이 필요했다. 대자연과의 대화는 선택이 아닌 필수 사항이었다. 하지만 농경이 시작된 이후에는 인간을 둘러싸고 있는 자연환경은 관심 대상에서 멀어졌다. 자신이 재배하고 키우는 곡식과 가축, 반복되는 절기 정도만 알고 있으면 됐다. 산업화는 이런 현상을 극도로 심화시켰다. 일하는 사람 대부분은 자신의 작업만 숙련하면 그만이고 자기 일과 직접적으로 관련된 것들이 아니라면 알 필요가 없다. 효율, 즉 생산성 향상이라는 대의가 모든 문제를 덮어 버린 것이다. 문명이 발전함에 따라 이런 현상이 더욱 심화되어 온 셈이다. 그리고 이에 따라 일자리 역시 세밀하게 분업화됐다. 집단 정체성을 받아들이기 위해 문명은 개인에게 순종을 강요하고 고유한 개성을 포기하게 한다.

문명의 또 다른 부정적인 면은 문명이 발전하기 위해서는 필연적으로 자체 모순에 빠진다는 것이다. 문명은 국소 지역에 예측 가능성을 키워 질서를 확립하는 것이다. 인위적으로 공간의 질서를 확립하는 데는 많은 에너지가 소요된다. 따라서 문명의 발전 과정에서는 필연적으로 엔트로피를 증가시키는 활동이 크게 늘어난다. 엔트로피는 문명화된 지역의 외곽으로 발산된다. 고대 문명의 안정된 질서는 예측이 가능한 식량 확보와 일상생활의 영위다. 이를 위해 문명화된 지역 주변에는 광활한 경작지와 연료를 구할 산림이 반드시 존재한다. 하지만 문명이 발달함에 따라 관개 농업이 집중적으로 이뤄지면 자연이 자정할 수 있는 범위를 넘어서면서 염화 현상을 불러오고 산림을 빠른 속도로 파괴시킨다. 어느 문명이든 두 가지 중심축이 붕괴되면 더 이상 존속할 수 없게 된다. 문명은 탄생→성장→붕괴의 과정을 피할 수 없는 태생적인 한계를 가지고 있는 셈이다. 문명이 얼마나 발전했고 얼마나 위대한지와는 관계없이 흥망성쇠를 겪을 수밖에 없었던 이유다. 이는 문명이 기본적으로 지속 가능성보다는 효율을 최고 가치로 삼아 발전해 왔기 때문이다. 성장을 위해서는 문명 중심지 주변의 농경지를 약탈해야 하고, 전쟁에 기반을 둔 문명이라면 전쟁을 통해 잉여를 끊임없이 축적해야 한다. 하지만 이런 문명이 영원히 지속될 수는 없다. 현대에는 지구 온난화 같은 전 지구적인 환경 재앙이 문명의 붕괴를 경고하고 있다.

　생태 환경과 인간의 관계에 무지했던 문명은 인간 노동의 효율화를 통한 생산성 향상에만 모든 가치를 부여했다. 인간의 생산력이 절대적으로 낮고 인간 행위가 우리가 사는 행성에 미치는 영향이 극히 제한적이었을 때는 이런 방법도 문명을 발전시키는 데 효과적이었다. 하지만 인간의 능력이 확대되어 문명의 영향이 전 지구에 미치는 현대 사회에 여전히 이와 같은 방식을 고집하는 것은 인간 스스로를 멸망의 길로 몰아갈 것이다. 우리는 지금과는 다른 방식의 문명 발전의 길을 찾아 삶을 지속할지, 아니면 지금과 같은 방식을 고수하다 호모 사피엔스의 문명이 붕괴되어 지구상에서 영원히 사라질지의 중요한 갈림길에 서 있다. 문명이 궁극적으로 우리를 잘 먹고 잘살게 해주는 것이라면, 지금까지와는 다른 관점에서 일을 생각하고 새롭고 의미 있는 일자리를 만들어 내야만 우리와 우리 후손의 미래를 담보할 수 있다. 이를 위해서는 지금 우리가 가지고 있는 가치가 바뀌어야 한다.

| 인도·중국 문명의 대비로 보는 문명의 특수성 |

문명은 보편성 못지않게 특수성을 가진다. 이런 특수성은 우리 일자리에 직접적인 영향을 미치는 요소로 작용한다.

인도 문명과 중국 문명은 지리적으로 가장 가깝게 존재했으나 서로 뚜렷하게 대비되는 문명이었다. 인도 문명과 중국 문명은 우선 삶을 바라보는 관점이 달랐다. 인도 문명에서 이번 생은 윤회되는 삶의 일부로, 이번 생을 통해 덕을 쌓음으로써 다음 생에 보상받거나 좀 더 나은 경지로 들어가는 것이다. 이와 달리 중국 문명에서 이번 생은 현실에서 보상을 받아야 하는 과정이다. 그래서 적극적으로 삶을 개척하는 것이 당연하고, 자신의 개인 해탈보다는 집단 전체에 강한 영향력을 갖게 되는 것이 중요하다. 내세보다 현세를 중시하는 불교가 발상지인 인도보다 중국에서 크게 발전한 데는 이런 이유도 있었을 것이다.

중국의 사회사상은 공자와 노자라는 두 명의 걸출한 철학자들이 큰 줄기를 형성했다. 공자는 예를 중시하고 자신을 끊임없이 수양하라고 가르쳤다. 이에 반해 노자는 사람의 힘을 더하지 않은 있는 그대로의 자연으로 돌아가라는 무위자연無爲自然을 주장했다. 이는 사실 삶을 살아가는 태도를 이야기하는 것이다. 형이상학적인 수사가 아니라 실천적인 삶의 방법에 대한 이야기다. 노자의 이런 사상은 중국인들이 살면서 지혜를 중시하도록 영향을 끼쳤다. 인도는 신을 섬겼지만 중국은 성인과 현자를 추구했다. 인도에서 브라만 카스트가 사회를 유지하는 중추적인 역할을 했듯 중국에서는 유학자가 그 역할을 했다. 브라만은 종교적이며 신비적이고 논리적이다. 이에 비해 중국의 유학자는 실용적이며 실천적이다.

이런 문명의 특성은 현대 사회에까지 강하게 영향을 미쳤다. 논리적인 인도인은 인도를 세계에서 가장 발달된 소프트웨어 산업 국가로 만들어 많은 인재들을 양성했고, 실질적이고 실용적인 중국인들은 제조업 분야에서 두각을 나타내 중국을 세계의 공장 국가로 만들었다. 한국도 마찬가지다. 동이족의 전통은 세계를 제패하는 양궁 실력으로 이어졌고, 실리콘 기반의 도자기 기술은 반도체 산업으로 그 모습을 바꿔 현재 한국 경제를 떠받치는 기둥 역할을 하고 있다. K-pop도 음주 가무를 즐기던 우리 조상들의 피가 면면히 흐르는 증거로 봐도 하등 이상할 것이 없다. 이처럼 문명의 특성은 바로 우리 일자리와 연결된다.

인도는 구전을 중시해 암송하고 듣는 것을 중히 여겼고, 중국은 글을 중시해 기록하고 보존하는 것을 중히 여겼다. 인도에서 신을 섬기는 의식은 춤으로 표현하는 몸동작과 그에 따르는 음악으로 구성된다. 인도 신전의 벽면들은 인간이 취할 수 있는 온갖 동작의 파노라마로 장식돼 있다. 내용을 쉽게 암송하고 전달하기 위해 음률을 중시했고 이는 음악의 형태로 나타나는 것이 가장 효과적인 방법이다. 음악과 춤은 인도인에게 매일 자신 앞에서 시현되는 일상이다. 현대 인도 영화의 독특한 성격은 이런 문화적 배경을 바탕으로 한다. 인도 영화를 보면 뮤지컬 영화에서보다 음악과 춤이 더 중요한 역할을 한다. 볼리우드 Bollywood 로 유명한 인도 엔터테인먼트 산업 종사자는 2022년 최소한 130만 명 이상으로 보고된다. 이런 문명의 특성은 사람들에게 DNA처럼 각인되기 마련이다.

인도와 중국은 모두 인구 대국이다. 인도는 비교적 빠른 1950년대 초부터 수입 대체 산업을 육성하고 중공업과 농업 발전을 견고히 하는 등 경제 발전을 지속적으로 추진했다. 중국은 이에 비해 늦은 1978년 덩샤오핑의 개혁개방으로 출발했다. 하지만 먼저 시작한 인도보다 발전 속도가 훨씬 빨라 중국은 이제 미국과 유일하게 경쟁하는 G2 국가가 됐다.

사회 가치 면에서도 두 문명은 뚜렷한 대비를 이룬다. 사회를 지탱하는 가장 기본적인 인간의 도리는 충忠과 효孝 다. 충이 개인의 사회적 역할을 나타낸다면 효는 개인의 가정사를 나타내는 것으로, 인간이 사회에서 마땅히 지켜야 할 가장 근간이 되는 두 가지 규범이다. 충은 국가에 대한 의무와 도리다. 국가에 대한 도리에서는 국가의 본질인 정의와 공평한 일 처리가 중요하다. 충의 한문도 문자를 뜯어보면 '마음心'이 '가운데中'를 유지한다는 의미를 가지고 있다. 가운데를 가진다는 것은 치우쳐서는 안 된다는 의미일 것이다. 공명정대, 공평무사, 정의 실현이다. 이에 비해 효는 인간으로서 천명에 따라 해야 할 도리다. 부모·자식 간은 선택의 문제가 아니라 하늘이 정해 준 천명이다. 당연히 인간적인 본성이 중요하다. 정의감보다는 부모를 모시는 애틋한 마음가짐이 가장 중요한 요소다. 효孝의 한문은 '늙는다'는 뜻의 '노耂'와 자식을 의미하는 '자子'가 합쳐진 회의자다. 자식이 늙으신 부모를 모신다는 뜻이다.

충효는 어느 문명에서나 가장 중요한 덕목이지만 문명에 따라 미묘하게 차이가 있다. 인도 문명의 대표적인 서사시인 『마하바라타』를 보면 골육상잔을 피할 수 없게 된 판다바 5형제 중 셋째 아르주나가 고뇌하는 장면이 나온다. 할아버지를 비롯한 가족과 전쟁 중인 아르주나는 가족들을 죽여서 승리를 차지하는 데 자괴감을 느끼고 있었다. 이 신화의 정신적 지주 역할을 하는 신 크리슈나는 아르주나에게 크샤트리아의 본분을 다하라고 하면서 전쟁터에서 가족들을 죽이고 승리하라고 독려한다. 크샤트리아는 카스트 제도에서 왕족과 무사에 해당하는 두 번째 계급이다. 가족 간의 정인 효보다 충을 강조한 셈이다. 『마하바라타』는 사회에서 자신의 역할을 중요시하는 강렬한 내용을 담고 있으며 이는 사회 계층의 고착화에 큰 영향을 미쳤다. 사회적으로 주어진 역할을 다한다는 것은 '○○다워야 한다'라는 것으로, 자신의 위치와 신분에 걸맞게 행동하고 사고할 것을 모두에게 요구하는 것이다. 세계 최대 민주주의 국가인 인도가 역설적이게도 여전히 카스트 제도의 모순으로 국가 발전이 저해되고 있는 기저에는 이런 문명의 영향력이 존재한다. 카스트 제도가 자유로운 직업 선택을 가로막는 것은 자명한 일이다. 이와 함께 일부 지역에서는 명예 살인이 여전히 사회적으로 용인된다. 즉 '○○답지 못한' 사람은 가족의 손에 죽어 마땅하다는 끔찍한 생각이 아직도 남아 있는 것이다. 문명에 뿌리를 둔 사회 가치관은 개개인의 삶 깊은 곳까지 영향을 미친다.

카스트 제도가 인도 문명에 미친 부정적인 영향은 오늘날에도 여전히 강하게 남아 있다. 인도 영화는 매년 제작되는 양도 방대하지만 그 소재 또한 세상의 모든 이야기를 담고 있다고 할 정도로 다양하다. 사랑, 폭력, 섹스, 전쟁, 서스펜스, SF와 같은 일반적인 소재뿐 아니라 전 세계 모든 종교나 심오한 철학 문제까지 광범위하게 다루는 것이 큰 장점이다. 당연히 카스트 제도를 주제로 한 영화도 쉽게 찾아볼 수 있다. 인도인 스스로 카스트 제도가 현대 인도인에게 여전히 강한 영향력을 행사한다는 점을 확실하게 인식하고 있기 때문일 것이다. 그중 2008년도 부커 상을 수상한 아라빈드 아디가 Aravind Adiga 의 동명 소설을 각색해 라민 버라니 Ramin Bahrani 가 연출한 《화이트 타이거 The White Tiger》(2020)라는 영화가 있다. 인도 최하층민으로 태어난 주인공이 지주地主의 운전기사로 시작해 사업에 성공하는 이야기다.

이 영화가 감명 깊었던 것은 사람이 기존 직업보다 나은 직업을 쟁취하고 개인의 자유를 얻는 것이 얼마나 힘들고 어려운 일인지 인도 사회를 통해 보여 주고 있어서다. 여기에서 개인의 삶을 궁극적으로 변화시키는 것은 경제적인 문제가 아니다. 이 영화의 부제 "닭장에서의 탈출"이 말해 주듯, 사회 관계망에서 주인공의 위치가 바뀜으로써 신분 상승이 가능해진다. "인도의 사업가는 도덕적인 동시에 비윤리적이고, 무교이면서 신을 믿고, 교활하면서 진실돼야 하거든요."라는 주인공의 독백은 인간의 신분 상승은 사회적 관계를 변화시켜야만 가능하다고 강변하는 듯하다. 이 영화는 상층으로 올라갈 수 있는 사다리가 없어진 현대 자본주의 사회의 냉혹한 현실을 드러내는 동시에, 인도의 경우 카스트 제도가 한 번 더 사회를 옥죄고 있음을 여실히 보여 준다. 이 영화의 주인공은 극단적인 방법을 통해 신분 상승에 성공하지만 현실에서 모든 사람이 이렇게 될 수는 없다. 문명에서 통용되는 가치가 어디에 기원하는지에 따라 우리가 살면서 가질 수 있는 직업의 종류와 사회 계층을 이동할 수 있는 사다리의 유무가 결정된다. 일자리 문제를 단순하게 경제적 문제로만 치부한다면 우리 일자리를 좋게 만들 방법은 영원히 찾을 수 없을 것이다.

| 편협한 문명은 오래가지 못한다 |

영구 동토층인 북극해 스발바르제도에는 스발바르 국제종자저장

고가 있다. 세계 각국에서 모은 씨앗들이 100만 종 넘게 보관돼 있는 곳으로 농업에 기반한 우리 문명의 1만 년 넘는 여정이 집약돼 있다. 앞으로 닥칠지 모를 미래의 위협에 대비하기 위해 2만 년 이상 유지가 가능하도록 설계됐다. 보관 온도는 영하 18도로, 씨앗들이 느리게 대사 작용을 하면서 죽지는 않는 온도에 해당한다. 지금은 터널 세 곳 중 하나를 사용하는데 앞으로도 지속적으로 세계 각국으로부터 씨앗을 모아 저장할 계획이다. 이곳은 상상력의 보고이자 인류 농업 문명의 타임캡슐이다. 이런 준비를 하는 가장 중요한 이유는 인류가 재배하는 식량의 다양성을 우리 스스로 계속 파괴하고 있기 때문이다. 지금 전 세계에서 재배하는 작물은 150종 미만이며, 인류는 그중 채 140가지가 되지 않는 식물에 의지하며 살아가고 있다. 약 10여 종은 고기 종류다. 국제종자저장고에 보관하는 것은 기발하고도

북극해 스발바르제도에 위치한 국제종자저장고 (ⓒ Einar Jørgen Haraldseid / flickr)

놀라운 아이디어이지만, 우리가 현재의 문명을 올바르게 지키지 못하면 아무 의미 없는 일이 될지도 모른다.

우리 일자리도 마찬가지다. 만약 모든 인류가 천편일률적인 몇 가지 일에만 의미를 부여하고 종사하게 되는 세상을 한번 상상해 보라. 얼마나 삭막하고 위태위태한 세상이 될 것인가? 우리 일자리는 그동안 꾸준히 다양화돼 왔지만, 이제 그 다양성이 서서히 사라지고 있는 추세다. 많은 사람이 예측하듯이 미래 사회가 극히 소수의 일자리만 인정받고 그 몇 안 되는 일자리를 위해 대다수 사람들이 거의 목숨을 걸고 싸워야 하는 세상이라면 인류가 지속할 수 있을까? 스발바르 국제종자저장고 사례와 같이 우리 일자리를 만들고 유지하기 위한 지혜에 힘을 모아야 할 때다.

문명화 이후 지금까지 일자리가 새롭게 생겨나기도 하고 변화했던 것은 사회·정치적 요인이나 경제적 요인, 문화적 요인 등 다양한 요인에 의한 것이었으며, 최근에는 기술적 요인에 의한 것이 가장 많았다. 자연과 연관된 인간의 인위적인 행위 모두가 곧 우리 일자리다. 무언가 원인이 되어 기존 일자리에 큰 변화가 일어나면 사회도 그에 따라 재편되고 인류는 새로운 삶을 살게 된다. 하지만 무엇보다 우리가 잊지 말아야 할 것은, 지금 이 모든 것들이 문명이 시작된 이래 각자 맡은 일을 묵묵히 해 왔던 많은 사람의 노력으로 이룬 것이라는 점이다.

문명이 시작된 지점은 구심점으로 작용한다. 신기하고 편리한 세상에서 살고 싶은 것은 거부하기 힘든 인간의 본능이다. 사람들이 문명이 발달한 곳으로 모여들면서 자연스럽게 거대한 도시들이 탄생했다. 도시는 온갖 새로움으로 가득 찼으며 인간의 욕망을 충족시켜 줄 것들이 많았다. 무엇보다 자신을 증명할 수 있는 많은 일자리가 있었다.

문명을 만들면서 인류는 비약적인 발전을 시작했다. 문명이 본질적으로 추구한 바는 '먹고사는 문제의 해결'이었다. 곳간에서 인심 나고, 사흘 굶어 담 넘지 않을 사람 없다. '사회 구성→인구 집중→농업혁명→문명화'로 이어지는 일련의 과정들은 먹고사는 문제를 효율적으로 그리고 평화롭게 해결하고자 하는 인간의 소망이 만들어 낸 결과물이다. 이를 가장 효과적으로 실행하기 위해 문명에는 공정과 정의의 가치가 내재한다. 그래서 '떳떳하지 못한 일'은 그 보상이 아무리 크더라도 오랫동안 지속할 수 없다. 그리고 문명에 내재된 가치는 일자리에 고스란히 투영된다. 문명 속에서 생겨난 여러 일자리들은 서로 다르지만, 그 근원에는 내가 하는 일이 다른 사람이 하는 일과 동등한 가치를 인정받고 정의롭게 대우받으리라는 믿음이 있다. 편협했던 문명, 소수만을 위한 불공정한 문명은 오래가지 못했다. 개방적이고 정의를 추구한 문명들이 오랜 시간 발전하면서 다음 세대로 이어져 왔다.

문명이 추구한 제1가치는 인간의 생존과 인간의 욕망 충족을 위한 효율 추구였다. 부족한 먹거리를 만들어 내거나 기본적인 삶에 필수 불가결한 재화들을 생산하는 일자리를 만들고 개선시키는 데 효율이 기준이 됐다. 효율 추구는 초기 인류가 안정된 삶을 영위하고 이후 고도로 발전하는 데 원동력으로 작용했지만 현대에 와서는 오히려 인류 전체의 생존을 위협하는 원인이 됐다. 효율 추구 문명은 이제 그 효용이 다했다. 더 높은 단계의 문명사회로 나아가기 위해 새로운 가치에 바탕을 둔 문명이 탄생해야 하는 시점이 왔다.

3장

도시화와 국가 건설

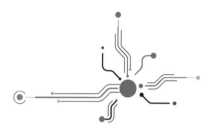

인류가 한곳에 정착해 농사를 짓기 시작하면서 잉여 가치는 점점 쌓여 갔다. 이런 곳을 중심으로 큰 부락이 형성되고 인구 집중이 가속화되자 곳곳에서 도시들이 탄생했다. 사회를 구성하는 인구가 많아지면서 이제 구성원 중 일부는 먹고살기 위한 활동이 아닌 다른 영역의 일을 할 수도 있게 됐고 여가 시간도 가지게 됐다.

인구 집중과 여가 시간의 발생은 바로 직업 분화와 밀접한 관계를 가진다. 여가 시간을 갖게 된 인류는 창의성과 인간의 욕망을 충족시켜 줄 다양한 업무를 일자리로 만들었다. 탐구욕을 충족할 학문 분야와 인간의 과시욕을 드러낼 수 있는 장신구 제작 장인 등이 이때 나타나는 등 많은 직업의 분화가 이루어졌다.

도시에는 누구나 부러워할 부들이 쌓여 갔다. 자체 생산하는 귀중품도 있었고 교역을 통해 수입한 물건들도 있었으며 전쟁을 통해 약탈한 많은 보물들이 도시로 향했다. 이제 도시를 안정적으로 지켜 줄

큰 보호막이 필요했고 이를 관리하고 통제하기 위해 강력한 힘을 가
진 주체가 필요했다. 그래서 국가가 탄생했다.

도시의 탄생

　문명이 발달하면서 자연스럽게 도시 규모가 커지고 도시 또한 여러 지역으로 확산되면서 많은 도시들이 연쇄적으로 탄생했다. 도시는 문명 이전 사회와 비교해 인구 밀도가 극적으로 높아진 공간이다. 인간이 한곳에 모여 산다는 것 자체로도 많은 영감을 줄 수 있다. 다양한 사람들을 주변에서 수시로 만날 수 있다는 것은 도시 이전에 인류가 경험하지 못했던 일이다. 만남은 뇌를 자극해 다양한 사고를 경험하게 하고 뇌의 사회적 기능과 모방 기능을 최대화했다. 창조도 모방에서 출발한다.

　동시에 도시는 인류에게 해결해야 할 많은 문제를 안겨 줬다. 문제를 해결하는 것은 곧 지식의 축적을 의미하며 발전을 의미한다. 도시 내 대규모 배수·급수 시설, 땅의 효용을 높이기 위한 건물의 수직 확장, 도시 내 이동을 위한 도로 체계 등 안전하고 안락한 삶을 원하는 인간의 욕망은 과학기술 능력을 한층 높은 수준으로 끌어올렸다. 그리고 사회적 관계에서 발생하는 여러 갈등은 새로운 정치 체계와 인간관계를 정립해 나아가도록 하는 압력으로 작용했다. 도시는 인류가 발명한 최고의 발명품이다. 도시화는 인간의 과시욕을 충족하고 지적 갈증을 해소하며 갈등 해결을 위한 여러 가지 역할을 요구해 그에 맞는 일자리들이 주어졌다. 도시는 일자리 창출의 최대 용광로였다.

도시는 인류의 가장 심오한 발명품으로 인간의 삶에 가장 큰 영향을 미쳤다. 인구 과밀화는 그 자체로 새로운 순기능 역할을 하게 됐다. 인구 집중이 이뤄지기 전에는 서로 교역을 하고 싶어 만나는 상대라 해도 1년 혹은 그보다 더 긴 시차로 잠깐씩 만나 교류하는 것이 전부였다. 그러나 인구가 집중되고 도시가 발달한 뒤로는 이와 비교되지 않는 횟수와 규모로 의사소통과 교류가 이뤄져 이전까지 불가능했던 여러 일들이 가능해졌다. 무엇보다 필연적으로 발생하는 빈번한 의사 교환은 아이디어 발굴과 발전에 큰 영향을 미쳤다. 이는 최근 사회물리학 연구에서도 증명됐다. 아이디어가 풍부해지면 결과적으로 창조적 성과가 강화된다. 온·오프라인 소통이 원활해지면 아이디어 개발에서 훨씬 좋은 결과를 보이게 된다. 이는 미국 MIT 공대에서 인간 역동성과 미디어랩 창업 프로그램을 추진하고 있는 앨릭스 펜틀런드 Alex Pentland 가 쓴 『창조적인 사람들은 어떻게 행동하는가 Social Physics』(2015)에 잘 나와 있다. 특히 오프라인에서 대면 활동이 활발해지면 고립된 환경에서 살 때보다 인간 활동이 훨씬 더 빠르고 효과적으로 이뤄진다. 도시화는 이런 인간의 활동이 최대치가 되도록 강력하게 견인한다.

| 주요 문명의 성공적인 도시들 |

인류 초기에는 세계 곳곳에 소규모 정착지들이 있었다. 많아도
20~30명 수준의 씨족으로 이동 생활을 하던 집단들은 정주 생활이
가능한 지역을 만나면 간헐적인 정주 생활을 하기 시작했고 이에 따
라 집단의 규모도 더욱 커졌다. 인류가 어느 순간 완전한 정착 생활
을 했다기보다는 1년에 3~4개월 혹은 6~7개월 정도 한곳에 머물다
가 계절적 요인에 따라 또 다른 정주 생활 지역으로 이동하는 식이었
을 것이다. 지금도 유목민 중에는 겨울 동안만 특정한 지역으로 이동
해 단기 정주 생활을 하는 사례가 있다.

정착 생활은 새로운 스타일의 일상생활을 창조했다. 20~30명 정
도의 집단이 유목 생활을 하는 데도 분명 문화가 존재하고 삶의 방
식이 존재했지만, 유목 생활은 그 이전 수렵·채집 생활과 크게 다르
지 않았다. 유목민의 세간살이는 어쩔 수 없이 단출하다. 몸을 비바
람으로부터 지켜 줄 움막(지역마다 조금씩 다른 형태로 발전했지만 기본적
인 구조와 역할은 큰 차이 없이 동일하다)이 가장 중요한 재산이고 그다음
이 조리 도구이며, 그 외에 생활에 필요한 극히 간단한 도구 몇 개가
전부였다. 이동으로 인한 제약과 한곳에 모일 수 있는 인구의 한계가
뚜렷한 유목 생활은 생존에 필요한 기본적인 생활 여건을 제공하는

것 이상은 불가능했다. 반면 정착 생활은 인간의 다양한 욕망을 충족시킬 수 있는 여건 조성이 가능했다. 집단 정주 생활이 시작되면서 비로소 인류는 자신들의 욕망을 드러내 놓고 추구할 수 있게 됐다. 정주민들은 이동 걱정을 할 필요가 없기에 자신의 다양한 욕구를 충족시키는 도구들을 얼마든 만들어 사용할 수 있었다. 초기에 정착 생활을 한 종족들이 차츰 문명을 발달시키고 도시를 건설할 것은 문명이 시작되는 순간부터 이미 예견된 수순이었을 것이다.

우리가 생각하는 최초의 성벽을 갖춘 정착지는 성경에도 등장하는 팔레스타인 지역의 예리코다. 기원전 9000년경부터 있었던 것으로 추정되는 예리코는 거의 7000년 이상 존속했다. 예리코는 기원전 14세기경 여호수아가 성채를 일곱 번 돌고 나팔을 불어 성벽을 허물고 정복했다는 『구약성서』상의 이야기로 많이 알려진 곳이다. 기원전 7000년경에 세워진 튀르키예 아나톨리아반도의 차탈회위크 Çatalhöyük

기원전 7000년경에 세워진 튀르키예 아나톨리아반도의 차탈회위크 유적
(ⓒ Murat Ozsoy 1958 / Wikimedia Commons)

도 도시의 특성을 갖추기 시작했다. 차탈회위크 유적에서는 여러 개의 방을 가진 가옥 집단, 제사의 흔적, 신상 등과 신석기 시대 생활상을 잘 나타내는 그림들도 같이 출토됐으며 인구는 약 5000명 정도였을 것으로 추정된다. 문명의 출현으로 왕과 신이 결합해 도시국가의 면모를 갖춘 도시는 기원전 4000년경 메소포타미아 지역에서 최초로 출현했다. 최초 도시로 여겨지는 우르는 이난나 신에게 봉헌된 도시였으며 피라미드 모양의 성탑인 지구라트로 유명하다. 우르 최전성기 인구는 약 6만 5000명으로 추산된다. 우르에서 북쪽으로 60킬로미터 떨어진 곳에는 우루크가 있었으며, 그 외에도 키시, 니시, 라가시, 움마와 같은 도시들이 건설됐다. 우르에서는 바퀴와 범선, 쟁기를 사용했고 이후 문자를 발명해 사용했다. 인류 최초의 대서사시로 꼽히는 『길가메시 서사시』, 사회관계 안에서 이해관계를 조정하는 성문법 등은 모두 문자를 발명한 메소포타미아 문명의 유산이다.

이집트는 기원전 36세기 상이집트 시대를 시작으로 나일강을 따라 지중해 방향으로 내려가면서 지금까지도 전 세계인의 관심을 불러일으키는 아름다운 도시들을 건설했다. 대표적으로 테베, 피라미드로 유명한 고왕국 시기 기자, 아부심벨, 멤피스 등이 있다.

인도 문명의 대표 도시는 영국 고고학자 존 마셜에 의해 1920년 발굴된 하라파다. 하라파는 위생 시설이 잘돼 있고 중앙집권화되지 않은 독특한 형식의 도시로, 인더스 계곡에 5300년 전부터 3600년 전까지 존재했다. 당대에 세계에서 가장 많은 사람이 살았을 것으로 추정되며 주민은 약 4만 명 정도였다. 인도 문명의 또 다른 도시 모헨조다로는 인더스강 하류에 약 4500년 전에 존재했다. 모헨조다로는 깨끗한 우물과 배수 시설을 갖춰 주택마다 목욕 시설과 위생적인 화장실을 만든 것으로 유명하다.

중국 문명은 히말라야산맥과 타클라마칸 사막이라는 자연 지형의 장벽에 막혀 메소포타미아, 이집트, 인도 문명과의 교류가 늦게 시작됐다. 황허강 유역의 문명은 하나라·상나라를 탄생시킨 문명으로 여겨진다. 특히 최근에 시안 부근에서 발굴된 싼싱두이三星堆 유적은 발굴 유물들의 특이함으로 신비감을 준다.

비교적 늦은 시기에 출현한 메소아메리카 문명에도 기념비적인 도시들의 흔적이 남아 있다. 마야 문명은 깃털 달린 뱀신 쿠쿨칸 K'uk'ulkan 의 신전인 엘카스티요, 네 방면에서 계단으로 오를 수 있게 설계된 23미터 높이의 피라미드 및 83미터 높이의 대구기장 등으로 유명한 치첸이트사 Chichén Itzá 를 남겼고, 잉카 문명은 해발 2430미터의 산상에 아름다운 도시 마추픽추를 건설했다. 아스테카 문명에는 스페인 정복자 에르난 코르테스에 의해 철저히 약탈당하고 파괴된 전설의 도시 테노치티틀란 Tenochtitlan 이 있었다.

고대 그리스의 대표적인 도시국가 아테네는 매우 특이하게 성공한 도시였다. 아테네의 성공 요인 중 하나는 아테네 자유민의 3분의 1이 외국 태생일 정도로 개방성을 지닌 데 있다. 이런 특성은 아테네가 뱃사람들에 의해 만들어진 도시이기 때문이다. 에게 문명은 토지 생산에 뿌리를 둔 문명이 아닌, 에게해와 지중해를 무대로 한 해상 교역을 통해 만들어진 문명이다. 그리스 신화에서 에우로페는 레반트 지방의 해안에서 제우스에 납치되어 크레타섬으로 끌려가는데, 이는 그리스인들이 레반트 지역에서 교역하면서 메소포타미아와 이집트 문명을 받아들여 미케네 문명을 탄생시킨 역사적 사실을 신화화한 것이다. 에게 문명과 메소포타미아, 이집트 문명의 교차점은 비블로스 Byblos (오늘날의 레바논 지역)로, 그리스와 로마가 이집트산 파피루스를 수입하기 위해 거칠 수밖에 없는 항구였다. 이 비블로스에서 "그 책들"을 뜻하는 그리스어 비블리아 biblia 가 생겼고, 여기서 성경을 뜻하는 바이블 Bible 이 나왔다. 비블로스와의 교역에 참여했던 미노스인들에 의해 미노스 문명이 탄생했고 이는 미케네 문명으로 넘어가며 에게 문명의 뿌리가 됐다.

아테네는 또한 직업에서도 특이한 성향을 보여 줬다. 고대 그리스, 특히 아테네에서는 전사나 사상가, 운동선수가 추앙받는 직업이었고 발명가나 기술자, 장인은 천한 직업으로 취급받았다. 메소포타미아, 이집트, 중국 등의 문명에서는 장인들이 나름 대우를 받았던 것과는 대조를 이룬다. 아테네의 또 다른 특성은 전문성의 결여다. 일견 이상해 보일지 모르지만 아테네 사람들은 모두가 모든 일을 했다. 아테네에는 직업 정치인도 직업 판사도 직업 성직자도 없었다. 그들은 전문성에 오히려 의혹의 눈초리를 보냈고, 단순함 속에 천재성이 깃들어 있다고 여겼다. 바로 이런 사회적 환경에서 고대 그리스가 인류에게 남긴 가장 위대한 문명인 민주주의가 탄생했다.

성공적인 도시들의 가장 큰 특징은 다양성을 포용하는 것이다. 아테네가 그랬고 당나라 장안(오늘날의 시안)이 그랬으며, 세계에서 가장

큰 제국을 만든 원나라의 대도(오늘날의 베이징) 또한 그랬다. 로마 제
국도 초기에는 모든 종교와 이민족에 개방된 다양성을 지닌 곳이었
다. 르네상스를 이끈 피렌체나 19세기 말 세계 음악과 과학을 주도
했던 빈도 마찬가지다. 빈의 황제 프란츠 요제프 1세는 합스부르크
가의 허식을 나타내는 호프부르크 왕궁 바로 옆에 로스하우스를 지
어 조롱한 건축가 아돌프 로스Adolf Loos를 죽이거나 체포하지 않는
관용을 보여 줬고, 로스하우스가 보이는 쪽 창문에 커튼을 달아 시
야를 가려 놓은 게 전부였다. 비록 나와 다른 생각이라도 포용하고
새로운 것이 있으면 편견 없이 받아들인 것은 융성했던 도시들이 보
여 주는 공통점이다.

┃ 도시는 일자리를 만들어 내는 요람 ┃

지금은 도시의 주요 기능으로 알려진 것들이 처음부터 도시에 모
두 집약되었던 것은 아니다. 초기 도시의 가장 중요한 기능은 종교
제례였다. 생존을 위한 식량 확보나 우발적인 사고를 피하고 싶은 간
절함, 그리고 무엇보다 인간에게 공포를 심어 주기 충분한 자연 현상
들로 인해 인간은 무언가에게 의존하고 싶다는 열망을 갖게 됐다. 종
교는 이처럼 초인간적인 존재에 대한 구복求福 행위로 시작됐다. 종
교에서는 집단적인 숭배 행위가 행해진다. 하지만 초기에 종교 의례
지는 도시 중심에 위치하지 않았다. 튀르키예 괴베클리테페 유적이나

영국 거석 문화의 상징적인 유적지 스톤헨지와 에이브버리 모두 사람들의 거주지와는 떨어져 지어졌다. 괴베클리테페 의식 시설은 무게 20톤가량의 커다란 석회암 돌들을 기원전 1만 년경 다른 곳에서 채굴해 옮겨 놓은 것이고, 스톤헨지 유적의 블루스톤들도 유적에서 250킬로미터 떨어진 웨일스의 펨브로크셔 카운티에서 가져온 것이다. 아마도 주위 몇몇 집단이 협력해 공동으로 시설을 건설하고 이용했다가 후에 세력을 키운 한 집단이 유적 중심부를 자신들의 도시 중심지로 삼았을 확률이 높다. 한번 종교적 제례 공간이 도시 중심에 위치하게 되면 이후 도시는 이 시설을 중심으로 발전해 갔다. 도시는 신들이 머무는 신전도 있고 신과 동등한 상징성을 지닌 통치자도 주거하는 지역이 됐다.

도시는 종교적 기능 외에도 교역 장소로서 중요한 역할을 했다. 각지의 사람들이 각자 생산한 특산품으로 필요한 물품들을 구하기 위해 일정한 장소에 모여 교환했을 것이다. 이런 조건을 충족시키기 위해서는 무엇보다 교통이 편리해야 했다. 초기 도시들은 거주지 주변에서 접근이 용이한 지점에 위치하거나, 수운 이용이 가능한 강가나 바닷가에 건설됐다. 메소포타미아 고대 도시들이 지금은 모두 척박한 황무지 위에 남겨져 있지만 도시 건설 초기에는 강변이었다는 것이 최근 위성 사진을 통한 연구에서 밝혀졌다. 이집트에서는 나일강변을 따라 도시들이 건설됐고 중국에서는 황허강과 양쯔강을 따라 큰 도시들이 생겨났다. 인도 문명의 하라파도 인더스강의 지류인 라비강 변에 자리 잡았다.

도시는 그 자체의 고유한 기능과 별개로 일자리를 만들어 내는 요람이었다. 문명이 우리에게 의식주에 필요한 기본 일자리를 줬다면 도시는 우리에게 보다 편한 일자리, 인간의 욕망을 충족시키는 일자리를 만드는 동인이 됐다. 물론 일자리 구분이 인간에게만 있는 것은 아니며 사회화가 잘 발달된 곤충 사회에도 있다. 개미의 경우, 번식을 하면서 집단의 생존 여부를 결정하는 여왕개미, 집단의 식량과 거주 공간을 책임지는 일개미, 태어난 알을 부화시키는 보모개미, 조직의 규율을 잡는 헌병개미 등이 일자리에 따른 대표적인 구분이다. 하지만 문명화가 따르지 않는 단순한 사회를 이루는 군집 생활 생물들에게는 생존과 직접적으로 연관되는 기본적인 일의 구분만 있을 뿐이다. 매일같이 새로운 문제에 부딪히고 새로움을 추구하는 인간의 욕망은 새로운 일거리들을 만들어 냈다. 이는 사회적으로 다양한 직종의 전문적인 장인의 출현으로 이어졌다. 건물, 수송 수단(수레), 원거리 교역을 위한 교통수단(배), 농업 생산력을 높이기 위한 농업 도구, 전쟁 물자, 도시 위생 시설, 섬세한 공예품, 기록에 필요한 물품 등등 장인이 만드는 사회적 재화들 없이는 도시 건설이 불가능하다는 점을 생각해 보면 도시 탄생과 발전에 장인은 필수 요소였다. 도시는 국가가 탄생하기 위한 필수 조건이니, 전문화된 직업의 탄생 없이는 국가 탄생도 없었을 것이라는 의미다.

정신 영역의 활동이 직업으로 인정받고 사고를 통해 발전을 추진하는 전략을 채택해 진화해 온 생물은 인간이 유일하다. 도시에는 필요 물품을 공급하는 일, 사회 질서를 지키는 일, 필요 물품을 생산하는 공방과 같은 도시 제조업 등 다양한 분야에 종사하는 사람들이 모여 살게 됐다. 인간은 도시를 통해 욕망을 충족하는 방법도 배우고 동시에 욕망을 절제하는 법도 같이 배우게 됐다. 수많은 과학 기술자들과 장인들의 노력에 힘입어 도시는 하루하루 발전했다. 문명의 고도화는 일자리 분화도 촉진했다. '농업혁명→산업혁명→지식사회'로 진화되는 과정에서 최초 한 사람이 담당했던 일들이 점점 더 세분화돼 많은 사람들이 나눠 맡게 됐다.

| 인구 밀집이 가져다준 창조적 결과 |

2014년 기준으로 세계 인구의 절반 이상이 도시에 거주하고 있다. 지구에 살아가는 인류는 인구수가 증가하는 속도보다 훨씬 빠른 속도로 도시인이 돼 가고 있다. 유엔에 의하면 2050년 지구 인구는 97억 명에 이를 것이며 그중 약 68퍼센트가 도시에 살 전망이다. 즉 도시에 66억 명 정도가 살게 된다는 것이다. 이번 세기가 끝날 때쯤에는 100억 명이 넘을 세계 인구의 80퍼센트 이상이 도시에 거주할 것으로 예측된다.

도시의 집중도는 놀랍다. 지금도 브라질 상파울루, 나이지리아 라고스, 러시아 모스크바, 남아공 요하네스버그, 우리나라 서울과 같은 도시들은 인구뿐 아니라 국부의 3분의 1에서 2분의 1을 차지하고 있다. 중국의 경우 베이징, 상하이, 광저우의 3개 거대 도시권이 국가 경제 총산출량의 40퍼센트를 차지하고 있다. 인구 밀도가 2배 증가하면 생산성이 2~5퍼센트 향상된다는 연구 보고도 있다. 부의 축적은 초기부터 도시에 집중돼 왔다. 도시의 부 집중은 그 부를 지키기 위한 군사력을 요구한다. 탐나는 물건을 노리는 사람들은 항상 있기 마련이다. 외부의 적으로부터 부를 보호하기 위해서는 군사력이 필요하고 내부의 무질서로부터 자산을 지키기 위해서는 사회 규율과 경찰력이 필요해진다.

도시는 상호 소통의 효율을 높이고 인간 창의성을 자극한다. 기술이 발달하기 전 통신은 인간이나 한정된 자연의 힘에 의존해야 했는데 이때 가장 큰 장애는 물리적 거리다. 신속하게 결정을 내리고 실행하는 것은 상대방을 제압하는 중요한 요체다. 오직 도시에서만 많은 기능을 가진 기관들이 상호 협력하는 공간을 제공할 수 있다. 신속함은 인구 밀집이 주는 유리함이다. 도시는 어느 시기에나 인간의 지식이 감내할 수 있는 최고의 인구 밀도를 만들어 냈으며, 어느 시대를 막론하고 항상 지구상에서 가장 인구 밀도가 높은 지역이었다. 물론 밀집도 자체도 시간의 흐름에 따라 더욱 높아지고 있다. 높은 인구 밀도는 인간 간의 관계를 가속한다. 단순하게 하루 이틀 정도 한정된 사람들을 만나는 빈도 정도는 큰 차이를 만들지 않겠지만 양적 변화가 축적되면 질적 변화가 따르기 마련이다. 물리학에서는 온도나 압력 등의 외적 조건이 변하면 물질의 상태도 바뀌는 것을 상전이狀轉移라고 하는데, 이와 같은 일이 도시에서도 일어나는 것이다. 사회물리학에서도 높은 인구 밀도 지역인 도시를 중요하게 인식하고 있다.

밀집은 상호 커뮤니케이션 효율을 높이면서 동시에 인간의 창조성을 자극한다. 창조성은 전염된다. 인간은 상호 작용을 하지 않더라도 창의적인 동료와 함께 있는 것만으로 창의적이 된다는 많은 연구 결과가 있다. 창의적인 사람 곁에 있으면 무언가 우리를 자극해 더 창의적으로 생각할 수 있는 것이다.

또한 도시화는 다양한 경험을 공유하는 사회적 관계망이 형성될 수 있도록 작용한다. 자신의 이웃에게 전해 들은 이야기라 해도 혼자 생각하고 상상하는 것보다 훨씬 생생하고 사실에 가까운 간접 경험이 되어 인간 사고를 자극하고 새로운 세계에 대한 탐험과 모험을 자극한다. 탐험과 모험은 인간이 문명을 발전시켜 온 가장 강력한 동력이다. 사회적 학습 기회는 집단 지성을 높이고 생산성과 창조적 결과가 도출되도록 해 현상을 개선할 수 있게 작용한다. 아이디어가 풍부해지고 문명이 개화되면 인간에게 주어지는 역할도 그에 따라 다양해지고 풍부해진다.

┃ 인간의 욕망을 극대화하고 해소하는 공간 ┃

도시는 도시 자체가 욕망의 대상이 된다. 도시에 쌓인 부는 그 부를 획득하려는 소유욕을 자극하고 소유욕은 종종 정복욕으로 나타난다. 수많은 도시들의 역사가 침략과 정복으로 점철돼 있다. 성이 도시를 방어하는 주요 수단이던 시기에는 성을 함락하고자 하는 자와 성을 지키고자 하는 자들 간의 치열한 전략·전술과 무기 개발이 있었다. "유레카!(나는 찾아냈다)"로 유명한 고대 그리스 수학자 아르키메데스가 시라쿠사를 지키기 위해 발명해 로마군의 전함을 불태웠다는 청동 거울, 돌이나 불덩어리를 수백 미터 날리는 투석기 등은 모두 도시를 두고 쟁탈전을 벌이는 현장에 등장한 무기들이다. 도시 방어에는 단순히 물리적 무기뿐 아니라 인간의 심리까지 꿰뚫어 보는 전략도 등장한다. 『삼국지』에 나오는 제갈량의 공성계空城計 는 우리의 상상력을 자극하기 충분하다.

도시는 그 자체로 생명력을 품은 유기체다. 현대인의 정체성은 살아온 도시를 떼어 놓고 말할 수 없다. 여기서 말하는 도시는 인간의 삶이 엮여 있는 삶의 일부로서의 도시를 말한다. 도시는 그 안에 건설된 건축물이나 공공시설 같은 물리적 공간만이 전부는 아니다. 도시는 그 안에 살아가는 사람들에게 정체성을 심어 주고 키워 주는 등 정신적 공간까지 제공한다. 로마가 카르타고를 점령하고 다시는 도시 재건이 불가능하게 소금까지 뿌렸다는 이야기가 내려오는 것은 그 진위 여부를 떠나 도시가 단순한 물리적 공간이 아님을 나타내는 것일 게다. 칭기즈 칸이 서쪽 정벌을 할 때 시민들이 순순히 항복하면 도시를 그대로 존속하게 해 줬으나 저항할 경우 무자비하게 파괴한 것도 같은 맥락일 것이다. 몽골군은 군사적으로 매우 뛰어난 기병으로 이뤄진 최정예 부대였지만 동시에 대단한 심리전의 대가들이었다. 세계 정복은 단순한 물리력만으로 가능하지 않다. 몽골군은 서정을 통해 부하라→사마르칸트→니샤푸르→발흐→모스크바→키이우→루블린→크라쿠프→부다페스트→바그다드 순으로 정벌했다. 13세기 기존 대도시의 파괴는 새로운 도시 문화를 건설하는 계기가 되기도 했다.

근대에 들어 계획적으로 완전히 새롭게 재정비한 도시로는 파리가 있다. 지금의 파리는 1850년대 근대 가장 위대한 도시계획가 조르주외젠 오스만Georges-Eugène Haussmann의 작품이다. 나폴레옹 3세의 후원 아래 오스만은 기존의 파리를 완전히 개조해 최고의 관광 명소로 만들었다. 오스만이 역사적 건물까지 거침없이 없애면서 파리를 개조하자 '파리의 역사성'을 없앤다는 비판이 쏟아졌다. 시인 샤를 발레트 Charles Valette 는 그를 "잔인한 파괴자"로 불렀다. 그러나 오스만은 그런 비판에도 아랑곳하지 않고 자신의 철학대로 파리를 완성시켰다.

오늘날 파리는 매년 사람들이 가장 가 보고 싶은 도시 1~2위 안에 드는 선망의 대상이다. 왜 사람들은 파리에 열광할까? 건물들이 아름답다는 이유도 있겠지만 단순히 하드웨어적인 문제는 아니다. 파리지앵들의 삶의 방식이 파리에 그대로 투영되기 때문이다. 작가 알프레드 델보 Alfred Delvau 는 『파리의 즐거움 Les Plaisirs de Paris』(1867)에서 "파리 사람이 집에서 지내고 생각하고, 집에서 먹거나 마시거나, 집에서 병을 앓고, 집에서 죽는다는 것은 상상하기 힘들 만큼 따분한 것"이라고 썼다. 파리 사람들은 파리 거리를 거닐며 눈으로 관찰하고 소통하고 자신이 끼어들 거리가 없나 탐색하고 다닌다. 이방인에게까지 이런 분위기가 전달되어 같이 느끼며 동화되게 만든다. '도시 생활을 구경하는 사람'이라는 '바도 badaud'와 '한가로이 거니는 사람'이라

동일한 건물이 길게 줄지어 늘어서 있는 파리의 거리 풍경은 조르주외젠 오스만 추진한 파리 개조 프로젝트의 대표적인 특징이다. (ⒸThierry Bézecourt / Wikimedia Commons)

는 뜻의 '플라뇌르 flâneur' 두 단어가 파리에서 탄생한 것은 우연이 아니다. 시인 보들레르는 "플라뇌르는 파리 인파 한가운데에 움직임의 밀물과 썰물 속에, 그리고 일시적인 것과 무한한 것에 둘러싸인 곳에 머물며 엄청난 희열을 느낀다."라고 썼다.[1] 심지어 "어슬렁거리며 돌아다니는 것은 학문의 한 분야"라고까지 이야기했다.

파리이기 때문에 가능한 이야기일 수도 있지만 사실 모든 도시에는 다 그 나름의 영혼이 있다. 도시는 공간과 그 공간 속에서 살아가는 사람들이 상호 작용으로 만들어 내는 총체적 존재다. 역사에서 많은 유명인의 삶에서 이런 연관성을 쉽게 찾아볼 수 있다. 모차르트는 고향 잘츠부르크를 떠나 빈에서 평생을 살았으며 베토벤도 빈에서 삶을 보냈다. 소크라테스는 자신에게 사형을 선고한 아테네를 끝내 떠나지 않았으며, 레오나르도 다빈치도 고향 피렌체를 떠나 나폴리와 로마에서 작품 활동을 하고 말년은 파리에서 보냈다. 도시인에게는 살아온 도시의 DNA가 몸에 새겨진다. 도시인에게 도시는 자신의 일부이며, 도시를 떠나면 그는 자신이 아닌 다른 존재가 된다. 도시는 그런 곳이다. 도시는 오랜 시간이 흐른 후에도 물리적인 그 실체로 인해 많은 사람들의 관심의 대상이기도 하지만, 동시에 당대의 모든 첨단 기술과 과학 사상이 집중된 곳이다. 또 인류 역사를 바꾼 수많은 사건들의 발생지이기도 하다. 농업혁명이 도시를 탄생시킨 이래 역사의 전환점이 된 모든 정치·사회적 혁명, 과학기술의 발명 등은 도시가 없었다면 일어나지 않았을 것이다.

도시는 인간의 욕망을 극대화하고 동시에 해소하는 공간이다. '견물생심見物生心', 보는 것은 곧 욕망을 자극하는 가장 확실한 방법이다. 인간은 애초 내 눈에 보이지 않는 불평등이나 가난에는 관대해도 내 눈앞에서 일어나는 불평등에 대해서는 참지 못한다. 물론 전통 사회에 엄연히 존재하는 사회 계층을 뛰어넘어 자신의 욕망을 충족시키려는 시도는 목숨을 거는 위험한 도박과도 같은 일이지만, 매일같이 반복해서 인간의 욕망을 자극하는 사건들은 이런 사회적 금기를 뛰어넘는다. 도시는 때로는 도덕군자이면서 때로는 우리의 욕망을 자극하는 사탄이다. 도덕군자와 사탄 모두 새로운 세상을 만드는 같은 형상의 다른 면일 뿐이다. 도시는 역동적이면서 동시에 퇴폐적이다. 도시는 폐쇄적이면서 동시에 개방적이다.

도시의 익명성은 도시를 은밀한 성적 욕망의 해소 장소로 만드는 요소다. 물론 인간의 성적 욕망에 대한 갈구는 인류가 문명을 시작하기 전부터 이미 존재했다. 그런데 도시로 몰려 인구 밀도가 높아지면 익명성이 보장되므로 더욱 많은 만남을 촉진하는 환경이 된다. 초기 메소포타미아 도시들은 이를 적극적으로 수용했다. 우루크의 이난나, 바빌론의 이슈타르, 그리스의 아프로디테는 모두 도시의 성적 욕구를 해소시켜 주는 창녀와 매춘부에 대한 찬사였다. 신전에서 신을 받드는 여인들의 역할 중 하나는 자신의 몸을 통해 인간이 신과 교접하도록 하는 것이었다.

인간의 욕망을 부추기고 해소하는 기능이 없는 도시는 무용지물이다. 대도시는 인간 욕망을 실현해 주는 공간이다. 대도시의 여가 활동과 화려한 쇼는 사치스럽고 불필요한 요소가 아니다. 오히려 이런 활동은 공공 기념물이나 도시를 지탱하는 공식적인 요소와 동등한 필요성을 가진다. 대도시는 거대한 부를 쌓고 기회를 잡을 수 있는 곳이다. 자신이 거주하는 공간의 크기와 규모는 인간이 더 큰 무언가의 일원이라는 인식을 갖게 한다. 이런 기회와 가능성이 있기 때문에 높은 임대료와 협소하고 불편한 주거 공간을 인내할 수 있는 것이다. 어둡게만 보이는 부분이 꼭 어두운 것은 아니다.

| 도시는 혁신과 아이디어의 산실 |

도시는 인류의 혁신이 일어난 곳으로, 인류 지식의 비약적 발전이 이뤄지는 요람이다. 기원전 세계 지성의 전당은 아테네였고 기원 전후 세계 최대의 지식 요람은 프톨레마이오스 왕조가 지배한 이집트의 알렉산드리아였다. 고대 과학혁명이 지난 뒤에는 과학의 요체가 중세 이슬람의 알만수르가 창건한 바그다드로 건너갔다. 그리고 1660년 런던의 왕립학회가 그 전통을 이어받아 과학혁명을 지속했다. 이 세 도시는 정치적·상업적 측면의 강력한 힘이 있었고, 과학 실험을 후원하는 데 돈을 아끼지 않은 권력자들이 있었으며, 활기차고 호기심 많은 대중들의 탐구 문화가 활성화된 지역들이었다는 공통점이 있다. 가장 중요한 것은 새로운 관념과 새로운 사람들에게 문호를 개방했다는 점이다. 특히 바그다드는 당시 세계에서 가장 진보적인 천문대를 중심으로 광학, 의학, 화학, 공학, 야금학, 물리학, 음악 이론, 건축학 분야에서 획기적인 업적을 쌓았다. '화학의 아버지' 자비르 이븐 하이얀Jabir ibn Hayyan 의 업적은 로버트 보일이나 앙투안 라부아지에Antoine Lavoisier 와 동렬이다. 중국의 항저우, 르네상스 시기의 피렌체, 영국 에든버러, 오스트리아 빈은 당대 가장 발달된 도시였을 뿐 아니라 인류사에 큰 영향을 끼친 발전을 추동했던 도시들이다. 이 도시들에서 시작된 변화와 발전은 그 이후 다른 도시, 아니 전 세계인의 삶에 큰 영향을 미쳤다. 새로움은 항상 새로운 일자리를 낳는다. 오늘날 미국 실리콘밸리가 우리 일자리와 삶에 미치는 영향을 생각해 보면 직관적으로 알 수 있다.

아이디어를 거침없이 유통하게 해 주는 것은 도시 발전에 중요한 요소였다. 도시화가 우리 일자리에 미친 영향이 우리에게 이야기하는 것은 인간의 아이디어 흐름이 원활하고 사회 구성원 개개인이 자발적으로 자유롭게 사회에 참여하는 공간이 만들어질 때 문명은 효과적이고 강력하게 발전한다는 것이다. 이는 기계가 생산 노동을 대체하는 시대에 인간이 어떤 행동을 가치 있게 여기고 그에 대한 보상을 해야 하는지에 대해 강력한 암시를 준다. 온·오프라인의 대면을 통한 상호 다양한 관계 형성에 적극적으로 참여하고 서로 소통하고 이해하는 과정이 궁극적으로 미래의 우리 운명을 결정할 중요한 요소인 것이다. 우리는 지금 역사상 그 어느 때보다도 강력하게 아이디어를 유통할 수 있는 수단과 그 어느 때보다도 많은 사람이 참여하고 소통할 수 있는 수단을 보유하고 있으며 이는 앞으로 더욱 강화될 것이다.

인간은 문명을 창조하고 도시를 만들어 살게 됐다. 도시는 문명의 발전을 더욱 가속화했으며 발달된 문명은 직업을 더욱 분화시키는 선순환 작용을 했다. 생각해 보라. 시골 생활과 비교해 보면, 도시에서는 비교할 수 없이 해야 할 일이 많다. 도시민의 생명을 안전하게 하기 위해 깨끗한 물을 지속적으로 공급해야 하고, 도시민의 원활한 이동을 위해 효율적인 도로망을 구축해야 하며, 효율적인 생활 공간을 만들기 위한 다양한 건축 기술도 필요하다. 인간이 도시를 발명하고 유지함으로써 얼마나 다양한 인류의 일자리가 필요해지고 만들어졌는지는 굳이 일일이 사례를 열거하지 않아도 될 것이다. 도시는 또한 인간에게 사회적 지능을 발달시키도록 하는 압력으로 작용한다. 비좁은 공간에서 서로 부대끼며 살아가야 하는 것은 홀로 들판에서 살아가는 것과 근본적으로 다르다. 이웃에 사는 사람에 대한 배려 없이 같이 살아갈 수 없다. 이런 사회적 압력은 인간의 사회적 지능을 높여 줘 상호 존재를 인정하고 협력하는 능력을 더욱 크게 발전시키는 계기가 된다. 이로써 보다 높은 수준의 문명 발전을 달성하게 되는 것이다.

도시의 현재와 미래

도시는 생존과 편리를 위해 끊임없이 요구를 만들어 냈고 이를 해결하기 위한 다양한 일자리도 동시에 창출했다. 도시화는 궁극적으로 우리 일자리 발전과 다양화에 큰 기여를 한 셈이다. 도시의 발명은 일자리 역사에서 중차대한 역할을 했으며, 앞으로도 지속적으로 큰 영향을 미치리라는 것이 자명해 보인다. 그런데 인류 문명이 도시를 항상 순방향으로 발전시켜 온 것은 아니다. 문명의 발전과 함께 도시가 파괴되기도 했고, 인구와 문명의 이기가 집중되는 데 따른 부작용도 많이 발생했다.

| 대항해 시대에 파괴된 도시들 |

이슬람에 막혀 아시아와 직접 연결되지 못하던 유럽은 지중해와

소아시아를 통해 간접 교역을 할 수밖에 없었고, 이탈리아반도의 베네치아, 피렌체, 나폴리 등의 도시국가들이 지중해 중심의 교역을 담당했다. 지중해 서쪽 끄트머리인 이베리아반도에 있어 지리적으로 불리했던 포르투갈과 스페인에게는 새로운 바닷길이 필요했다. 1415년 포르투갈은 십자군 전쟁의 일환으로 지중해의 북아프리카 연안 도시 세우타를 점령했다. 세우타는 포르투갈이 봐 왔던 어느 도시보다 화려하고 역동적이며 부가 넘치는 도시였다. 세우타의 부를 경험한 포르투갈에서는 '항해왕자' 엔히크의 후원 아래 기동성 뛰어난 소형 범선인 카라벨라를 타고 본격적으로 아프리카 해안을 탐사하며 남하하는 이들이 생겨났다. 그리고 마침내 1488년 바르톨로메우 디아스Bartholomeu Diaz가 희망봉을 발견하면서 유럽에서 지중해를 거치지 않고 인도양으로 들어가는 방법을 알게 됐다. 1500년 세계에서 가장 발전된 12대 도시 중 아시아에 비자야나가르, 가우다, 광저우, 베이징, 난징, 항저우, 타브리즈의 7개가 있었고 중앙아메리카에 테노치티틀란이 있었다. 세계 12대 도시에 드는 유럽 도시는 인구 18만 5000명의 파리가 유일했다. 그런데 포르투갈이 인도양에 직접 도달하게 됨으로써 유럽 변방의 소도시였던 리스본이 단기간에 유럽 중심 도시로 떠올랐다.

하지만 리스본의 세계 진출은 지극히 폭력적이었다. 리스본이 인도양으로 진출하기 위해 준비한 것은 발달된 제품이나 특산품이 아닌 최신식 선상 대포, 카라벨라에서 발사하는 사석포射石砲, 가볍고 속사가 가능한 후장식 선회포 등 당시 가장 선진적인 군사 장비들이었다.

오늘날의 멕시코시티 자리에 존재했던 아스테카 제국의 수도 테노치티틀란. 1519년 스페인 정복자
에르난 코르테스에게 함락돼 파괴되었다.

포르투갈인들은 인도양을 지나면서 교역이 아닌 폭력에 의한 방식으로 기존 경제 질서를 무너뜨리고 이권을 챙겼다. 이 과정에 당시 가장 번화하고 부가 넘쳤던 동아프리카의 무역항 킬와, 아프리카 최고의 미항 몸바사가 약탈당했고, 힌두왕 사무티리가 다스리던 캘리컷과 인도양의 보물이며 태양의 눈이라 불리던 도시 믈라카가 포르투갈인에 의해 무참하게 파괴됐다. 이로 인해 자유무역은 15세기 유럽에서 행해진 독점적 방식의 강제 교역(보호무역)으로 대체됐고, 타인의 신앙을 관용하지 않는 분위기와 무력에 바탕을 둔 경제 질서가 서게 됐다. 포르투갈에 이어 아메리카로 향한 스페인도 1521년 세상에서 가장 아름다운 도시 중 하나였던 테노치티틀란을 지구상에서 영원히 사라지게 하고 거대하고 위대한 문명 아스테카를 없애 버렸다. 대항해 시대는 사실 평화롭게 유지되고 발전되던 아시아, 아프리카, 아메리카의 경제 질서를 유럽의 전쟁 기술이 대체한 것으로, 이러한 힘에 의한 세계 질서는 현재까지 이어져 오고 있다.

▎ 도시를 위협하는 최대의 적, 바이러스 ▎

모든 인류의 발명품이 그러하듯이 도시가 순기능만을 가진 것은 아니며 양면이 있다.

도시의 최대 적은 세균 바이러스다. 바이러스와 인류는 지구 생존을 놓고 때로는 동반자적으로 협력하거나, 때로는 상대에게 치명적인 위협이 되는 과정을 반복해 왔다. 특히 도시는 세균과 인간의 공생 관계에서 상호 절대적인 영향을 미치는 가장 치열한 접점이었다. 서기 541년 알렉산드리아에 페스트가 발생했다. 알렉산드리아 거리는 썩어 가는 시체들로 넘쳐 났으며 무역선들이 이 병을 지중해 전역 도시들로 퍼트리는 바람에 인구의 3분의 1이 사라졌다. 무함마드가 이슬람교를 창시한 데는 이런 종말론적 배경이 자리하고 있다. 무함마드가 받은 계시에는 역병이 창궐해 세상이 어떻게 될 것인지와 알라 신을 믿는 사람들이 어떻게 세속적인 성공과 영적인 구원에 이를 것인가의 내용이 담겨 있다. 인류 역사에서 전염병으로 인한 예상치 못한 결과들이 인간의 삶에 영향을 미쳐 왔다. 중세 유럽을 덮친 '흑사

병' 역시 페스트였다. 흑사병은 중앙아시아에서 발생해 실크로드를 따라 중국과 인도로 퍼졌다가 유럽 전역으로 퍼져 나갔다. 가장 피해가 큰 곳은 사람들이 북적이고 번창하는 무역 도시들이었다. 피렌체 인구는 12만 명에서 5만 명으로 줄었고, 베네치아 인구도 60퍼센트 줄었다. 파리도 10만 인구 가운데 5만 명이 사망했다. 유럽 전체 인구의 3분의 1인 2500만 명이 죽었다.[2] 1854년에는 시카고에서 콜레라로 인구의 6퍼센트가 사망했고, 다빈치도 15세기 밀라노를 강타한 치명적인 역병에 대응하고자 실용적이고 위생적인 도시를 설계한 바 있다.

전염병에 대한 두려움은 동양에서도 마찬가지였다. 이 두려움은 17~18세기 세계 최강 제국을 건설했던 청나라가 '두창' 또는 '마마'라고 불렸던 천연두를 관리하는 방식에 잘 나타나 있다. 청나라를 세운 만주족은 천연두에 대한 면역력이 전혀 없었기에 이를 엄격히 관리했다. 그들은 어릴 적 천연두를 앓았던 경력이 있는 사람들을 숙신熟身, 천연두를 앓지 않았던 집단을 따로 생신生身이라 하여 관리했다. 중요한 전쟁이 일어났을 때 파견할 군 통수권자와 장군들을 선별할 때 무엇보다 이를 최우선의 기준으로 삼았다.

병균과 인간의 전쟁은 앞으로 더욱 심각한 문제가 될 것이다. 20세기 들어 거의 5000만 명이 넘는 사망자를 낸 스페인 독감(1918~1920)도 있었고, 최근에는 그 빈도와 병균의 독성이 더욱 강해지고 있다. 사스, 메르스, 에볼라 바이러스, (에이즈를 일으키는) HIV 등은 어느 한 종류의 바이러스만 전 세계적으로 유행해도 인류의 생존을 치명적으로 위협하게 될 것이다. 코로나19로 경험한 세계적인 팬데믹은 인류에게 새로운 사회 질서를 실감하게 해 줄 계기가 될 수 있다. 인류는 오래전부터 이 위험한 상황을 최소화하기 위해 부단히 노력해 왔다. 인도 문명의 하라파나 로마 시대에는 이미 지금과 같은 수세식 화장실이 존재했다. 하지만 이 문제는 여전히 난제로 남아 있고 앞으로도 완전한 해결은 불가능할 것이다.

| 수많은 난제로 씨름하는 현대 도시 |

도시로 밀려오는 사람들의 집중화 속도는 도시가 감당할 수 있는 한계를 넘어서 항상 여러 문제를 야기했다. 위생, 급수, 식량 공급 등 일상생활과 긴밀하게 연결된 문제들은 당국의 다양한 정책 시행으로 해결되기도 했지만, 가장 큰 문제는 사람들이 살아갈 공간, 즉 주택 문제였다. 오늘날 우리나라에서도 주택 문제가 심각하게 부각되고 있지만 정부의 주택 공급 대책이 거듭 실패하며 상황을 악화시키고 있다. 고대 로마는 지금의 아파트의 기원이라 할 수 있는 '인술라 insula'로 이 문제를 해결하고자 했다. 인술라는 벽돌과 목재를 이용해 지은 고층의 공동주택으로 최고 10층 높이까지 있었다. 이후 산업화가 진행되면서 공간의 부족은 더욱 심각한 문제가 됐다. 수평적으로 공간을 확장하는 것은 여러모로 효율적이 못하다. 하루에 수십 킬로미터를 오가며 노동하는 것은 불가능하기 때문이다. 하층민들은 도시 내부에 빈민촌을 형성해 거리 이동 문제를 해결했다.

하지만 엘리베이터의 등장으로 도시의 인구 수용 능력이 극적으로 확대됐다. 수직으로 공간을 확장할 수 있게 된 인간은 이후 고층 건물을 짓기 시작했다. 고층 건물에 대한 인간의 욕망은 바벨탑의 신화에 잘 나타나 있다. 최초의 고층 건물은 1885년 시카고에 세워진 홈 인슈어런스 빌딩Home Insurance Building이다. 이후 건축공학의 발전으로 마천루摩天樓라 불리는 초고층 건물들이 세계 곳곳에 들어섰다. 마천루는 '하늘을 긁는 건물'이라는 뜻이다. 2021년 현재 세계에는 100층 이상의 건물만 156개가 있으며 가장 높은 건물은 828미터 163층인 부르즈 할리파다.

이 외에도 오늘날 도시들은 많은 문제를 안고 있다. 현대 도시인들은 사회에 대해, 서로에 대해 점점 '무감각한 태도'를 보이고 있다. 인간관계를 없애는 화폐경제와 고도의 분업에 시달리는 개인들은 자기만의 원칙을 지니는 개별적 존재들이 돼 가고 있다. 대도시의 지배적 위치에 맞서 내면의 삶을 지킬 보호막을 개인 스스로 찾아야 하는 상황이다. 사람들은 도시에서 살아남기 위해 냉담해져야만 한다. '어쩌라고?' 이 한마디는 현대 도시인들의 표정을 대표한다. 또한 도시는 검은돈이 흘러넘치는 곳이다. 경영 컨설팅 회사 커니에 따르면, 세계 전체의 비공식 경제 규모는 1년에 10조 7000억 달러(세계 국내총생산의 23퍼센트)에 이른다.

| 우리가 만들어 갈 미래 도시 |

앞으로 미래의 도시는 어떻게 될까? 기술 발달이 너무 급속도로 이뤄지고 있기 때문에 지금 미래를 예측하는 것은 시간이 조금만 흘러도 부끄러운 일이 될 것이 불 보듯 뻔하다. 하지만 도시가 우리에게 많은 것을 준 만큼 또 많은 것을 빼앗아 가는 지금 우리가 원하는 미래 도시상을 한번쯤 고민해 보는 것은 의미 있는 일이 될 것이다.

앞으로 미래는 거대한 금융 시스템이나 국가 차원의 조직의 힘이 아닌 일상생활이 삶의 방식을 결정하는 중요한 요소가 될 것이다. 영국의 도시계획가 에버니저 하워드Ebenezer Howard 는 오염된 산업 대도시를 대체할 산업 시설과 쾌적한 소주택, 풍부한 녹지를 갖춘 최대 인구 3만 명 정도의 전원도시를 만들고자 했다. 그는 "도회지와 농촌은 결합해야 한다. 그리고 이 즐거운 합일을 통해 새로운 희망과 새로운 삶, 새로운 문명이 생겨날 것이다."라고 선언했다.[3]

미래 도시의 모습은 맨해튼의 인구 밀도와 스카이라인을 가지되 걷거나 자전거로 이동 가능할 정도의 면적에 아름다운 운하들과 푸른 공원들이 잘 배치돼 있고, 가로수가 울창한 길 양옆으로 소호 거리의 창의성과 활기가 넘치는 자동차가 필요 없는 도시일 것이다. 쓰레기와 오·폐수는 최첨단 설비에 의해 완벽하게 처리되고, 도시를 둘러싼 근교에서 공급하는 천연 재료로 만든 음식과, 건강에 무해하면서도 단백질과 지방이 있는 맛있는 인공 배양 고기를 마음껏 즐길 수 있는 공간이 될 것이다. 재생 가능한 친환경 에너지만으로도 도시 기능이 충분히 가동돼 완전하게 순환적인 자원과 자급자족이 가능한 생산력을 동시에 보유한 공간일 것이다.

미래 도시를 건설하기 위해 각국이 경쟁적으로 노력하고 있다. 인류 역사에서 가장 선도적으로 이 실험을 한 곳이 인천 송도국제도시다. 송도는 완전한 유비쿼터스 ubiquitous 도시로 지속 가능하고 환경 친화적인 도시다. 350억 달러를 들여 건설한 이상향적인 이곳은 60만 명이 거주할 예정이다. 송도 전체 운영 체계는 약 100억 달러를 투입하여 건설될 예정이다. 도시를 움직이는 모든 데이터는 센서를 통해 수집되고 중앙 컴퓨터에서 처리된다.[4]

도시는 도시를 매일 바라보는 사람들에게 심리적 만족감을 줘야 한다. 그래서 도시 설계자는 심리학적 소양이 바탕에 깔려 있어야 한다. 2023년 한국 사회에서 큰 관심을 끌었던 세계 최대 부자 무함마드 빈살만 사우디아라비아 왕세자의 내한도 홍해에 인접한 사막에 지어지는 미래 신도시 네옴 Neom 과 관련이 있다. "AI로 제어하는 온화한 기후, 사막 위에 심어진 푸른 나무들, 세계 최고층의 500미터 빌딩, 로봇이 서빙하는 가정, 도보 5분 거리 생활권" 등이 목표로 하는 것들이다. 현재 당장의 실현 가능성도 중요하지만 미래 우리가 살아갈 공간을 생각해 보는 것은 의미 있는 일이다. 모든 노동이 기계로 대체되고 핵융합 발전과 같이 싸고 공해 없는 무한정의 에너지 개발에 성공한다면 다 가능한 일들이다.

미래 도시를 상상하는 일은 지속적으로 이뤄져 왔다. 독일 영화감독 프리츠 랑 Fritz Lang 은 뉴욕 마천루를 보고 느낀 감동을 토대로

1927년에 발표한 《메트로폴리스 Metropolis》라는 영화에서 2026년의 미래 도시를 표현했다. 수직 도시의 절묘한 아름다움을 맹렬한 에너지로 표현한 장엄한 마천루의 이 도시는 안타깝게도 단조로운 지하 도시에서 노예처럼 일하는 무산 계급에 의해 지탱되는 것으로 묘사된다.[5] 4차 산업혁명으로 인간의 노동이 기계로 대체된다는 것을 알았다면 영화는 미래 도시가 모든 인류의 이상향이 될 것이라는 엔딩으로 만들어졌을 것이다.

현실적인 공간을 창출하는 것 못지않게 미래 도시는 많은 부분이 가상 공간으로 대체될 것이다. 공간은 항상 한정된 자원이다. 그런데 가상 공간을 창조하면 한정된 공간을 무한한 크기로 늘릴 수 있다. 가상 공간은 하나의 공간을 수많은 공간으로 재탄생시켜 다양한 방법으로 사용할 수 있게 해줄 것이다. 이런 공간의 창조는 인류가 어느 날 먼 우주로

성장의 한계에 다다른 인류 문명의 암울한 미래를 그린 영화 《메트로폴리스》의 포스터.

떠날 때도 유용하게 사용될 수 있다. 우주선 공간을 가상 공간으로 만들어 지구의 향수를 달랠 수도 있고 또 자신의 능력을 끌어올리는 교육의 공간으로도 활용할 수 있을 것이다. SF 영화에서는 이미 우리에게 다가온 현실이다.

미래 도시는 인종을 뛰어넘어 인류가 하나가 되는 용광로가 될 전망이다. 오늘날 세계적인 대도시는 이미 거주자의 상당수가 외국 태생이다. 싱가포르, 뉴욕, 로스앤젤레스, 암스테르담, 런던, 토론토, 밴쿠버, 오클랜드, 시드니 같은 경우는 전체 주민의 35퍼센트, 브뤼셀은 62퍼센트, 두바이는 83퍼센트가 외국 출생이다. 이제 인종적으로 순수함을 고집하는 고립된 도시에는 더 이상 미래가 없을 것이다.

인간은 집단 전염병과 같은 거대한 위험을 무릅쓰며 자연의 쾌적함을 버리고 도시를 건설하고 인구 밀도를 높여 왔다. 도시화는 앞으로도 더욱 가속될 것이다. 모순되게 들리겠지만 그 이유는 무엇보다 도시가 가장 친환경적이기 때문이다. 같은 조건으로 같은 인구수가 살아간다면 도시 지역이 비도시 지역에 비해 오염 물질을 약 20퍼센트 이상 적게 배출한다. 만약 인류가 지금과 같은 수준의 삶을 도시가 아닌 흩어진 지역에서 영위하고자 한다면 지구는 내일이라도 당장 멸망할지 모른다. 도시는 우리 본능을 자극하는 원초적인 욕망을 충족시키는 곳이면서 동시에 가장 친환경적이고 미래 지향적인 인류의 생활 공간이다. 한마디로, 도시는 인류에게 피할 수 없는 운명이다. 물론 미래 도시는 지금과 같은 도시의 단순한 확장은 아니다. 지금의 과학기술이 더욱 효율적으로 적용돼 모두에게 쾌적하고 행복한 삶을 제공하는 장소가 될 것이다.

미래 도시의 마천루가 인류의 천국이 될지, 아니면 그리스 신화의 만신전처럼 소수 신들의 권력욕과 성욕을 만족시켜 주는 곳이 될지는 우리에게 달려 있다.

국가의 성립

도시에 사람이 모여들고 부가 쌓여 가면서 도시는 여러 문제점을 안게 됐다. 특히 자신의 노력의 결과물인 부를 지키는 일이 무엇보다 중요해졌다. 부를 지키기 위해서는 무력이 필요했고 그 무력을 통제할 좀 더 강력한 세력이 필요해졌다. 국가가 탄생한 배경이다.

물론 국가나 도시가 형성되기 훨씬 전, 인류가 처음 사회를 구성하고 공동생활을 하기 시작했을 때는 가부장적인 리더십만으로도 충분했을 것이다. 하지만 인구가 집중되고 도시가 형성되고부터는 가부장적 리더십만으로는 안전을 담보하기에 한계점에 이르렀다. 도시 규모가 그리 크지 않을 때는 몇몇 유력 집안의 합의에 의해 이런 문제를 해결할 수 있었겠지만, 이마저도 통제가 불가능한 상황이 되면 비공식적인 논의를 통한 문제 해결 방식은 더 이상 효력이 없었다. 외부의 적을 방어하기 위해 군사력이, 내부 질서를 확립하기 위해 공권력이라는 강제력이 필요하게 됐다. 그 시작은 귀족정 같은 집단 지도 체제이거나 군주정 같은 단일 지도 체제였을 것이다.

농업 생산력을 기반으로 탄생한 도시들에서는 필요한 인구 집중을 위해 생산력을 높이고 안정적인 수확을 위해 관개 농업이 이뤄졌는데, 그리스를 제외한 대다수 문명에서는 이런 과정을 거쳐 국가가 탄생했다. 고고학자 줄리언 스튜어드와 역사학자 카를 비트포겔Karl Wittfogel은 이런 문명을 일컬어 '수리 문명hydraulic civilization'이라 했다. 중국, 이집트, 인도 문명은 모두 수리 문명에 기반해 국가가 탄생했으며, 이들 국가들은 '강력한 수리 관료제' 국가였다. 중국 고대 신화에 나타나는 물의 관리자 우 임금은 역사 속에 나타나는 대표적인 인물이다. 하지만 수리는 장기적인 관점에서 동시에 염화 현상을 초래해 문명이 피치 못하게 쇠퇴하게 되는 원인을 제공하기도 했다.

촌락→도시→국가로 이어지는 과정을 비교적 가장 가까운 과거에 우리에게 보여 준 사례가 있다. 이슬람 국가의 출현이다. 이슬람 국가들이 이슬람 공동체 움마ummah에서 출발해 제국으로 발전해 간 역사적 사실들에서 인류가 어떻게 초기 국가를 설립해 발전시켜 왔는지 추론해 볼 수 있을 것이다. 종교적인 지도자(생활 공동체의 지도자이면서 동시에 군사적 지도자)를 중심으로 움마가 형성됐고 초기 지도자 사후에는 이와 비슷한 역할을 한 칼리프caliph 시대를 거쳤다. 칼리프는 국가 지도자이기보다는 족장사회에서 추장이 보여 주는 역할(풀링과 분배)에 더 가까웠다. 칼리프는 이후 술탄으로 지위가 바뀌면서 국가의 정치·군사 지도자가 됐다. 초기 문명국가들도 이와 비슷한 과정을 겪으며 탄생했다고 추론하는 것이 타당할 것이다.

| 국가란 무엇이며 무슨 일을 하는가 |

국가를 정확하게 규정하기는 어렵지만, 대략 국가란 대의를 가지고 국민을 다스리는 정치 집단이 존재하고, 이 집단이 공권력의 형태로 개인에게 강제력을 행사하며, 이를 위해 세금을 걷는 사회적 체계와 통치자에게 책임을 지는 관료 체계가 존재하고, 노동 분업에 따라 다양한 직업과 사회적 역할이 구분된 사회라 말할 수 있다. 이런 기준으로 본다면 국가는 기원전 3300~3000년에 우루크에 쌓은 성을 기반으로 한 수메르 지역에서 탄생했다고 할 수 있다. 이 시기는 길가메시가 통치했다고 여겨지는 시기와 일치하는데, 통치자가 문명이 계속되고 국가가 존속하면서 신격화되고 전설이 된 셈이다. 당시 우루크의 인구는 대략 2만 5000~5만 명 정도로 추정된다. 우루크 이후 메소포타미아 지역에 키시, 니푸르, 이신, 라가시, 에리두, 우르와 같은 도시국가들이 탄생했다.

국가 체제를 만들고 유지하기 위해서는 하드웨어적 요소와 소프트웨어적인 요소가 모두 필요하다. 하드웨어적 요소로는 성벽, 군대, 도시 내 여러 기반 시설들이 필요하다. 이는 국가의 부와 백성들을 안전하게 보호하기 위한 장치들이다. 역사적으로 많은 나라들이 이러한 보호 장벽을 쌓았다. 수메르 문명의 우르 제3왕조 4대 왕 슈신은 서쪽의 아모리인들의 침입을 막기 위해 마르투 장벽을 쌓았다. 중국은 진나라 시대부터 명나라 시대까지 만리장성을 축조했고, 로마 하드리아누스 황제는 브리타니아(오늘날 영국 그레이트브리튼섬)와 게르

마니아(오늘날 독일 라인강 동쪽 지역)에 방벽을 세웠다. 우리나라도 고구려 시대에 천리장성을 쌓았다.

국가가 갖춰야 할 소프트웨어적인 요소로는 법령과 사회 통합 의식 등이 있다. 이런 통합 의식은 언어로 표현된다. 수메르인들에게는 나라를 의미하는 단어가 두 가지 있었다. 수메르를 의미하는 '칼람 kalam'과 수메르 외의 나라를 의미하는 '쿠르 kur'였다. 쿠르는 산의 모양과 의미를 지니고 있으며 수메르 외의 다른 나라에 대해서만 사용됐다. 수메르인들은 자신들이 남부 메소포타미아의 가장 오래된 주민이라고 생각했고 자기 나라를 세상의 중심으로 여겼으며 자신들을 첫 인류의 직계 후손으로 간주하고 있었다. '우쿠 uku'는 사람(수메르인)들을 뜻하는 글자다.[6]

특히 공권력을 행사하고 유지하기 위한 비용을 조달하기 위해 세금을 걷는 것이 국가의 중요한 업무 중의 하나였다. 이를 위해 초기 국가들은 도량형을 통일했다. 이런 사회적인 필요들은 우리 일자리를 더욱 다양하게 분화시키고, 특히 공적인 업무에 관련된 일자리를 다수 탄생시켰다. 이제 일자리는 더 이상 자발적인 사회적 역할이 아니라 의무적인 성격을 띠게 됐다. 단순히 사회생활 내에서 역할을 분담하는 것과 국가라는 조직 안에서 직업을 갖는 것은 질적으로 다른 일이 된 것이다. 이제 일자리는 의무와 책임, 사명감 등의 무게감을 더하게 됐다. 국민 대다수는 농민들로서 납세의 의무를 지게 됐고 전쟁 시에는 군역까지 맡아야 했다. 교역을 하는 상인들은 국가 지배자들의 욕구와 국가 경영에 필요한 물자를 공급하게 됐고, 장인들은 국가가 필요로 하는 물품들을 생산해야 하는 의무를 지게 됐다. 초기 국가는 이런 공권력이 미치는 세력 범위까지로 한정됐다. 영토를 기반으로 하는 국민국가nation-state의 개념은 근대에 들어와서야 확립됐다. 국가는 오히려 그 국가 안의 사람과 사람 사이의 상호 작용에 질서를 부여하는 보이지 않는 권력을 의미한다고 할 수 있다.

┃ 국가의 성립 토대 ┃

초기 국가 성립에 중요한 물적 토대를 담당한 물품은 곡물과 직물이었다. 대다수 국민이 종사하는 농업을 통해 생산된 곡물과 달리 직물은 인위적인 투자 요소를 포함하고 있었다. 메소포타미아 문명에서 기원전 3000년경 옷감을 짜는 일은 대규모 자본과 시설이 연결된 주요 산업으로 성장했으며, 아스테카 사회에서 사회적 신분을 나타내는 면으로 짠 천과 망토는 국가 공물에서 중요한 위치를 차지하고 있었고 일종의 화폐 역할을 했다. 중국 문명은 세계 최초로 비단을 발명했으며, 비단은 실크로드 교역에서 화폐로 이용될 만큼 중요한 역할을 했다. 이집트의 대표 직조물은 아마와 면제품이었다. 지금도 세계 최고 호텔의 객실 용품으로 이집트산 면제품이 주로 사용되고 있다. 인도 문명은 영국이 산업혁명을 통해 세계 면직물 시장을 장악하기 전까지 최대 면제품 생산처였다.

국가를 유지하는 데 가장 중요한 요소는 구성원들을 국가 조직에 묶어 두는 것이다. 이를 위해 국가는 거대한 규모의 상징적인 건축물을 건설하고, 지배자가 피지배자와는 다른 존재라는 의식을 심어 줄 수 있는 의례 행사를 거행했다. 이를 통해 지배자는 자신을 신과 같은 존재로, 혹은 신이나 하늘과 연결된 존재로 각인시켰다. 으리으리한 왕궁을 짓거나 사후 무덤을 거대하고 화려하게 준비하는 것도 같은 맥락이다. 이집트의 피라미드, 메소아메리카 문명의 피라미드와 광장, 메소포타미아 문명의 지구라트 모두 같은 목적으로 조성된 건축물이다. 특히 신전은 새로운 정치적, 사회적, 종교적 조직체를 만들어 내는 중요한 도구 역할을 했다. 사회 조직 계층 면에서 지배자 바로 아래 위치하는 성직자는 신성한 존재를 섬기는 사람들로서 신이나 지배자에게 바쳐진 공물을 일부 취할 수도 있었고, 전쟁에서 이긴 후 전리품을 나눠 가질 때도 상당한 권리가 주어졌다. 도시의 건축물은 인간이 상상하는 세계를 돌이나 진흙으로 표현한 재창조물이었다. 도시의 건축물뿐 아니라 도시에서 생산하는 문서나 천문 자료는 모두 각 문명이 섬기는 신들과 연결돼 있다. 마야 문명의 역법인 마야력의 모든 날짜는 신들의 역할이나 성격, 속성을 반영해 제작된 것이다.

하지만 국가는 자발적으로 국가에 소속되는 사람들로는 부족해 항상 더 많은 인력이 필요했다. 이를 해결한 방법이 노예제였다. 어찌 보면 초기 국가 성립과 유지를 위해 노예제는 필수적인 제도였다. 국가가 유지되고 발전하기 위해 필요한 일들, 예컨대 광물 채취, 관개 수로 사업, 피라미드와 같은 거대한 상징물 건축 사업, 갤리선의 노를

젓는 일, 산림 채취와 같은 일에는 노동력이 필수 불가결했다. 이 모든 일에 자국민을 동원하기에는 반발과 도주, 폭동의 위험이 있었으므로 이를 노예 노동력으로 해결한 것이다. 노예는 교역보다는 전쟁을 통해 쟁취됐다. 아리스토텔레스도 노예는 일을 위한 도구이며 황소처럼 길들인 동물로 간주돼야 한다면서 노예의 필요성을 옹호했다.[7] 이런 필수 불가결한 노동력의 부족 현상은 국가가 변천되는 과정에서도 여전히 나타나 다양한 형태로 사회에 존속하게 됐다. 초기에는 노예 형태였다가 중세 시대에는 농노로, 산업혁명 이후 자본주의 사회에서는 도시 이주민으로, 현대에 들어서는 선진국에 들어온 개발도상국 출신 이주 노동자 형태로 나타났다. 4차 산업혁명은 근본적으로 이런 인간의 노동을 진정한 의미의 기계 노동으로 대체하는 과정이 될 전망이다.

| 국가는 정의를 실현하는 조직 |

국가는 법의 테두리 안에서 국민의 생명과 재산을 뺏을 수 있는 능력이 있다. 그렇다면 인간은 이러한 국가를 왜 받아들였을까? 국가로부터 자신의 안위를 보호받기 위해서이기도 하지만, 동시에 자신이 하는 일과 그 일자리가 국가와 사회 구성원으로부터 공정한 대우를 받을 것이라는 믿음이 있기 때문에 가능했다. 자신의 자유를 희생하고 조세의 의무를 져야 할 뿐 아니라 전쟁에 동원돼 생명까지 잃을 수 있는데도 인간이 국가 권력을 인정하고 받아들인 것은 이런 믿음이 전제돼 있기 때문이다. 자신의 안위를 위해 많은 것을 희생하는데도 불구하고 국가가 불공정하게 대우한다면, 즉 국가가 어느 한 집단의 이익만을 대변하는 기구라는 생각이 든다면 국가에 희생할 필요가 없을 것이다. 이는 역사에 드러난 수많은 국가들의 흥망성쇠를 통해서도 증명됐다. 국가가 정의롭지 못하고 부패하면 항상 국민의 저항에 부딪히게 돼 아무리 큰 제국이라 하더라도 내부적으로 붕괴했다. 국가의 멸망은 외부의 적보다 내부의 모순이 더 큰 요인이다.

국가가 정의에 바탕을 두고 성립됐다는 것은 최초의 문명이면서 최초의 국가 탄생지로 여겨지는 메소포타미아 문명 유산에 고스란히 남아 있다. 메소포타미아 신화에는 최고신 마르두크가 티아마트를 무찌르고 세상을 창조해 수도 바빌론을 만들고 그 권위를 이후 왕들에게 부여했다는 내용이 나온다. 왕은 곧 신의 뜻을 이행하는 자인 것이다. 이 내용은 기원전 1800년경 바빌로니아 제1왕조 6대 왕 함무라비가 제정한 법전에 좀 더 구체적으로 명시돼 있다. 함무라비 법전은 강력한 중앙집권 국가를 만들고 광대한 제국을 통치하기 위해 기존의 법들을 체계적으로 정비한 것이다. 그 법전 비석은 다음과 같이 시작된다.

신실한 영주이며 신들을 경외하는 나 함무라비가 정의를 이 땅에 세워 악한 자들과 사악한 자들을 없애고 약자들이 강자에게 상해를 입지 않도록 태양신과 같이 사람들 위에 떠올라 국가를 밝히도록, 아누와 엔릴은 사람들을 잘살게 하도록 내 이름을 불렀다.

이보다 약 300년 앞서 우르 제3왕조 창시자 우르남무왕이 제정한 우르남무 법전도 비슷한 내용으로 시작된다. 우르남무 법전은 지금까지 세계에서 가장 오래된 법전이다.

무적의 전사, 우르의 왕, 수메르와 아카드의 왕 우르남무는 우르의 주인인 난나의 힘으로, 그리고 우투의 진실한 말씀에 따라 이 땅에 평등을 실현했다. 그는 악법과 폭력, 투쟁을 없애고, 신전의 비용을 매달 보리 90구르, 양 30마리, 버터 30실라로 정했다. 그는 청동으로 실라 저울을 만들었고, 1미나의 무게를 통일했으며, 1미나를 기준으로 1셰켈의 은의 무게를 통일했다. 고아들은 부자에게 끌려가지 않았다. 과부들은 힘 있는 남자에게 끌려가지 않았다. 1셰켈을 가진 사람이 1미나를 가진 사람에게 끌려가지 않았다.

두 법전 모두 국가의 통치 이념이 공정한 정의를 실현하는 것이며 모든 사람의 삶이 공평하게 대우받을 것이고, 특히 사회적으로 약한 사람들에게도 정의가 실현될 것이라고 서문에서부터 천명하고 있다. 또 왕들은 신의 뜻을 받들어 정의와 평등을 실현하고자 했다. 정의는 국가 안의 모든 사람이 공정하게 대우받으며 불이익을 당하지 않도록 하겠다는 것이다. 평등에 대한 절대적 필요는 이후 역사에서 면면히 이어져 왔다. 국가를 창업한 모든 왕들이 동서양을 막론하고 백

섬록암 돌기둥에 새겨진 함무라비 법전(ⓒ Mbzt / Wikimedia Commons)과
현존하는 가장 오래된 법전 점토판인 우르남무 법전.

성을 가장 중요한 가치로 내걸었다. 중국 역사 최후의 왕조로서 한때
세계 최고 제국을 건설했던 청나라에도 이 전통이 수천 년을 거쳐 내
려왔다. 청나라 황제가 정무를 처리하던 자금성 건청궁의 옥좌 뒤에
는 지금도 정대광명正大光明의 편액이 걸려 있다. 통치의 기본은 바른
것에서 시작한다는 말이다.

　모든 제국은 공정함을 잃으면 거대한 저항에 직면하게 돼 결국 망
했다. 산업사회 이전에는 불공정함이 토지의 독과점이라는 모순으로
나타났다. 토지 독과점은 대다수 백성이 생업으로 삼고 있던 농업에

서 공정함이 상실됐음을 뜻한다. 신라나 고려가 망하고 새로운 왕조가 들어선 사회적 배경에는 귀족들의 토지 독과점이라는 큰 사회 모순이 있었다. 로마가 망해 간 모습도 이와 다를 바 없었다. 중국에서도 농민 반란으로 인한 왕조 교체가 최초의 통일 국가인 진나라부터 시작해 역사 내내 이어졌다.

민주주의 국가가 아니었던 봉건사회에서도 "백성은 배를 띄우기도 하지만 배를 전복시키도 한다."는 격언이 있었다.[8] 국가가 성립되고 사람들이 국가에서 부여한 직업을 받아들인 이유를 여기에서 명확하게 알 수 있다. 국가에 소속된 백성으로 일하게 되면 자신의 노력을 정의롭게 보상받을 수 있다는 믿음과 받은 보상을 지킬 수 있다는 믿음이 깔려 있는 것이다. 이처럼 우리 일자리는 공정을 본질로 삼고 있다. 즉 문명의 내재적 가치는 정의를 기초로 하며 국가는 이를 실현하는 현실적인 조직이다. 초기에 국가가 성립했을 때 수메르 왕이 왕위에 오른 후 제일 먼저 하는 일 중 하나는 정의 집행 칙령인 '메샤룸 mesharum'(수메르어로 '니그시사 nigsisa')을 공표하는 일이다. 이 단어는 '정의'를 의미하며, 정의를 실현하기 위한 상당수의 결정도 포함된다. 특정 계층을 짓누르는 빛이나 채무를 면제하고 일부 소비 물자나 생산품 혹은 용역의 가격을 결정하기도 했다.

국가는 질서를 확립하기 위해 공적 영역의 일자리를 만들었다. 질서는 세상의 만물이 돌아가는 것에 규칙을 부여함으로써 삶의 안정을 가져온다. 국가는 단순한 질서가 아니라 우리가 경험하는 세계와 같이 질서도 있고 합리적으로 이해할 수도 있는 그런 장소가 돼야 한다. 그래야만 국가는 우리가 다른 사람과 평등하고 더불어 같이 살아갈 수 있는 공간이라는 생각을 갖게 할 수 있다. 세계 도처에 전해져 오는 신화들은 질서를 지키기 위해 무력을 행사할 수 있는 국가의 정당성을 역설하는 데 중점을 두고 있으며, 국가의 탄생은 곧 질서의 탄생임을 암시한다. 그리스·로마 신화에서 제우스와 티폰의 전쟁, 바알과 얌의 전투, 이집트 신화에서 호루스와 세트의 전쟁, 마르두크와 티아마트의 전쟁 이후에는 항상 '새로운 질서'가 탄생하고 새로운 질서를 관리하는 자가 곧 왕이 됐다. 이는 곧 국가가 인간들이 받아들이는 질서임을 나타낸다고 할 수 있다. 즉 국가 탄생 이전의 혼돈된 사회가 죽어야 새로운 질서가 탄생할 수 있는 것이다. 여기서 말하는 질서는 상하 위계질서를 뜻하는 좁은 의미의 질서가 아니라 세상을 편안하게 하는 보다 큰 의미의 우주 작동의 질서를 말한다.

이집트의 파라오가 프타(최초의 천상의 왕)로부터 권능을 이어받는 것은 국가가 곧 질서임을 의미하는 것이다. 우리나라 단군 신화에서도 단군이 천인으로서 하늘에서 내려왔다는 것은 통치에 대한 정당성을 담보한 것으로, 사회 질서를 세우고 유지할 권력을 하늘로부터 부여받았다는 정당성의 표현이다. 초기 수메르 지역 국가에서 지도자의 가장 큰 역할은 신을 섬기는 것이었다. 수메르 시대 군주는 최고신을 대신해 다스렸다. 모든 정당성은 신에서 나왔기 때문에, 최고신을 섬기는 행위는 왕의 의무이면서 동시에 왕만이 가질 수 있는 특권이었다. 최고신의 선택을 받은 자가 국가를 통치하는 군주가 됐다. 군주는 나라의 풍요와 번영을 확보하고, 군대를 끌고 전장으로 나가며, 조약을 맺고 재판을 하고, 대규모 공공 토목 공사를 지휘했다. 군주의 성스럽고 가장 칭송받을 만한 임무는 신전을 건축하고 유지하고 보수하고 장식하는 일이었다. 신을 자처한 이집트 파라오들은 자신의 사후 거처를 짓는 일도 중요했지만 동시에 신들의 거처인 신전을 짓는 것이 가장 우선적으로 해야 할 일이었다. 인간을 위한 통치 행위가 아닌 신을 위한 행위가 군주들에게 가장 중요한 행위가 된 이유는 신을 통해 통치의 정당성을 확보할 수 있었기 때문이다. 신은 정의의 상징이었다.

국가의 성립과 그 국가 안에서 자신의 일을 받아들이는 것은 이런 질서를 받아들이는 것이다. 국가는 문명에 내재한 가치를 실현하는 강제력을 가진 조직이다. 문명이 인간의 정신세계를 정립했다면 국가는 그 정신세계를 실현할 수 있는 현실적인 조직이다. 인간은 국가를 통해 정의를 실현하게 된다. 이처럼 우리 일자리는 정의로움을 그 본질로 한다.

| 국가의 붕괴와 탈집중화 |

국가가 탄생 이후 평탄하게 발전해 온 것은 아니다. 초기에는 국가들이 자주 붕괴하면서 암흑기를 맞이하기도 했다. 암흑기에는 국가기능이 마비되고 국가가 추구한 가치들이 무너지면서 사람들이 주변으로 흩어져 작은 촌락이나 정착지로 분산되는 탈집중화가 이뤄졌다. 붕괴가 폭력적으로 진행되는 경우에는 주민들이 학살돼 인구가 대폭 감소하는 경우도 있었다. 하지만 암흑기가 꼭 역사 발전을 저해한 것은 아니었다. 특히 외부적인 요인보다 내부적인 요인에 의해 더 자주 붕괴됐을 것이다. 첫 번째 주 붕괴 요인은 사회 내부 모순이다. 모순이 커지면 사회 계층 간의 갈등이 심화되고 이를 해결할 새로운 세력으로 교체되거나 약해진 국가를 외부 세력이 점령해 새로운 지배 계층으로 등장하거나 했다. 또 다른 주요인은 경제를 받쳐 주던 농경지의 손상이나 대규모 집단 감염 발병이었다.

하지만 국가 붕괴가 반드시 주민들의 삶이 비참해지는 것으로 이어진 것은 아니다. 때때로 과중한 세금이 없어지고 대규모 전쟁이 없어져 억압적인 상황을 벗어나기도 했다. 국가 붕괴가 문화의 암흑기를 의미하는 것도 아니었다. 그리스 문화의 정수인 『오디세이아』와 『일리아스』는 그리스 암흑기인 기원전 1100년에서 기원전 700년 사이에 내려오던 구전 문학을 완성한 것이다. 유목 생활과 도시로 대표되는 정주 생활은 상호 보완 작용을 하면서 인류 발전을 이뤄 왔다. 탈집중화 시기에는 인류에게 자유를 고양시키는 기회를 주었다. 유목민으로는 메소포타미아 지역의 아모리인, 소아시아 지역의 스키타이인, 중국 한대의 흉노, 송대의 몽골족, 로마 시대의 훈족, 게르만족, 켈트족, 중세 시대 바이킹 세력(노르만족) 등이 대표적이었다.

인류를 '성장하는 인간'이란 의미의 '호모 수페란스 homo superans'라고 칭하며 인간이 만든 조직이 지속적으로 성장했음을 표현한 『옥스퍼드 세계사 The Oxford Illustrated History of the World』(2019)에서는 국가를 저가 국가low-end state 와 고가 국가high-end state 로 구분한다. 저가 국가는 최고 통치자의 권력이 분산돼 있어 조세와 군사력 사용에 귀족 집단의 견제를 받는 봉건제 유형의 국가다. 초기 이집트와 중국 주나라의 봉건 국가가 이런 형태였다. 고가 국가는 강력한 중앙집권 조직을 가지고 직접 국민을 통치하는 국가를 말한다. 중국을 최초로 통일한 진나라와 로마 제국이 이런 형태를 갖춘 국가들이다. 고가 국가에서 국가 조세보다 지대가 높아지면(지대는 귀족들의 수입 대부분을 차지한다) 다시 저가 국가로 추락한다.

▎ 국가가 약속한 공정과 정의가 흔들린다면 ▎

국가가 성립된 후 세계 인구가 증가하면서 동시에 국가에 소속된 국민의 수도 증가해 갔다. 기원전 1000년경 세계 인구는 약 1억 2000만 명이었고, 그중 국가에 속한 인구는 2000만 명이었다. 기원후 175년 세계 인구는 그 두 배인 2억 5000만 명까지 커졌고, 그중 국가에 속한 인구는 2억 명이었다. 다시 1350년에는 3억 5000만 명이었고, 그중 국가에 속한 인구는 3억 2500만 명이었다. 기원전 1000년경에는 10명 중 1명만이 국가에 살았으나, 기원후 1350년에는 적어도 10명 중 9명이 국가에 살았다. 서기 175년에 로마와 한나라 인구는 5000만 명으로 늘어났다. 1350년 원나라는 인구가 1억 명에 가까워지면서 세계 최대 인구 대국이 됐다. 각 문명에서 지속적으로 국가의 규모가 커지더니 결국 제국이 등장했다. 그리스에서는 알렉산드로스가 그리스부터 인도 접경에 이르는 제국을 건설했고, 중국에서는 오랜 내란을 끝내고 시황제가 진 제국을 세웠다. 인도 문명에서는 마우리아 왕조의 찬드라굽타가 인도 아대륙을 최초로 통일했다. 마우리아 왕조의 절정기는 아소카왕 시절인 기원전 273년에서 기원전 232년이다. 공교롭게도 기원전 300~200년에 그리스에서는 알렉산드로스가, 인도에서는 아소카왕이, 중국에서는 시황제가 동시에 활약했다.

여기서 진지하게 생각해 봐야 할 것이 있다. 인류는 왜 자신의 자유를 버리고 국가의 틀에 귀속됐을까? 사회가 대규모로 커지기 전 소규모 집단에서 선출된 지도자는 어떤 형태로 선출됐든 강압적이거나 독단적이지 않았을 것이라고 쉽게 생각할 수 있다. 자신이 뽑고 또 자신을 존중해 주는 지도자와 함께 사냥하고 노동의 결과를 나누고 생존해 나가는 것은 자연스러운 일이었기 때문이다. 지도자가 제 역할을 못하거나 여러 이유로 부적합하다고 집단의 구성원들이 느끼면 자연스럽게 교체됐다. 그야말로 권력이 만인에게 귀속된 사회였다고 할 수 있다. 이것이 공자가 최고의 가치로 삼고 귀의하고자 했던 대동大同사회다. 그런데 이런 대동사회에서 국가사회로의 이행이 이뤄진 것이다. 이것이 국가의 폭력성과 강압에 의존해서만 이뤄졌다고 보기는 어렵다. 강제와 억제는 잠시 동안은 효력을 발휘할 수 있을지 모르나 장기적으로는 그 효력을 유지하지 못한다. 인간 개개인의 판단과 생각을 수긍하지 못하는 사회 통합 방식은 오래갈 수 없다. 그리고 인간의 이런 불안감과 불만을 해소하고 심적으로 받아들일 수 있는 기제가 필요한 것은 당연하다. 그 기제가 바로 국가가 개인에게 약속한 공정과 정의다.

공정과 정의를 바탕으로 많은 일자리가 만들어지고 받아들여졌지만 실제 역사에서는 때때로 올바르게 작동하지 못했다. 육체적 힘이 절대적으로 필요했던 시기에는 전쟁의 기술이 뛰어난 사람들이 좋은 일자리를 차지했고, 산업혁명 이후 사업을 중시하던 시대에는 사업 수완이 좋고 약삭빠르고 교활하기까지 한 사람들이 우대받았다. 오늘날에는 신기술에 능하고 대중에 영합을 잘하는 사람들이 많은 돈을 번다. 하지만 머지않은 미래에 인간의 노동이 AI나 로봇의 기능으로 대체되어 경제학의 기본 원리인 희소성 문제가 해결되는 세상이 오면 지금까지의 이런 변화는 어쩌면 사소한 문제였을 수도 있다. 미래 지향적인 문명을 지속 가능하게 발전시켜 나가고 인류 전체가 행복하게 살 것인가, 아니면 대다수 인류는 쓸모없는 계급이 되고 극소수 인류만이 신처럼 군림하는 세상이 될 것인가 하는 문제에 직면할 수도 있기 때문이다. 문제가 어떤 방향으로 해결될지 지금은 아무도 장담할 수 없다. 하지만 지금껏 인류는 스스로 결정해서 국가의 틀에 귀속되었고 공정과 정의에 대한 믿음을 바탕으로 일자리를 받아들였으며 그 바탕 위에 문명을 발전시켜 왔으므로 앞으로도 그런 믿음을 바탕으로 살아갈 것이라는 낙관적인 전망을 할 수 있다.

국가 시스템은 많은 도전에 직면해 있다. 국가에서 주는 혜택도 많았지만 불합리한 부분도 계속 증대해 왔기 때문이다. 특히 중앙집권식 대의제는 심각한 도전을 받고 있다. 현대 사회에서는 첨단 IT 기술과 SNS 덕분에 생각이 같은 사람끼리 거의 아무런 비용을 들이지 않고도 전면적인 집단행동을 추구할 수 있게 됐기 때문이다. 2001년 필리핀 마닐라에서는 "에드사로 갈 것. 검은 옷 착용 Go 2 EDSA. Wear BLK"이라는 수백만의 메시지를 통해 스마트 몹 smart mob 이 움직였고 조지프 에스트라다 대통령이 권력을 잃었다. 우리나라의 촛불혁명도 이에 버금가는 사회적 행동이었다. 어쩌면 미래에는 중앙집권식 권력 형태가 SNS를 활용한 집단적 의사 결정 체제로 바뀔 수도 있을 것이다.

앞으로 미래 사회에서는 사회적 자본 social capital 을 구축하는 것(사회적 연결에 대한 투자)이 개인 경제 활동의 중요한 동기가 될 것이다. 이는 사회 구성원 간의 신뢰가 바탕이 돼야 함은 물론이다. 인간이 모여 살면서 서로 경쟁만 하며 살아온 것은 아니다. 그보다는 애덤 스미스의 『도덕감정론 The Theory of Moral Sentiments』(1759)에도 나와 있듯이 아이디어, 도움, 동정심으로 우러난 호의를 신뢰를 바탕으로 서로 교환하면서 살아왔다. 이와 마찬가지로 미래에도 아이디어의 흐름을 개선해 사회적 구조를 강화하는 역할을 하는 사람들에게 더 많은 보수를 제공해야 하고 그에 걸맞은 사회적 대우를 해 줘야 한다.

사회화에서 시작해 국가 성립에 이르기까지 우리 일자리가 가지고 있는 본질에 대해 생각해 봤다. 당연히 여기에 논의된 내용이 전부는 아닐 것이다. 하지만 인류가 최초의 자유로운 상황에서 왜 지금과 같은 힘든 노동을 받아들이고 사회 구성원으로 살아오게 됐는지에 대한 대략적인 고찰은 되었을 것이다.

4장

도구의 사용, 기계화, 자동화

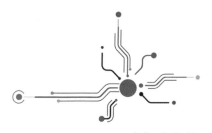

이번 장에서는 사회적 관점이 아닌 일자리 현장에서 어떻게 생산성을 향상시키고 발달시켜 왔는지를 살펴보자. 그 시작은 도구다. 인간은 도구를 사용함으로써 기술을 습득하고 문명을 발전시키기 시작했다. 도구를 사용하게 된 인간은 어느 종도 할 수 없었던 주체의 확대를 경험했다. 자신에게 내재된 힘보다 더 큰 힘을 사용할 수 있게 됨으로써 강한 자의식도 싹텄다. 도구의 사용은 단순하게 무언가를 더 쉽게 하는 것과는 다른 차원의 인지 변화를 가져왔다.

도구의 사용은 과학기술의 발달에 따라 좀 더 강력하고 정밀한 기계의 사용으로 이어졌다. 기계를 통제할 수 있는 인간은 생산 능력을 극적으로 끌어올렸다. 항시적인 물자 부족에 시달리던 인간은 기계를 사용함으로써 삶이 풍요로워져 점차 배고픔과 추위, 더위와 같은 자연 현상에 얽매이지 않아도 될 정도로 생활 환경이 향상됐다. 특히 산업혁명 이후 기계화의 속도는 점점 더 빨라지고 폭도 넓어졌다.

기계화에 이은 자동화는 인간을 또 다른 단계로 이끌었다. 기계화가 인간의 생산 능력을 극적으로 끌어올린 사건이라면 자동화는 인간이 생산 활동에서 진정으로 자유로워지는 출발점이다.

도구의 사용

인간을 다른 동물들과 구분 짓는 여러 특성 중 하나는 정밀한 도구의 사용이다. 침팬지나 새들도 간단한 도구를 사용하지만 어디까지나 나무를 단순하게 이용하는 정도지 인간과 같이 정교하고 명확한 목적을 가진 도구를 사용하지는 못한다. 의도적으로 자연 상태의 재료를 가공해 원하는 기능을 수행하는 도구로 사용하는 것은 지구상에서 인간이 유일하다. 인간만이 그럴 수 있었던 것은 두 발로 걸어 다님으로써 두 팔을 자유롭게 움직일 수 있었고, 특히 손, 그중에서도 엄지와 검지가 마주 보고 있어 맞닿는 것이 가능한 덕분이었다. 손으로 크고 작은 사물의 특성을 조작하고 탐색하는 능력은 가장 고등한 영장류인 인간에게만 나타나는 능력으로, 이 덕분에 사물의 특성을 최대한 끌어내어 도구를 제작하고 활용할 수 있었다.

새로운 도구를 만들어 내는 것이 곧 혁신이다. 혁신은 시간이 흘러감에 따라 공간적으로 전파된다. 같은 혁신을 공유하는 집단 내에는

사람의 손은 엄지와 검지가 마주 보고 있어 맞닿는 것이 가능하다.(© Pinerineks / Wikimedia Commons)

전통이 생겨나고 문화를 공유하게 된다. 또 인간만이 사용하는 문자를 통해 다음 세대들이 조상들의 축적된 지식을 받아들이고 새로운 혁신을 할 수 있게 된다. 정교한 상징체계인 문자와 언어를 사용하는 침팬지나 보노보를 상상할 수 없는 것은 오직 인간만이 가진 손의 효용에 기인한다. 정교한 두뇌와 손, 그리고 정보의 80퍼센트가량을 받아들이는 눈, 이 세 가지를 갖춘 인간은 상호 세부적인 정보 교환을 통해 환경을 탐색하고 환경에 적응하며, 더 나아가 환경을 자신에 맞게 개조하는 단계에까지 이르렀다.

도구를 발명하고 사용한다는 것은 기술을 가진다는 것과 동의어다. 기술을 가졌다는 것은 그 자체로 존중받고 부러움의 대상이 된다. 이는 동서양 세계를 이어 준 실크로드의 역사에도 잘 나타나 있다. 중국 신장의 엔치후이족자치현에 있는 카라샤르는 실크로드상의 고대 국가 언기국焉耆國이 있었던 곳인데, 카라샤르에서 남서쪽으로 25~30킬로미터 떨어진 칠개성불사七個星佛寺 터에서 발굴된 고문서 중 본생담本生譚(석가모니의 전생 이야기집)에는 '장점을 가진 자', '힘을 가진 자', '기술을 가진 자', '잘 생긴 자', '현명한 자'라는 5명의 왕자 이야기가 나온다.[1] 당시 사람들이 선망했던 사람들의 자질 중에 기술을 가진 자가 들어 있는 것이다. 또 한때 실크로드 전역을 대상으로 활발한 경제 활동을 했던 소그드인들도 건축과 공예 농업 분야의 뛰어난 기술을 보유하고 있었던 덕분에 여러 제국에서 우대받았다. 소그드인 장인들에 힘입어 위구르의 수도는 직공들과 상업으로 번성하는 도시가 됐으며, 몽골 제국에서도 소그드인들은 사회 계층에서 몽골인 다음가는 위치를 차지했다. 실크로드가 문명의 길이 된 것은 기술을 가진 피난민들이 만들어 낸 결과다. 이주민들은 고향의 기술을 가지고 이동하면서 새로운 고향에 전파했다. 제지술이나 비단을 직조하는 기술은 동에서 서로, 유리를 만드는 기술은 서에서 동으로 전해졌다. 떠돌이 예술가들도 그림이나 악기를 직접 가지고 유랑하며 예술을 전파했다.

| 도구 사용으로 인간의 자아가 확장되다 |

도구의 사용은 인간의 자아 확장과 깊은 연관이 있다. 도구는 바로 인간 육체의 물리적 확장과도 같은 효과를 가진다. 목수에게 대패, 끌, 망치 등은 자신의 수족과 다름없으며, 소설가에게 필기구는 자신의 분신과 동일시된다. 탈것은 예로부터 모든 사람에게 자신을 드러내는 중요한 사회적 도구였다. 자신의 자동차 바퀴를 누군가 발로 걷어차면 바로 흥분해 다툼으로 커지는 것은 무생물체인 자동차를 자신의 분신이자 일부분으로 보기 때문일 것이다. 도구는 사용자의 육체적 한계를 넘어 새롭게 영역을 확장하는 작용을 해 왔다.

물리적 확장은 정신세계에도 영향을 미쳐, 도구를 사용하는 주체는 도구를 사용하지 않는 이들에 비해 우월하다는 감정을 갖게 된다. 도구를 전문적으로 사용하는 사람들인 장인은 어느 시대 어느 지역에서나 자부심이 강했다. 인류는 일자리를 통해 자아를 지속적으로 확장시켜 왔다. 인류에게 일자리가 중요한 또 다른 이유다.

도구는 이에 그치지 않고 영역을 더 나아가 가족, 사회, 국가와 같은 상징적인 기구로까지 자아를 확장시킬 수 있게 했다. 사회 조직이나 국가 등 어떤 기구에 속해 있다는 것은 곧 자신과 동일시할 수 있는 존재의 한계가 거의 무한대로 확장되는 효과를 가져온다. 이런 사회적 기구들은 역사학자 유발 하라리Yuval Harari의 말대로 인간이 지구상에서 유일하게 문명을 창조하고 발전시키는 종족으로 번성하는 데 기초를 제공했다. 비록 지금은 유인원이나 새 같은 동물들도 아주 간단한 초보적인 도구를 사용하는 것으로 널리 인정되고 있지만, 그것은 극히 제한된 범위 내에서 사용하는 것으로 인간의 도구 사용과는 완전히 구별된다. 도구의 사용은 인간에게 그만큼 중요하고 다른 생명체와 인간을 쉽게 구분할 수 있는 기준이다.

도구의 사용은 인간의 일자리 분화를 촉진하고 심화시키는 중요한 요소다. 생존을 위한 것 외에는 활동이 거의 없던 인류 초기에 인간은 가장 먼저 단순한 도구를 발명하고 이를 이용해 생존을 포함한 여러 활동을 함으로써 전문가 집단을 만들었다. 창이나 도끼, 칼, 물레 같은 도구는 성별에 따라 사용자가 나뉘었을 가능성이 크지만, 이후 생존에 필수적인 활동 이외에 토기를 제작하고 장신구를 만드는 등의 활동은 그 작업에 사용되는 도구를 얼마나 숙련되게 다루느냐에 따라 사용자가 정해졌을 것이다.

도구의 사용은 효율을 높이는 일이며, 이는 합리성에 기초한다. 합리적이지 못한 도구나 기계는 인간 노동력을 효율적으로 끌어올리지 못한다. 효율을 추구하고 달성하는 것은 합리적 정신에서만 가능하다. 인간이 도구와 기계를 사용하는 것은 합리성을 추구하는 것이고, 이처럼 우리 일자리에는 합리성이 내재해 있다.

| 최초의 도구 재료, 나무와 돌 |

인류가 도구를 만드는 데 사용한 최초 재료는 나무와 돌, 짐승이나 생선의 뼈다. 짐승이나 생선의 뼈는 최초의 바늘이 되어 의류 제작에도 쓰이고 낚시에 사용됨으로써 천렵 활동을 가능하게 해 줬다. 하지만 가장 널리, 많이 쓰인 재료는 쉽게 구할 수 있고 쉽게 가공할 수 있는 나무와 돌이었다. 나무와 돌은 그 자체는 단순하지만 조그만 노력을 들여 가공하기만 해도 그 효용은 크게 나타난다.

농경이 시작되기 전 인류는 사냥에 돌로 만든 주먹도끼를 사용했다. 주먹도끼는 구석기 시대 대표적인 도구로, 호모 사피엔스의 직계 조상으로 여겨지는 호모 에렉투스 Homo erectus 에 의해 발명된 것으로 추정된다. 한 손을 사용해 짐승을 사냥하고 가죽을 벗기거나 땅을 파서 뿌리를 채취하는 등 거의 만능 도구였다. 현대로 따지면 '맥가이버 칼 Swiss Army knife' 같은 기능을 갖춘 멀티 툴이었다. 주먹도끼는 이후 나무 손잡이와 가죽 끈을 만나 손잡이가 있는 도끼로 발전했다. 사냥에 쓰였을 돌도끼는 인간의 물리적 힘을 최대화시켜 주는 도구였다. 나무에 매단 돌도끼는 원심력을 이용하게 할 수 있게 해 인간의 신체적 힘보다 훨씬 큰 힘을 쉽게 사용할 수 있게 해 줬다. 『구약성서』에 나오는 다윗이 골리앗을 쓰러뜨리는 데 사용한 돌팔매도 원심력을 이용한 것이다. 인간은 간단한 도구를 사용함으로써 다른 동물들보다 훨씬 강해졌다.

수렵·채집이 끝나고 농경 시대에 진입했어도 나무와 돌은 여전히 중요한 도구 재료였다. 최초의 농기구는 기원전 9500년경 만들어진 뒤지개, 곡괭이, 괭이, 삽, 그리고 돌로 만든 낫이었고, 기원전 4500년경에 나무로 된 쟁기가 사용됐다.[2] 다양한 도구의 발명과 사용은 농업혁명을 가능하게 했다.

나무껍질을 물에 담그면 부드러워진다는 것을 알게 된 인류는 이를 두드려서 헝겊을 만들었는데 이것이 수피포다. 수피포는 의복의 가장 원시적인 재료다. 수피포를 만드는 데는 돌로 만든 돌두드리개

경기도 하남시에서 출토된 간돌도끼 (국립중앙박물관 소장)

가 중요한 도구인데, 중국 주장강 유역과 푸젠, 광둥, 광시, 윈난, 하이난 등 중국 남부 여러 지역에서 6000년 전에 사용된 것으로 확인됐다. 수피포 기술은 4000년 전에는 인도차이나반도, 3000년 전에는 대만과 필리핀으로 전파됐다. 당시 물가에서 수피포를 만드는 일은 거의 매일같이 하는 일이었고 반직업화된 일이었을 것이다. 수피포 기술은 이후 한나라 때 채륜이 종이를 개량하는 데 영향을 끼쳤을 가능성이 크다.[3] 주로 의복으로 사용되던 수피포의 기능을 채륜이 창의성을 발휘해 종이로까지 확장한 셈이다. 나무와 돌두드리개 같은 아주 단순한 재료와 도구만으로 인류 문명 발전에 심오한 영향을 끼친 종이가 탄생한 것이다.

인류는 문명을 발달시켜 오면서 여러 혁신을 이뤘는데, 혁신을 이루는 방법에는 꼭 전에 없던 새로운 기술을 개발하는 것만 있는 것이 아니다. 이처럼 이미 존재하고 있는 여러 요소를 약간 개선해 새로운 혁신을 이루는 것을 흔히 IBM 방식이라고 일컫는다. 채륜이 수피포 기술을 종이 만드는 데 적용한 것이나 IBM이 기존에 있던 여러 부품을 새롭게 조립해 고성능의 개인용 컴퓨터를 만든 것이나 일맥상통한다. 이와 같이 기존 기술을 약간 변형함으로써 우리 삶을 편리하게 해 준 것에는 철조망이나 볼트·네트 등이 있다. 어느 것 하나 우리 현대인의 삶에서 없어서는 안 될 필수품들이다.

돌과 석기가 주재료로 사용되던 시기에는 돌에 비해 가공이 쉬운 나무가 훨씬 다양하게 사용됐을 것이다. 석기 시대라기보다는 '목기 시대'라고 할 수 있다. 하지만 석기는 그 형태를 보존해 지금까지 전해지지만, 나무는 흔적도 없이 사라져 버리므로 나무로 된 오래된 도구는 우리가 만나기 힘들다. 이슬람 역사가 이븐할둔 Ibn Khaldūn 은 목공 기술의 중요성을 강조하면서 문명에 필수적인 기술이라고 표현했다. 우리 두뇌에서 생각한 대로 나무를 가공해 현실적인 물건으로 전환시키는 데는 지식이 필요하며, 이는 기하학을 발전시키는 동력으로 작용했다. 고대 그리스의 탁월한 기하학자들은 모두 목공술의 대가였다. 영어 이름 '유클리드'로 더 잘 알려져 있는 『기하학 원론』의 저자 에우클레이데스는 목수로 유명했고, 『원뿔곡선론』을 쓴 아폴로니우스와 『구면학』을 쓴 메넬라오스 역시 목수 출신이었다.[4]

| 불의 발견으로 다양한 재료의 도구 등장 |

나무와 돌을 이용한 비교적 단순한 도구를 만들어 사용하던 인류는 불을 발명하면서 도구를 만드는 재료를 더 확장할 수 있었다. 30만 년 전 이스라엘 텔아비브 인근 케셈 동굴에서 화덕이 발견된 것으로 보건대 인류가 오래전부터 불을 사용했음을 알 수 있다. 또 불 덕분에 인간은 요리를 할 수 있게 됨으로써 진화상 강력한 이점을 보유하게 됐다. 불에 익힌 고기는 먹기 쉽고 맛이 있을 뿐 아니라 소화가 잘되고 영양분의 체내 흡수도를 높여 줌으로써 인류의 두뇌 진화에 결정적인 역할을 했다. 불을 사용함으로써 주위에서 쉽게 구할 수 있는 흙이 중요한 도구의 재료가 됐다. 흙은 소성하기가 쉽고 불로 구우면 단단한 용기가 됐다. 불과 흙을 이용한 토기는 인간이 사용한 최초의 조리 도구다. 지금까지 연구 결과에 의하면 기원전 10만 년 전쯤에 요리가 보급되기 시작된 것으로 보인다. 점토를 이용해 만든 가장 오래된 도자기는 후기 구석기 시대 유럽의 그라베트 문화에서 기원전 29000년경 제작된 비너스상들이다.

저장용 토기는 농업이 시작되기 전 수렵·채집인들이 만들어 사용했다. 가장 오래된 토기는 중국 장시성 셴런둥仙人洞 동굴에서 발견된 것으로, 약 2만 년 전에 만들어진 것으로 추정된다. 이때는 가장 추웠던 빙하기로 식량이 귀해지면서 저장 용도로 쓸 토기들이 필요해 제작됐을 것이다. 토기는 또한 술을 제조하는 용기로도 사용됐을 것이다. 술은 사람의 정신을 이완시키는 작용을 한다. 학자들은 집단의 규모가 커지기 시작하면서 집단 내 긴장도가 높아지고 이를 해소하기 위해 토기를 이용해 술을 만들었을 것으로 분석한다. 발견된 토기를 분석해 보면 음식물이 다수 발견되어 토기가 음식을 끓이거나 찌는 조리 용기로도 사용됐음을 알 수 있다. 수메르인들은 흙과 불을 사용해 만든 점토판에 기원전 8000년경부터 물품을 기록했다. 토기는 농경 생활의 필요에 의해 만들어진 것이 아니라 농경 훨씬 전부터 일상생활에서 여러 용도로 사용된 것이다.

전문가 집단이 모여 도구를 사용해 다양한 제품을 생산한, 요즘으로 말하면 공장과 같은 곳은 최초 토기를 제작하던 장소였을 것이다. 토기를 제작하기 위해서는 흙을 이용해 모양을 소형하고 건조하고 불에 굽는 일련의 과정을 행하기 위해 전문가들이 한곳에 모여 작업할 필요가 있었고, 동시에 토기를 만들기 위한 흙을 1차로 가공하고 토기를 굽기 위한 대량의 땔감을 보관할 꽤 큰 공간이 필요했다. 또한 토기를 굽는 행위는 대량의 목재를 태우는 일로 많은 양의 연기가 발생되는 공해 시설이었다. 이에 따라 주거지로부터 일정한 거리에 있는 공간이 토기 제작지가 됐다. 이런 사실은 토기나 도기의 고고학적 연구에도 많이 나타난다.[5]

조선 시대에도 백자를 만들기 위해 설치한 백자 공방 한 곳에 분야별 전문가들 227명이 모여 작업한 기록이 있다.[6] 이를 보면 토기나 자기 공방은 인류 최초의 공장이었을 뿐 아니라 오랫동안 전문가 집단이 모여 협업한 가장 큰 작업 공간으로서 많은 일자리를 제공한 곳이었음을 알 수 있다. 르네상스 시기 예술 분야를 이끌었던 곳은 로마의 교황이나 피렌체 메디치가 같은 귀족들이 만든 공방 시스템이다. 공장은 유력자의 지원하에 견습생을 양성하는 동시에 유력자의 요구에 따라 작품을 제작했다. 다빈치 같은 시대를 앞서간 천재도 처음에는 안드레아 델 베로키오 공방의 견습생으로 시작했다. 이런 공방 시스템이 이후 미디어 기술의 발달과 예술을 소비하는 사회적 계층의 변화에 따라 지금의 방송국이나 영화 제작 현장으로 변화·발전한 것이다. 지금 방송국이나 영화 제작 현장이 돌아가는 시스템을 생각해 보면 직종은 다양하게 분화되고 모습도 많이 변했지만 본질적으로는 르네상스 시기 공방과 크게 다르지 않다.

불과 관련된 또 다른 중요한 물건은 유리 제품이다. 유리 제품을 다루는 장인은 흙을 다루는 장인보다 더 희소한 존재였다. 최초의 유리는 약 5500년 전 레반트에서 만들었는데 전성기를 맞이한 것은 이후 로마에서였다. '로마 유리 Roman glass'로 불린 제품이 실크로드를 따라 중국은 물론 한반도 끝자락까지 전해졌다. 신라 시대 고분에서 대량의 유리 제품이 출토됐는데, 성분을 분석해 보니 대부분 로마에서 생산된 제품으로 판명됐다. 유리의 영롱함은 사람들의 관심을 사기에 충분했을 것이다. 유리는 비싼 제품으로 오랫동안 천연 보석 못지않은 가치를 유지했다. 유리가 장식품 역할만 했던 것은 아니다. 여전히 투박하고 불투명했지만 중세 시대에 창문에 유리가 사용되기 시작함으로써 우리 생활을 한층 더 밝고 위생적으로 만들어 줬다. 17세기 초 영국 제임스 1세 때 판유리가 발명됨에 따라 창문에 혁신을 가져왔다.

토기로 시작된 전문가들의 공방은 이후 도구를 제작하기 위해 다양한 재료들을 사용하게 됨에 따라 다양한 작업 공간과 일자리를 창출했다. 대표적으로 목재를 재료로 하는 제재소나 소목, 대목과 같은 목수들의 작업 공간, 금속을 추출하고 가공하는 작업 공간들이 차례로 나타났다.

도구를 사용하면서 기술을 익히는 것은 인간 직업을 규정하는 중요한 요소다. 사용하는 도구는 그 사람이 무슨 일에 종사하는지를 나타내는 징표가 된다. 도구를 사용하는 특화된 직업을 나타내는 성씨가 지금도 서양 사람들 이름에 많이 남아 있다. 영어권 성씨를 예로 들면 요리사는 '쿡 Cook', 목수는 '카펜터 Carpenter', 빵집 주인은 '베이커 Baker', 대장장이는 '스미스 Smith', 재단사는 '테일러 Taylor', 목사는 '클라크 Clark', 짐꾼은 '포터 Porter', 나무꾼은 '포스터 Foster/Forster', 병 만드는 사람은 '버틀러 Butler', 마차꾼은 '와그너 Wagner', 어부는 '피셔 Fisher', 푸줏간 주인은 '부처 Butcher', 지방 행정관은 '리브 Reeve', 술통 제작자는 '쿠퍼 Cooper', 염색 기술자는 '다이어 Dyer', 농부는 '파머 Farmer', 지붕 이는 사람은 '대처 Thatcher', 석공은 '메이슨 Mason', 장인은 '라이트 Wright' 등이다. 중세 시대 비밀 집단이자 신을 섬기는 신비한 집단으로 묘사되는 '프리메이슨 Freemason'도 '석공'을 의미한다. 인류의 가장 오래된 직업 중 하나인 석공을 단체 이름으로 쓴 것은 돌처럼 강인한 정신력을 가지고 신을 섬기겠다는 암시일 것이다. 같은 도구를 사용하는 집단은 중세 시대 길드(동업 조합)를 통해 하나가 됐고, 길드는 곧 직업을 의미했다.

| 금속의 사용, 인류사에 일대 혁명을 일으키다 |

   도구의 사용은 곧 그 사람의 사회적 신분과 능력을 나타내는 것이다. 인류 문명 초기에 도구를 이용할 수 있는 능력은 매우 중요했다. 특히 다양한 도구를 사용해 금속을 다루는 기술은 최첨단이면서 동시에 강력한 힘을 상징하는 집단들의 몫이었다. 나무, 돌, 흙에 이은 금속은 그 자체로 인류사에 일대 혁명을 일으켰다. 금속은 그 자체로 소유욕을 불러일으키고 경외심을 줄 뿐 아니라, 가공에 따라 사용의 편의성도 그 이전 재료들과는 질적으로 달랐다.

   금속을 처음 발견하고 다룬 인류가 느꼈을 성취감과 경외심은 신화에도 잘 나타나 있다. 금속과 관련해 신화에 기록되어 우리에게 전해지는 최초의 인물은 메소포타미아 신화에 나오는 마르두크다. 마르두크는 위대한 도시 바빌론의 수호신이면서 메소포타미아 신 중에 최고신으로 추앙받았다. 이런 그가 신들을 멸망시키려던 티아마트와의 전쟁을 준비하는 과정에 활과 화살, 철퇴로 무장하고 티아마트를 잡을 그물을 만드는 데, 이를 통해 그가 불과 무기를 직접 제작하는 장인임을 알 수 있다. 그리스·로마 신화에서 대장장이와 불꽃, 화산의 신으로 기술의 상징인 헤파이스토스는 제우스와 헤라의 적장자이자 올림포스 12신 중의 하나다. 금속을 다루는 대장장이 신이 함부로 범접할 수 없는 권력자인 것이다. 그의 아내는 미의 여신 아프로디테다. 권력이 미인을 쟁취하는 것은 동서양 고금에 나타나는 공통된 현상이다. 금속을 다루는 대장장이들은 위험을 감수해야 하는 직업이었다. 구리를 제련할 때는 가마에서 흘러나오는 독성 물질인 삼산화비소를 들이마셔야 했으며, 이는 신경계 손상과 근육 위축증을 일으키는 비소 중독으로 이어졌다. 그래서 헤파이스토스나 로마 신화의 불카누스는 불구로 그려진다. 금속을 다루는 직종은 인도 문

그리스 신화에서 대장장이의 신이자 올림포스 12신 중의 하나인 헤파이스토스

명에서도 상위 계층에 속한다. 카스트 제도에서 금속을 가공하는 계급은 브라만 계급 바로 밑으로, 전쟁을 담당하는 크샤트리아 계급과 동등한 취급을 받았다.[7] 신화가 우리 문명을 메타스토리meta-story 화한 것이라는 점을 생각해 보면 인류 문명 초기에 도구를 제작하는 능력이 얼마나 중요하게 받아들여졌는지 알 수 있다.

신화에서뿐 아니라 역사에서도 대장장이와 권력의 관계는 자주 등장한다. 신라 4대 왕 석탈해昔脫解 는 자신을 "숯과 숫돌을 사용하는 대장장이 집안 사람"이라 밝혔는데, '석탈해'의 '석'은 타밀어에서 대장장이 집안의 이름으로 통용되었으며 지금도 타밀족 남자 이름으로 쓰이고 있다. 또 타밀어 '탈혜talhe '는 '머리, 우두머리, 꼭대기'를 의미하며, '탈에tale '나 '탈아이talai '와 거의 일치한다. 즉 석탈해는 바다 건너에서 신라로 들어온 대장장이 지도자임을 암시하고 있다.[8] 중국 당나라 때 당의 최대 적수였던 돌궐은 그때까지 자신들을 지배하던 몽골 유목 민족 유연을 무찌르고 초원의 최고 강자로 등극했다. 역사서에는 유연의 통치자 칙련두병두벌 카간敕連頭兵豆伐可汗 이 돌궐의 리더 중 한 명을 "대장장이에 불과한 놈"이라고 표현한 사실이 있고, 돌궐을 세운 부족인 아사나阿史那 가 돌궐 건국 이전에 제철에 종사했다는 기록이 있다. 이처럼 제철술은 권력과 깊은 연관이 있는 첨단 기술이었다.

이는 현대의 기술관료제로도 맥을 잇고 있다. 테크노크라트 technocrat 는 '기술'을 뜻하는 'technology'와 '관료'를 뜻하는 'bureaucrat'의 합성어로 '기술관료'라고 표현할 수 있다. 과학적 지식과 기술을 가진 사람들이 사회 체제 관리로서 중요한 역할을 수행한다는 의미로 사용된다. 테크노크라트가 지배하는 체제가 기계적인 상황 판단과 매뉴얼화된 행정을 펼친다는 비판도 있지만 여전히 테크노크라트는 기술을 바탕으로 권력에서 중요한 역할을 담당하고 있다.

기원전 8700년경 구리, 기원전 6500년경 납, 기원전 4000년경은, 기원전 3500년경 주석, 기원전 2000년경 금과 수은이 일찍이 발견되었고, 크롬은 1780년, 우라늄 1789년, 규소 1824년, 알루미늄 1824~1825년, 라듐은 1898년 발견되는 등 인류는 지속적으로 금속을 새롭게 찾아왔다.[9] 발견한 금속을 실생활에 사용하기 위해서는 제련 과정이 필요하다. 기원전 6500년경 튀르키예에서 주석과 납을 시작으로 구리와 철을 생산하기 시작했으며, 강철은 기원전 1800년경 아나톨리아 지방에서 생산하기 시작했다. 용광로는 기원전 5세기 중국에서 이미 사용했으며, 철을 생산하는 데 숯 대신 코크스를 최초로 사용한 것은 1709년 영국에서였다. 납땜은 기원전 2000년경에 주석이 발견될 때 시작됐으며, 용접은 기원전 5세기 그리스에서 시작된 것으로 보인다.[10]

| 철을 지배하는 자가 패권을 쥔다 |

인간이 금속을 발견하고 다루기 시작하면서 도구의 중요성은 더욱 커졌다. 금속을 다루는 기술은 돌이나 나무를 다루는 기술과는 차원이 달랐다. 채굴은 대지가 원래 품고 있는 물질을 캐내는 것으로 크게 주목받는 일은 아니었지만, 채굴 후 제련과 대장장이 기술은 물질을 근본적으로 변화시키는 신의 기술로 여겨졌다. 나무나 돌과 달리 금속은 한번 추출되면 원하는 모양을 비교적 쉽게 만들 수 있을 뿐 아니라 강도 또한 다른 것과 비교가 되지 않게 강했다. 무력이 세상을 지배하던 시대에 그야말로 신의 선물로 여겨질 만했다. 당연히 대장장이를 비롯한 도구의 신들은 역사의 중요한 인물이 됐고 특별하게 숭상받았다. 제련과 대장장이 기술은 이후 역사에서 약 1700년이 넘게 연금술이라는 신비한 영역으로 지속됐다.

금속 자체를 다루는 대장장이는 초기에 권력자의 권위를 나타내는 여러 장신구를 만듦과 동시에 무기를 만들어 무력을 상징하는 존재가 됐다. 청동기는 워낙 고가에다 한곳에서 재료를 구하기가 쉽지 않았기 때문에 대규모로 무기로 사용되기는 힘들었을 것이다. 하지만 태양 아래서 눈부시게 빛나는 청동 장신구들은 적으로 하여금 경외감을 불러일으키기에 충분했을 것이며, 요령에서 나오는 소리나 징이나 나팔 같은 금속 악기 소리는 전쟁터에서 아군에게 사기를 불어넣기에 부족함이 없었다. 인류 역사로 보면 석기 시대가 가장 긴 시간 이어져 왔으며 청동기 시대는 석기와 철기 사이에 짧은 기간 동안만 존속했다. 그것도 석기 시대와 겹치는 시간이 상당해 청동기 시대가 독자적으로 존속했다고 하기에는 어려운 부분이 있다. 청동기가 가지는 한계는 기원전 3000년경 철을 발견함으로써 극복됐다. 철은 구하기 쉽고 청동기에 비해 가공 또한 훨씬 용이한 금속이었다.

철을 일컬어 수메르인들은 "천국의 금속"이라 했고 이집트인들은 "천국에서 온 검은 구리"라고 불렀다. 무엇보다 철은 강하게 연마할 수 있었으므로 철기로 무장한 국가들은 청동기 국가들을 압도했다. 히타이트 제국이 강력한 철기 제국이었다는 주장에 대해 비판적인 견해도 있지만, 히타이트인이 일찍부터 철기를 사용해 단기간에 제국을 세운 것은 널리 알려져 있는 사실이다. 오늘날 인류는 플라스틱, 실리콘, 세라믹, 카본, 그리고 최근의 탄소섬유 등 여러 재료를 이용해 도구나 기계를 만들고 있지만 여전히 철에 대한 의존도가 가장 높다. 철기 시대를 "철기를 보편적으로 주로 사용하는 시대"라고 정의한다면 우리는 여전히 철기 시대를 살아가고 있다고 할 수 있다.

철이 인류사에 미친 영향은 가늠하기도 쉽지 않을 만큼 강력했다. 철의 녹는점으로 보아 인류는 철을 운석을 통해 최초로 접했을 것이다. 20세기 북극 탐험가 로버트 피어리가 그린란드 조사에 나섰을 때 에스키모인들이 수백 년에 걸쳐 절삭 도구의 재료로 사용했던 운석과 마주쳤는데 거기에는 철이 30톤 함유돼 있었다. 철기 이전에 인류 문명을 떠받치던 청동은 구리에 주석을 섞어 줘야 했는데 주석은 공급이 일정치 못했고 가격 또한 불안정했다. 주석이 부족하자 전쟁 시 화살과 창 같은 무기를 만들기 위해 제례용 용기마저 녹여야 하는 상황이 발생했다. 이에 비해 철은 다른 금속과 합금할 필요 없이 단독으로 사용할 수 있는 금속이다. 이에 따라 자연철의 인기는 급격히 올라갔고, 초기에는 금보다 귀한 금속 대우를 받았다. 기원전 19세기에는 철 1온스를 사기 위해 은을 40온스 줘야 했다. 그런데 1200년 후인 기원전 7세기에는 은 1온스로 철 2000온스를 살 수 있을 정도가 돼 철 가격이 8000분의 1 수준으로 떨어졌다. 철이 상용 금속이 될 수 있는 조건이 갖춰진 것이다. 이후 철은 인류 역사에서 가장 중요한 금속의 위치를 점하게 됐다.

초기에 인류가 사용한 철은 연철이다. 연철은 청동보다 강도가 떨어졌다. 대장장이는 담금질을 통해 연철에 탄소를 넣음으로써 이를 해결했다. 탄소 함유량이 0.9퍼센트인 강철의 탄생은 전쟁의 판도를 바꿔 놨다. 로마가 갈리아(현재의 프랑스, 벨기에, 스위스 등을 아우르는 지역) 원정에 나섰을 때 연철검을 소유했던 갈리아인들은 엘바섬이나 노리쿰(지금의 오스트리아)의 철로 만든 강철검을 소유한 로마군과 싸움이 되지 않았다. 갈리아인들은 칼을 한 번 휘두를 때마다 구부러지는 칼날을 무릎에 대고 다시 펴서 싸워야만 했다.

철의 주조 과정에서는 구리 주조 과정에 비해 나무 연료가 60퍼센트 정도 절감되지만, 철은 구리에 비해 소비량이 훨씬 많았으므로 철 제조 지방의 산들은 민둥산으로 변해 갔다. 기원후 1000년경 정체돼 있던 유럽과 달리 스페인 북부 지역의 카탈루냐인들에 의해 가마 기술이 발전하면서 철 생산량이 크게 증가했다. 이후 산업혁명 시기 철 광석과 석탄이 풍부한 영국에서 다양한 기술적 혁신이 이뤄지고 대규모 자본 충당 방식이 개발되면서 영국이 제철에서 세계 최초로 패권을 잡았다.

초기 철의 수요를 이끈 것은 무기산업이었다. 칼과 창으로 시작된 철제 무기는 이후 포탄과 대포 및 개인 화기의 발달로 이어져 철의 수요를 급속하게 확대했고, 철 생산력이 곧 나라의 군사력을 나타내는 지표가 됐다.

무기의 주재료로 사용되던 철은 산업혁명을 맞아 그 용도가 훨씬 넓어지고 우리의 일상 깊은 곳까지 들어왔다. 산업혁명은 철의 수요를 빠른 속도로 배가시켰다. 공장화된 대량 생산 기계 설비나 에너지 지원인 증기기관은 모두 철이 없었다면 불가능했다. 이제 제철 능력은 각국의 산업 경쟁력을 나타내는 지표가 됐다. 철의 생산력이 곧 국력이 된 것이다. 산업혁명의 본거지 영국은 철강산업에서도 독보적인 능력을 보유하게 됐을 뿐 아니라 제철 기술에서도 선진 기술을 잇달아 확보했다. 1709년 혁신가인 에이브러햄 다비 Abraham Darby 는 값이 싼 코크스를 이용한 주철 생산에 성공해 주철로 만든 냄비, 주전자 등이 일반 서민의 주방 용기가 되는 계기를 만들었다. 주철은 값이 싸고 품질이 좋았기 때문에 청동이나 연철을 완전히 대체했다. 코크스를 이용한 제철법은 제철산업을 전 세계적인 산업으로 키워 19세기 말 주철 생산량은 세계적으로 1억 톤을 넘어섰다.

강철의 대량 생산도 영국에서 이뤄졌다. 철 중에서 강도와 인성(질긴 정도) 면에서 가장 효용성이 높은 합금이 강철이다. 연철이나 주철로 만든 철로에 비해 강철로 만든 철로는 소성 변형에 대한 저항력이 15~20배 더 컸다. 대장장이들은 이미 기원전부터 강철의 존재를 알고 있었지만 탄소가 강철에 필수적인 요소라는 것을 완전하게 이해하지는 못했다. 1786년 프랑스 과학자 방데르몽드 Alexandre-Theophile Vandermonde, 베르톨레 Claude Louis Berthollet, 몽주 Gaspard Monge 등이 처음으로

1900년 전후 영국, 미국, 독일의 철강 생산량			(단위: 만톤)
연도	영국	미국	독일
1881	7,494	5,259	3,071
1891	7,324	8,332	4,471
1901	8,766	15,860	7,282
1911	10,917	23,676	15,601

자료: Allen, R. C.(1975)[11]

탄소가 필수 요소라는 것을 주장했다. 강철의 대량 생산 방식은 영국의 헨리 베서머Henry Bessemer에 의해 발명됐고 베서머 제강법으로 명명돼 유럽과 미국에서 사용됐다.

산업혁명 이후 영국이 쥐고 있었던 제철산업의 주도권은 19세기 후반 미국으로 넘어갔다. 1867년 2만 2000톤에 불과했던 미국 제철 생산 능력은 1880년 100만 톤으로 늘어났으며, 1900년 미네소타주 메사비산맥에서 거대한 철광석을 발견하면서 전 세계 강철 생산량의 3분의 1인 900만 톤을 생산하게 됐다. 생산량은 이후에도 계속 늘어나 10년 뒤엔 3배가 됐다. 독일의 철강 생산력도 기하급수적으로 늘어나 1850년 1만 2000톤에서 50년 후인 1900년에는 700만 톤을 넘어섰다. 19세기 마지막 20년 동안 미국과 독일이 영국의 제철 능력을 추월했다.

금속을 다루는 기술이 최고인 국가는 어느 시대에나 항상 강대국으로 군림했다. 금속 기술은 국가 기밀이면서 최첨단 과학이었다. 강인하고 날카로우면서 부러지지 않는 칼에 대한 지배자들의 욕망은 수십 세기 이어져 왔다. 명검에 얽힌 이야기도 수없이 전해져 온다. 영국 아서왕 전설에서 아서왕이 사용한 것으로 알려진 엑스칼리버, 아랍 장인들이 다마스쿠스강을 벼려 만든 전설의 줄피카르Zulfiqar (바위를 세게 내리쳐도 칼이 부러지지 않을 만큼 겉은 날카롭고 속은 유연했다는 전설의 칼), 훈족 왕 아틸라의 검, 일본의 일본도, 중국의 간장막야干將莫耶(간장과 막야가 오나라 왕 합려를 위해 만든 음양의 두 칼) 등이다. 우리나라에도 369년 백제 근구수왕이 왕세자이던 시절에 왜왕에게 하사한 칠지도七支刀, 조선 중기 임금이 병마를 지휘하는 장수에게 주던 사인검四寅劍 등 명검 이야기가 다수 전해져 온다. 역사에 남는 이런 검들은 모두 각국의 최고 장인들이 혼신을 다해 가다듬은 필생의 역작들이다.

| 다양한 감각을 일깨운 도구들 |

금속이 인류에게 피비린내 나는 처절함만을 안겨 준 것은 아니다. 인류가 다양한 요리를 개발하고 조리할 수 있게 된 것도 금속을 사용하고부터다. 금속제 조리 기구가 나오기 전에는 불을 다양하게 직접적으로 사용할 수 없었기 때문에 조리 행위가 인간의 상상력을 자극하기 어려웠다. 하지만 금속을 이용한 조리 기구와 식기는 인간의 조리 행위를 예술적인 경지까지 끌어올렸다.

조리 기구를 사용해 권력자의 미각을 사로잡아 제2, 제3의 권력자로 군림하게 된 사례도 동서양을 막론하고 여럿 전해진다. 특히 중국 사에 여러 인물이 등장하는데 기원전 17세기 상나라 시대 재상을 지낸 이윤도 그중 하나다. 이윤은 탕왕을 도와 하나라 걸왕을 몰아내고 상나라를 세운 일등 공신이다. 이윤은 원래 한 귀족 집안의 요리사였는데 그 귀족의 딸이 탕왕과 결혼하는 데 따라가게 됐다. 이후 맛있는 음식을 예로 들며 왕도를 설명한 것이 탕왕의 눈에 들어 국정까지 참여하게 됐고 후에 큰 공을 세웠다. 요리를 매개로 재상의 위치까지 올라간 것이다. 이와 반대로 요리를 패륜적인 일의 도구로 쓴 비정한 인물도 있다. 제나라 환공 때 재상에 오른 역아는 맹자에게서 "천하가 모두 역아의 맛을 따른다."라고 칭찬을 들을 만큼 요리 솜씨가 뛰어났다. 역아는 환공이 천하의 진미를 다 맛보았지만 아직 사람 고기 맛을 보지 못했다고 하자, 자신의 아들을 죽여 요리해 진상했다. 이렇게 출세를 위해 물불을 가리지 않는 역아를 중용한 환공은 아이러니하게도 아들끼리 권력 다툼을 하는 동안 굶어 죽었다.

인류에게는 매우 특별한 기능을 가진 도구가 있다. 바로 악기다. 악기는 인간의 감수성을 증진시키는 도구로, 인간을 다른 동물들과 구분되게 하는 역할을 했다. 악기를 연주하는 모습은 오래된 벽화나 무덤에 합장된 토우, 정교한 도자기 등에도 자주 등장하는 익숙한 풍경이다. 아마도 가장 처음 만들어진 악기는 타악기일 것이다. 원초적인 리듬감에 맞춰 손에 잡히는 무엇이든 두드리는 것만으로도 박력 있는 타악기가 될 수 있다. 관악기는 공기의 흐름이 아름다운 소리를 만들어 낸다는 것을 알아차린 누군가에 의해 처음 연주됐을 것이다. 지금도 많은 영화나 연속극에서 달빛을 배경으로 나오는 처연한 피리 소리는 우리의 심금을 울리기에 충분하다. 중앙아시아 지역에서 처음 만들어져 실크로드를 따라 동서양으로 퍼졌을 현악기는 특이하게도 정수의 배수로 현을 조절해 음을 낼 때 아름다운 화음이 만들어진다.

이런 화음을 수로 환원해 수의 아름다움에 매혹된 사람들이 있다. 고대 그리스 피타고라스학파는 특히 이 점을 중요하게 여겨 숫자에는 세상의 비밀이 숨어 있다고 생각했다. 우리가 익히 아는, 직각삼각형의 짧은 두 변을 각각 제곱해 더한 값은 가장 긴 변의 제곱과 같다는 피타고라스 정리는 이런 수의 아름다움을 극적으로 표현한 방정식으로 여겨졌다. 피타고라스 정리라고는 하지만 이 원리는 메소포타미아 문명 시기부터 알려져 있던 것이다. 메소포타미아 문명의 도시 라르사 유적지에서 발견된 점토판 '플림프턴 322 Plimpton 322'에도 이와 동일한 내용이 60진법의 쐐기 문자로 기록돼 있는데, 지금으로부터 약 3800년 전인 기원전 1820~1762년에 새겨진 것으로 밝혀졌다. 이 증명은 또 이집트의 피라미드를 정확하게 직각으로 만드는 데도 이용된 것으로 여겨진다.

피타고라스학파 수학자 히파소스는 피타고라스 정리에서 무리수의 존재를 인식하게 됐는데, 이때가 인류 최초로 무리수를 알게 된 순간이라고 여겨지고 있다. 직각삼각형의 짧은 변의 길이를 각각 1이라고 하면 빗변이 유리수로 표현할 수 없게 되기 때문이다. 즉 $\sqrt{2}$ 문제가 생긴 것이다. 자연수로 이뤄진 아름다운 세상을 꿈꾼 피타고라스학파에게는 재앙과 같은 일이었다. 모든 수를 자연수의 비로 표현할 수 있다는 학파의 가르침에 오류가 있음을 암시하는 일이었기 때문이다. 이 때문에 히파소스가 암살당했다는 설도 있다. 하지만 무리수는 이후 인류의 공학 발전에 없어서는 안 되는 중요한 발견이 되어 기술 발전에 크게 이바지했다. 끝도 없이 비규칙적으로 이어지는 숫자인 무리수는 얼핏 현실 세계와는 전혀 관계없을 것 같지만 사실 여러 분야의 일자리에 큰 영향을 미친다. 무리수를 직접 다루는 수학자는 물론 양자역학이나 일반 상대성 이론을 다루는 물리학자에게도 무리수는 필수적이다. 또한 건설 엔지니어링과 암호화, 그래픽과 같은 컴퓨터 소프트웨어 개발 및 컴퓨터 과학 연구 분야의 일자리뿐 아니라, 이자율과 재무 분석 및 모델링에도 활용돼 금융 분야에서도 중요한 역할을 해 왔다. 무리수라는 도구는 인류에게 과학과 공학 분야의 중요한 일자리를 제공하고 인류 문명 발전에 기여해 온 것이다.

흙과 나무, 금속을 모두 사용해 하나의 목적을 달성하기 위한 공방도 존재했다. 식기류나 용기는 국가 행사에 중요한 부분을 차지하는 일이었다. 하지만 그릇 준비는 손이 많이 가는 일이었고 이를 위해 여러 국가 기관이 필요했다. 조선 시대만 해도 내섬시 內贍寺, 내자시 內資寺, 사옹원 司饔院, 예빈시 禮賓寺, 장흥고 長興庫 등과 같은 상설 기관과 공안부 恭安府, 경승부 敬承府, 인녕부 仁寧府, 인수부 仁壽府, 덕녕부 德寧府 등과 같은 임시 관청이 있을 정도였다.[12]

우리가 흔히 쉽게 사용하고 버리는 플라스틱이라는 재료가 나오기 전에는 하나의 용기를 제작해 사용하다 더 이상 못 쓰게 되는 기간이 보통 한 사람의 삶과 맞먹는 경우도 흔했다. 우리 선대 부모님들은 조상이 사용하던 용기를 물려받아 대대로 쓰는 것이 당연한 일이었다. 부모님이 사용하시던 용기를 바라보며 부모님을 회상하는 일은 누구나 한 번씩은 경험했을 것이다.

같은 농업에 사용하는 도구라도 나라마다 독특한 생각들이 녹아 있다. 미국 인터넷 쇼핑몰 아마존에서는 농기구 카테고리에서 우리나라 호미가 각광받고 있다. 오래된 도구라고 해서 그 효용이 다한 것은 아니다. 우리 민족이 써 온 도구 중에 호미와 더불어 전 세계인을 감탄시킨 것으로 지게가 있다. 최소한의 물리적 힘을 사용해 절묘한 균형을 맞춰 지게를 지고 걷는 모습은 예술이라 해도 과언이 아니다.

도구는 돌과 나무를 소재로 한 단순한 것에서 시작해 금속의 발견과 함께 비약적으로 발전하게 되면서 인류를 현대 문명으로 이끌었다. 이렇게 인간이 최초로 도구를 발명하고 계속해서 발전시키는 과정은 인간 창의성의 표현이다. 인간은 창의성을 이용해 도구를 만들었고 도구를 사용하면서 새로운 창의성을 발휘한다. 도구를 사용한다는 것은 자신의 능력을 발휘할 수 있는 일을 가진다는 의미다. 개개인의 일자리도 당연히 여기에 합당하게 만들어지고 존중받아야 한다.

창의성을 발휘해 생각해 낸 도구를 실제로 만들려면 머릿속에 있는 자신의 생각을 구체화할 계획과 실행할 수 있는 노하우가 필요하다. 이렇게 도구를 만드는 과정에 필요한 지식이나 노하우, 경험 등을 익히기 위해 교육이 이뤄졌다. 도구는 인간에게 창의성과 교육을 선

사한 귀중한 존재다. 창의적 능력이 없었다면 인간은 오늘날과 같은
문명을 건설하지 못했을 것이다. 앞으로도 문명을 계속 발전시키기
위해서는 창의성을 최대한 발휘할 수 있는 사회를 만들어야 한다.

기계화로 이룬 생산력의 극대화

　기계화는 도구의 사용과는 비교가 되지 않는 생산성 향상을 가져왔다. 기계화는 생산 시스템이 공장으로 전환하는 것과 궤를 같이했다. '많은 사람들이 모여 공동의 작업을 한다'는 의미의 공장은 1104년 이탈리아에 건립된 조선소 아르세날레 디 베네치아 Arsenale di Venezia 가 최초라고 할 수 있다. 그곳에서는 1만 6000명의 노동자들이 하루에 거의 배 한 척을 건조했다. 하지만 많은 사람들이 분업해 작업을 하고 기계 설비를 활용해 대량 생산 체제를 갖춘 현대적 의미의 공장은 1718~1721년에 토머스 롬브 Thomas Lombe 가 영국 더비에 지은 견직물 공장이 최초다. 동력원으로 증기기관을 최초로 사용한 공장은 1782년 영국 버밍엄의 소호 제조소 Soho Manufactory 이며, 성공적인 조립 라인은 미국 헨리 포드가 1913년에 미시간주 하일랜드파크의 자동차 공장에 도입한 '포드 모델 T' 생산 라인이 최초였다. 생산 라인 로봇은 미국에서 시작해 1961년 제너럴 모터스가 대량으로 도입하기 시작했다.

| 인위적인 에너지 사용으로 가능해진 기계화 |

기계화를 이루는 데 가장 중요한 요인은 에너지 생산과 통제 능력이다. 인류는 10만 년 전부터 이후 9만 년 동안 1인당 5분의 1마력을 채 사용하지 못하고 살았다. 약 1만 년 전 빙하기가 끝나면서 농업혁명이 일어나고 가축을 길러 농업에 이용하면서부터는 사용 가능한 에너지가 약 1마력으로 늘었다. 자연 상태의 에너지만이 아니라 인위적인 에너지 사용이 가능해진 산업혁명 이후에 증기기관, 내연기관을 거치면서 한 사람이 사용 가능한 에너지는 100마력까지 획기적

기계 설비 대량 생산 체제를 갖춘 최초의 공장으로 평가받는 롬브의 견직물 공장

으로 늘었다. 기계화는 인류가 인위적인 에너지를 사용하는 능력을 갖춤으로써 본격적으로 진행됐다.

에너지는 곧 힘이다. 인류 역사는 이 에너지 획득을 위한 투쟁의 역사라고 해도 과언이 아니다. 초기 인류에게 에너지는 자기 자신의 육체적 힘이 전부였다. 그리고 그 힘은 가족과 씨족을 통해 확대됐다. 씨족 분쟁이 일어나 전쟁이 벌어지면 패배한 쪽은 승리한 쪽의 노예가 됐다. 이 역시 에너지 획득이라 할 수 있다. 한 지역에 인력과 축력이 집중되면서 기념비적인 건축물들과 거대 도시들을 건설할 수 있는 원천이 되어 문명 발전을 이끌었다.

인력과 축력으로 유지되고 발전되던 인류 문명은 18세기 증기기관의 발명을 통해 획기적인 발전을 이뤘다. 증기기관의 발명과 효율 향상은 산업혁명의 에너지원이 되어 지구의 풍광을 바꿨다. 증기기관은 생산력을 놀라울 정도로 향상시켰고 증기기관차의 발명으로 이동의 한계가 없어져 인간 세계가 하나로 이어지게 됐다.

내연기관은 19세기 후반에 등장했다. 1860년 프랑스에서 에티엔 르누아르가 휘발유를 연료로 하는 내연기관을 발명한 이후, 1879년 독일의 카를 벤츠가 니콜라우스 오토와 고틀리프 다임러, 빌헬름 마이바흐의 엔진을 참조해 실제 사용이 가능한 4행정 기관을 발명하고 이를 적용한 최초의 자동차를 생산했다. 이로써 본격적인 내연기관의 시대가 열리고 그 연료인 석유를 쟁탈하기 위한 경쟁이 전 세계적으로 일어나게 됐다. 1차 세계대전이 끝난 뒤 베르사유 조약에 따라 막대한 배상금을 프랑스에게 지불해야 했던 독일이 배상금을 갚지 못하자 1923년 프랑스가 군대를 보내 독일 최대 석탄 산지인 루르 지방을 점령한 것은 이를 보여 주는 상징적인 사건이었다. 3년에 걸친 프랑스의 루르 점령은 아무런 소득 없이 끝났고, 오히려 그 과정에서 100여 명이 넘는 독일인 사망자가 나와 독일 민족주의자들이 재무장론을 펼칠 명분만 제공하는 역효과를 낳았다. 결국 독일에서는 바이마르 공화국이 붕괴하고 나치당이 집권했다. 뒤이어 독일과 이탈리아, 일본이 동맹을 맺고 일으킨 2차 세계대전은 석유 쟁탈전 양상을 띠었다.

석유에 대한 통제권 다툼은 2차 세계대전 이후 지금까지 서구권과 아랍 간의 분쟁으로 이어졌다. 현대 사회에서 '검은 황금' 원유는 부의 원천이면서 동시에 처절한 투쟁의 원인이기도 하다. 인류는 자신이 살아가는 행성을 무참하게 파괴해 가면서까지 에너지 사용을 최대화하기 위해 부단히 노력해 왔다. 그 결과 석유는 현재 우리 삶 전반에 녹아 있다. 매일 먹는 식품도 비료를 사용하는 생산 단계부터 수송 단계에 이르기까지 거의 석유를 연료로 한 공정의 결과물이다. 하지만 과학기술의 발달로 석유 시대의 막을 내리기 위한 준비 단계에 접어들었다. 2021년 현재 전 세계 전기 생산의 에너지원별 비중을 살펴보면 석탄이 36퍼센트, 천연가스가 22.9퍼센트, 석유가 약 2.5퍼센트로, 화석연료가 가장 많은 비중(61.4퍼센트)을 차지하고 있지만, 풍력과 태양광 등 재생 가능한 에너지의 사용이 늘고 있으며 무엇보다 기존에 존재하지 않았던 핵융합 발전 기술의 진보에 따라 역사의 새로운 지평을 예고하고 있다.

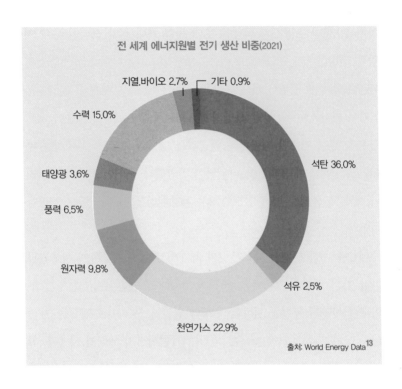

전 세계 에너지원별 전기 생산 비중(2021)

- 지열.바이오 2.7%
- 기타 0.9%
- 수력 15.0%
- 태양광 3.6%
- 풍력 6.5%
- 원자력 9.8%
- 석탄 36.0%
- 석유 2.5%
- 천연가스 22.9%

출처: World Energy Data[13]

❙ 문명의 에너지 사용 단계 ❙

1964년 구소련 천문학자 니콜라이 카르다쇼프 Nikolai Kardashev 는 우주 문명의 과학기술적 발전 정도를 '얼마나 많은 에너지를 사용하는가'에 따라 I, II, III의 3단계로 구분했다. 이른바 카르다쇼프 척도 Kardashev scale 다. 각 단계를 구분하는 에너지 총량은 우리 생각보다 훨씬 크다. 카르다쇼프의 구분에 따르면 고대 그리스 문명이나 현대 첨단 문명이나 에너지 사용 단계는 여전히 I단계를 벗어나지 못한 초보

수준에 머물러 있다. 우주 전체의 크기와 우주 전체 에너지 총량을 최종 사용 가능한 에너지로 보면 당연한 일이다.

I단계 문명은 행성 수준 문명이다. 행성으로 유입되는 막대한 항성(지구의 경우 '태양') 에너지 중 행성에 도달하는 에너지 대부분을 사용하는 단계로, 에너지 총량은 약 10^{17}와트다. II단계 문명은 항성에서 방출되는 모든 에너지를 모두 사용할 수 있는 능력을 소지한 문명으로 약 10^{27}와트를 사용한다. III단계 문명은 항성이 소속된 은하에서 나오는 에너지를 모두 사용할 수 있는 최상의 단계로, 사용 가능한 에너지 총량은 10^{37}와트다. 각 문명의 단계는 이전 단계보다 약 100억 배 많은 에너지를 소비하는 셈이다. 이를 칼 세이건은 더욱 세분화해 인류가 현재 약 0.73단계 정도에 와 있다고 했다. 지구의 기술 수준이 현재와 같이 매년 2퍼센트 상승한다고 가정하면 인류는 대략 80년 뒤인 2100년 이후에 I단계 문명으로 진입할 것이다.

현재 인류 기술 수준으로 예측할 때 인류가 I단계로 진입할 수 있는 기술은 아마 핵융합 발전일 것으로 예상된다. 핵융합은 두 개의 원자핵이 부딪혀 새로운 하나의 무거운 원자핵으로 융합하는 현상인데, 핵융합 기술은 태양이 에너지를 생성하는 기술과 동일한 방식으로 수소 2개(중수소와 삼중수소)를 충돌시켜 헬륨 원자와 중성자를 얻으면서 반응 전후의 질량 차이에 의해 발생하는 운동 에너지를 열과 빛 에너지로 변환시키는 기술이다. 원래 핵융합 기술은 핵분열 반응을 이용하는 원자 폭탄보다 더 강력한 폭탄을 개발하기 위해 활용하기 시작했는데, 인류가 핵분열 기술을 평화적으로 사용하는 방법을 찾아냈듯이 핵융합 발전 기술도 평화적인 방법으로 구현하기 위해 부단히 노력해 왔다. 하지만 핵융합을 위해서는 1억 도 이상의 고온 환경이 필요하기 때문에 이론상으로는 이미 검증됐으나 실제 환경에서 구현하는 데 많은 어려움이 따랐다. 하지만 불가능할 것 같았던 핵융합 기술의 평화적 사용 방법도 차츰 가시권에 들어오고 있다. 2022년 12월 미국 제니퍼 그랜홈 에너지부 장관은 미국 로런스 리버모어 국립연구소LLNL가 핵융합 점화에 성공했다고 발표해 과학기술자뿐 아니라 환경운동가들까지 설레게 했다.

현재 핵융합 기술은 미국이 주도하고 있는 레이저 방식과 한국이 선진 기술을 보유하고 있는 초전도 토카막 방식의 두 가지로 진행되고 있다. 레이저 방식은 고출력 레이저를 한곳에 집중해 고온을 만들어 핵융합을 하는 방식으로, 미국이 이번에 투여한 에너지보다 많은 양의 에너지를 생산했다고 발표했다. 초전도 토카막 방식은 초전도 자석을 이용해 플라즈마를 자기장 용기에 가둬 핵융합을 하는 것으로, 한국핵융합에너지연구원에서 개발한 KSTAR(한국형 핵융합연구로)에서 2021년 세계 최초로 약 30초 동안 가동하는 데 성공했다. 핵융합 발전소 운영에 필요한 기준은 300초로 알려져 있는데 이를 달성하게 되면 핵융합 발전을 365일 24시간 가동할 수 있게 된다. 유석재 한국핵융합에너지연구원장은 "2026년에 300초를 유지하는 것을 목표로 연구를 진행하고 있다"고 말해 우리 힘으로 핵융합 기술의 가시적인 성과를 올리는 순간이 곧 다가오고 있음을 알렸다. 물론 아직 두 방식 모두 넘어야 할 난제들이 많이 있지만 과학자들은 앞으로

30~50년 내에 기술적 문제들이 해결돼 실용적으로 가동이 가능하리라고 예측하고 있다. 만약 이 문제가 예상대로 해결된다면 인류의 에너지 문제는 영원히 해결된다고 할 수 있다. 핵융합 발전의 원료는 바다에서 무궁무진하게 채취할 수 있으며 발전 후에도 환경에 어떠한 부정적 영향을 미치지 않기 때문이다. 핵융합로 건설이 완성되면 거의 무료에 가깝게 에너지를 무한대로 사용할 수 있게 된다.

에너지 문제 해결과 동시에, AI가 우리 일상에 들어오게 되면 인류 문명은 그야말로 미증유의 새로운 단계로 접어들게 될 것이다. 이 지점을 통과한 인류는 I단계 문명을 완성한 우주 내 종족으로 발돋움하게 된다. I단계에 도달하는 문명은 지금까지 우리의 경험치를 훨씬 뛰어넘는 문명으로, 인류 개개인이 거의 신과 같은 존재로 살아갈 수 있는 수준이 될 것이다. 이런 시대는 아주 먼 미래가 아닌 어쩌면 우리가 살아 있는 동안에 도래할 수도 있다. 과학기술은 선형적으로 발전하지 않고 기하급수적으로 발전하기 때문이다. 매일 면적을 두 배씩 키울 수 있는 물질이 있다면 마지막 지구 면적 50퍼센트를 채우는 데는 하루의 시간이 필요할 뿐이다.

이렇게 완성된 I단계 문명은 지역적 특색과 전통은 살아남되, 지구촌이 하나가 돼 동시에 공통 문화권을 형성하는 단계다. 이런 현상은 이미 상당히 진행돼 있지만, 지금보다 훨씬 진보된 인터넷과 훨씬 빠르고 편리한 교통수단을 통해 지구 어디에나 쉽게 도달하고 소통할 수 있게 된다. 지금과는 전혀 다른 사회망 속에서 살아가게 되는 것이다. 이 정도만 돼도 인간이 의지와 관계없이 의무적인 일에 매달리고 불합리한 어떤 힘에 참아야 하며 서로 짓누르려고 경쟁하는 일은 사라지게 될 것이다. 내가 《스타트렉》이나 《스타워즈》 시리즈를 볼 때마다 의아하게 생각하는 것은 과학기술이 그토록 발달한 사회에서 상명하복이 철저한 저런 사회가 유지될 수 있을까 하는 점이다. 아직 경험해 보지 못한 사회에 대한 이해가 부족해 현재의 행동 양식을 무의식적으로 답습하는 형태로 표현된 게 아닐까 짐작할 뿐이다. 과학기술을 예측하는 것은 나름 가능하나 인간이 만드는 사회를 상상하는 것이 얼마나 어려운 일인지를 보여 주는 또 다른 징표이기도 할 것이다. 이 시기가 됐을 때 2023년의 지구를 돌아보면 까마득한 옛날의 미개한 사회로 생각할지도 모른다.

Ⅱ단계 문명은 항성급 에너지 사용 능력을 갖춘 문명으로, Ⅰ단계 문명보다 100억 배의 에너지 사용 능력을 갖추게 된다. SF 영화에 나오는 은하 제국을 건설할 수 있는 수준으로 지금으로서는 상상하기 쉽지 않은 능력이다. 《스타트렉》에 나오는 엔터프라이즈호가 현실이 될 것이며, 워프 엔진을 장착한 우주선을 타고 우리 은하계 곳곳에 인류의 식민지가 건설될 것이다. 《스타트렉》에 나오는 거대한 인공 행성 정도는 가볍게 만들어 인류가 더 이상 지구에 묶여 살지 않아도 된다.

Ⅲ단계 문명을 여기서 논하는 것은 큰 의미가 없을 것이다. 이 단계의 문명은 은하 중심에 있는 거대한 블랙홀이나 은하의 나선 팔을 움직이는 에너지의 본질을 파악하고 이용하는 단계가 될 것이다. 이 정도 에너지를 움직이는 문명의 구성원들에게 생명의 유한성은 이미

오래전 이야기일 것이다. 가장 큰 관심사는 우주 자체가 될 것이다. 그 문명은 우주의 미래와 깊은 연관이 있을 것이고 우리 인류의 눈에 보이지 않는 새로운 차원의 다중 우주와 소통하고 교류하는 것이 유일한 탐굿거리가 될 것이다.

카르다쇼프 척도의 □단계와 Ⅲ단계는 아주 먼 이야기이자 꿈같은 이야기로, 인류 문명은 우선 I단계에 도달하는 데 집중해야 할 것이다.

| 산업혁명에 의한 폭발적인 생산성 향상 |

르네상스와 산업혁명을 통해 인위적인 동력 에너지 사용법을 터득한 인류는 마침내 기계화 시대로 접어들었다. 현대적 의미의 기계화는 산업혁명과 그 궤를 같이한다. 산업혁명은 직조 및 방적 기계를 도입해 공장을 기계화하면서 본격적으로 시작됐기 때문이다. 1764년 영국의 제임스 하그리브스는 한 번에 여러 개의 실을 회전시킬 수 있는 제니 방적기를 발명했고, 1785년에는 에드먼드 카트라이트가 직조 과정을 기계화해 증기 동력을 사용하는 동력 직기를 발명했다. 이러한 발명은 섬유를 생산하는 속도와 효율성을 크게 향상시켜 현대적 의미의 공장 시스템을 수립하는 토대가 됐다.

기계화가 방직산업에서 출발한 것은 당시 영국의 무역 수지와 연관이 있다. 산업혁명이 시작되기 전 영국산 면제품은 이집트·인도산 면제품에 밀려 막대한 무역 수지 적자를 기록하고 있었다. 산업혁명을 통해 직물 생산의 기계화에 성공한 영국은 이후 인도에 어마어마한 양의 면제품을 수출하게 됐고, 이제는 반대로 인도가 면제품으로 인한 막대한 적자를 떠안게 됐다. 후에 인도 민족운동 지도자 마하트마 간디는 이런 폐해를 알리고자 영국 공장 생산품에 대항하는 의미로 인도 전통 수공업을 상징하는 물레인 '차르카charkha'를 돌리는 모습을 사진으로 담기도 했다. 이 사진은 당대 유명한 사진작가 마거릿 버크화이트Margaret Bourke-White에 의해 촬영됐고 지금까지도 간디의 상징적 이미지로 남아 있다.

기계화로 인해 산업은 시장의 수요를 충족시키는 것보다 자본 자체 수익률에 초점을 맞추게 됐다. 지속적인 성장을 가정하고 새로운 시장을 필요로 하는 자본주의에서 공장을 기계화하는 것은 어쩌면 당연한 귀결이다. 필요가 기술 개발을 촉진하고 새롭게 업그레이드된 기술은 시장을 확대시킨다. 증기기관의 발명으로 1800년대 한 사람의 노동자가 발휘할 수 있는 에너지는 수백 마력으로 급증했고, 증기기관이 운송 수단에 쓰이게 되면서 상품과 지식, 인구의 이동이 폭발적으로 증가했다. 이후 한 개인이 통제 가능한 에너지의 양도 지속적으로 늘었다.

산업혁명이 일어나기 전 제조업자들은 대부분의 상품을 손으로 직접 만들었기 때문에 생산량이 적었고, 단순한 생필품도 노련한 장인의 손을 거쳐야 했다. 게다가 장인들은 자신의 기술을 비밀로 유지하면서 지역 시장을 독점했기 때문에 물건을 구입하고자 하는 사람들은 대체로 큰돈을 지불해야 했다. 하지만 인위적으로 에너지를 생

차르카를 돌리는 간디의 모습(1940년대 후반)

산하고 통제할 수 있는 기술의 발명은 사회 전체에서 생산하는 부를 크게 늘렸으며 이에 따라 사람들의 생활 수준도 이전과 비교가 안 될 정도로 높아졌다.[14]

지금까지 만든 기계 중에서 가장 큰 기계는 유럽입자물리연구소 CERN에서 스위스 제네바에 건설한 대형 강입자 충돌기 LHC 다. 우리가 사는 세상의 미시 세계를 연구하는 물리학자들이 주로 사용하는 기계로, 그동안 이론상으로만 존재했던 힉스 입자를 2022년 최초로 입증하는 데 성공했다. 힉스 입자는 우리 우주를 구성하는 가장 근본적인 입자 중 하나로, 간단히 물에 ○기가 왜 질량을 갖는가에 대한 대답을 주는 입자다. 그 외 거대 기계 중에는 대도시의 존재를 가능하게 하고 도시가 원활하게 돌아갈 수 있게 해 주는 초대형 터널

발파 공법과 달리 소음과 진동을 최소화한 공법으로 터널을 굴착하는 TBM

굴착기 TBM(터널 보링 머신)도 있다. TBM은 거대한 두더지처럼 도심 한복판을 지하로 가로질러 가면서 터널을 굴착함과 동시에 터널 자체가 안정적으로 완성되도록 하는 작업까지 수행한다. 그 외에도 미군이 운용하는 항공모함, 적재량이 450톤이나 되어 노천광에서 광석을 실어 나르는 BelAZ 75710과 같은 거대 기계는 보는 인간을 압도한다. 이와는 반대로 가장 작은 기계도 있다. 우리 머리카락보다 1000배가량 가늘어 눈에 보이지 않는 분자 기계molecular machines 이다. 이 분자 기계들은 앞으로 신소재와 센서, 에너지 저장 시스템, 더 나아가 우리 몸에 들어와 우리 생명을 지켜 주는 파수꾼의 역할도 수행하게 될 것이다.

| 기계화의 두 얼굴 |

기계화로 이룬 생산성 향상은 더 나은 세계로 가기 위한 과정이 될 수 있다. 정착 생활을 시작한 이후 인류는 기계화를 통한 생산성의 획기적인 증대를 이루기 전까지 끊임없는 기근과 물자 부족에 시달려야 했다. 물론 지금도 세계 인구의 3분의 1이 가난과 배고픔에 시달리지만 이것은 생산력 부족에 기인한 것이 아니라 정치·경제적으로 불평등한 세상에 원인이 있다. 기계화를 통해 인류는 전 인류를 먹여 살릴 수 있는 양보다 훨씬 많은 재화를 생산할 수 있는 능력을 역사상 최초로 갖게 됐다. 인간을 생산 활동으로부터 유리시킨 기계화와 금세기 들어 더욱 가속화되고 있는 자동화는 다른 측면에서 보면 생산 활동을 위한 고된 노동으로부터 인간을 완전히 해방시키는 과정이 될 수 있다. 기계화는 궁극적으로 인간의 자유를 향한 여정에서 거쳐 가는 과정의 하나다.

도구화에 이어 도래한 기계화 시기는 인간의 생산성을 최대로 끌어올리는 단계다. 이제 누구도 굶주리거나 추위에 떨 필요가 없는 세상에서 인간은 진정으로 자유로운 사고를 추구할 수 있는 공간을 창출할 수 있다. 보통 사람은 철학과 고상한 이념만으로 살 수 없다. 왜 지금 지구상에서 서구인들이 그 많은 자유를 누리는가 생각해 보라. 단순히 민주화를 이뤘기 때문이라고 생각하면 큰 오산이다. 기본 생활을 책임지지 못하는 사회에서는 구성원들이 자유롭게 살아갈 수 없다. 기본 생활을 유지하지 못하면 필연적으로 사회의 어두운 구석으로 내몰리거나 누군가의 노예로 살아가는 길밖에 없다. 그래서 기계화를 통한 생산성 극대화는 길게 보면 인간이 자유를 쟁취하는 여정이라 할 수 있다.

그리고 특별한 계층에게만 주어졌던 자유로운 여가 시간을 향유할 수 있게 됨으로써 인간적인 삶과 인간 개개인에 내재된 잠재력을 극대화시킬 수 있게 됐다. 본격적인 기계의 사용은 의식주 생산에 거의 모든 사람들이 매달려야 하는 사회적 족쇄를 풀어 없앴다. 긴 시간에서 보면 인간의 생산 능력을 최대화시킨 기계화는 궁극적으로 인간의 자유에 기여했다. 기계는 과학기술이 인류에게 만들어 준 선물이다.

그러나 기계화의 이면엔 그늘이 자리하고 있다. 기계의 사용은 인간을 자신의 일(노동)에서 소외시키는 불길한 현상과 함께 시작됐다. 도구의 사용과 달리 기계화는 인간을 거대한 시스템에 부속된 하나의 부품으로 전락시켰다. 마르크스는 이를 '소외 Entfremdung'라고 했다. 인간은 자신의 일자리에서 생산한 부가 가치를 직접 경험하지 못하고 단순한 하나의 과정을 담당함으로써 최종 생산품으로부터 유리되기 시작했다. 이는 문명화가 총체적인 삶에서 부분적인 삶으로 전환되는 과정과 일면 흡사한 면이 있다. 그래서 기계화는 현대인의 일자리 불행이 시작된 지점이기도 하다. 기계 시대에 접어든 뒤로 인간은 더 이상 생산의 주체가 아니며 생산을 위한 보조 역할로 전락했다. 도구를 사용하는 생산 활동에서는 사용자의 의지에 따라 생산이 이뤄지지만 기계는 기계의 생산 속도에 인간이 따라가야 한다. 컨베

이어 벨트가 설치된 공장들을 보라. 노동자가 컨베이어 벨트의 속도에 맞춰 작업하지 노동자의 업무 속도에 맞춰 컨베이어 벨트가 속도를 조절하지는 않는다. 인간이 기계에 종속되는 것이다. 1인당 노동 생산성은 획기적으로 높아졌지만 동시에 인간은 생산 활동에서 자신의 존재감을 상실했다. 차갑고 음침하며 온갖 환경 파괴를 연상시키는 시커먼 연기 굴뚝으로 상징되는 기계화된 세상은 인간의 개성을 박탈하고 획일화된 가치를 강요한다.

기계화로 노동 생산성이 극대화됨으로써 인간은 빈곤으로부터 자유로워질 수 있는 힘을 갖게 됐지만, 기계가 발달하는 속도만큼 사회 변혁이 따라가지 못해 부가 극단적으로 편중돼 사회 양극화 현상이 심화됐다. 기계화로 생산성을 높인 것이 문제가 아니라 높아진 노동 생산성을 정의롭게 분배하지 못하는 데서 기인하는 문제다. 기계화가 인간의 자유를 향한 여정의 한 과정이 아니라, 기계화 자체가 목표가 되어 버려 전도된 현상의 결과다. 자유는 공짜로 주어지지 않는다. 주어진 자유를 만끽하기 위해 인간에게는 사회 안에서 스스로 자신의 삶을 책임질 의무가 주어졌다. 자신의 삶을 스스로 책임질 수 없는 사람에게 자유는 없었다. 자신의 삶을 책임진다는 것은 곧 사회 안에서 인정되는 일자리를 가진다는 말과 동의어다. 신의 손에서 인간 개인에게 넘어온 자유를 만끽하기 위해서는 자신을 책임질 수 있는 존재가 돼야 했으며, 이는 또한 인본주의의 거대한 파도를 만들어 냈다.

자동화, 인간 노동이 기계 노동으로

기계화를 통해 단순히 생산성 향상을 이루는 것에 그쳤다면 기계화는 부정적인 면만 남겼을 것이다. 하지만 기계화는 모든 생산과 유통, 그리고 이 모든 과정의 관리가 자동화되는 길로 이어졌다. 기계화가 자동화와 결합됨으로써 새로운 세상이 열렸다.

자동화는 인간의 노동 효율을 높이는 데 있어 지금까지와는 질적으로 다른 길을 의미한다. 문명 이래 지속돼 온 인간의 노동이 마침내 기계 노동으로 대체되는 것이기 때문이다. 지금까지 우리가 경험해 온 모든 활동을 기계가 대체할 수 있는 시대가 자동화 시대다. 자동화는 극단의 길을 우리에게 보여 준다. 하나는 우리 영혼을 자유롭게 하면서 동시에 우리 자신을 가장 중요한 존재로 만드는 것이고, 다른 하나는 인류를 영원히 2류 종족으로 만들어 쓸모없는 계급으로 추락시키는 것이다. 자동화가 정말로 인간을 육체적으로도, 정신적으로도 노동에서 완전히 해방시킬 것인가? 자동화 시대에 우리 일자리는 어떻게 될 것인가? 우리는 무엇을 하고 살아갈 것인가? 이 많은 물음들에 대한 답은 우리 자신에게 있다.

| 고품질 대량 생산을 가능케 한 산업 현장 자동화 |

'자동화' 하면 일반적으로 생산 현장의 공장 자동화를 떠올린다. 공장에서 수십 대의 로봇과 자동화된 생산 라인이 기계음만 내면서 작업을 수행하는, 약간은 기괴한 광경이 우리에게 익숙한 자동화 현장이다. 공장 자동화의 역사는 20세기 초반 포드의 '포드 모델 T' 생산 공정으로 거슬러 올라간다. 포드는 생산 방식에 혁신을 일으켜 저가 자동차를 대량으로 생산함으로써 개인 자동차 시대를 열었다. 생산 공정 자동화에 기계가 도입된 것은 1960년대 최초의 PLC(프로그램 가능 논리 제어 장치)가 도입되면서부터다. PLC는 컴퓨터로 제어되는 기계와 로봇을 이용해 산업 프로세스를 자동화했다. 그리고 1970년 CAD/CAM(컴퓨터 지원 설계/컴퓨터 지원 제조)과 같은 컴퓨터 기술이 제품 설계 및 제조에 이용되기 시작해 자동화의 정밀도와 효율성이 향상됐다. 그리고 1980년대 우리가 익히 알고 있는 로봇 팔이 마침내 공장 생산 라인에 모습을 드러냈다. 이후 사물 인터넷IoT 및 인더스트리 4.0의 등장으로 센서와 전체 생산 공정에서의 작업 연결성 등이 고도로 통합되면서 자동화율이 더욱 향상됐다.

공장 자동화는 지시된 업무를 인간 대신 기계가 수행하는 것이다.

하루 생산량이나 업무 시간 조정 등과 같은 판단은 인간이 하고 그에 따라 업무를 지시하면 기계가 지시에 맞춰 노동하는 것이다. 1인당 생산성은 비약적으로 높아졌으나 중요한 판단을 요하는 업무는 여전히 인간의 몫이었다.

자동화의 부정적인 면은 1980년대에 들어서면서 산업 현장에 나타나기 시작했다. 생산성이 높아지자 동료의 일자리가 없어지고 그나마 남아 있는 노동자의 임금도 생산 증가율을 따라가지 못했다. 전체 부가 가치를 생산하는 능력은 커졌으나 그 부가 가치를 정당하게 분배하는 데는 실패한 것이다. 여러 요인이 작용했겠지만 공장에 더 이상 고도의 숙련도를 갖춘 노동자가 필요하지 않고 단순 작업을 하는 노동자가 필요해지면서 노동의 수요보다 공급이 앞서게 된 것이 주요인이었다. 자연스럽게 노동조합의 교섭력도 떨어졌다. 거기에, 이전까지 산업 현장에서 암묵적으로 지켜지던 이익 배분 방식이 기형적으로 변한 것도 한 원인이다. 이전까지는 노동자와 경영자, 주주가 비교적 합리적 수준에 따라 이익을 서로 나눠 가졌으나, 신경제주의자들의 입김에 의해 주주우선주의가 공고해짐에 따라 노동자 임금은 오히려 줄고 주주와 경영자의 몫만 크게 늘어난 것이다. 흔히 말하는 '낙수 효과trickle-down effect'를 내세운 네오콘neocon(미국 공화당 중심의 신보수주의)들의 경제 논리가 세계적으로 붐을 타면서 보편적으로 일어난 현상이다. 프랑스 경제학자 토마 피케티Thomas Piketty는 저서 『21세기 자본Le Capital au xxie siècle』(2013)에서 지대 이윤이 임금 증가율을 앞지르게 됨으로써 부가 편중되고 양극화가 심화된 현상을 데이터에 근거해 명확하게 지적했다. 자동화율이 높아지고 자동화 수준이 높아질수록 이런 현상은 심화된다. 지금도 여전히 진행 중이며 전통적인 의미의 일자리는 위협받고 있다. 1980년 이후 산업 현장의 생산성은 높아지고 물질적 풍요는 커졌지만 우리 일자리는 좋아지기는커녕 오히려 열악해지는 데는 이런 이유가 도사리고 있다.

하지만 그럼에도 불구하고 산업 현장 자동화를 통해 효율성, 생산성 및 품질 관리 능력을 향상시켜 고품질의 상품을 대량 생산할 수 있는 길이 열렸다.

| 컴퓨터에 의존하게 만든 사무 자동화 |

1970년대 사무실에 기술을 응용한 다양한 기계들이 들어오기 시작하면서 사무 업무 영역의 일부분이 기계로 전환됐다. 이전까지 오로지 인간만이 수행할 수 있었던 업무들을 기계가 수행하게 된 것이다. 20세기 초 사무 자동화 기기라고 명명된 기기들은 타자기, 복사기, 팩스, 계산기 등이었다. 지금 보면 팩스가 뭐 그리 획기적이었을까 싶지만, 팩스가 처음 나왔을 때 수출입에 종사하던 사람들은 새 세상이 열린 듯 그 효용을 실감했다. 당시에는 해외 무역상같이 멀리 떨어진 상대방에게 새로운 제품에 대해 무언가를 기술해서 전달하는 것은 보통 어려운 일이 아니었다. 예를 들어 간단한 머리핀을 새로 디자인했다고 가정해 보자. 그 머리핀의 모양을 상대방에게, 그것도 생소한 외국어로 설명하는 것은 생각보다 훨씬 힘든 일이다. 팩스는 그런 난해한 문제를 한방에 해결했다. 복사기 또한 마찬가지였다. 회사에서는 회의가 중요한 업무 중 하나다. 회의를 위해서는 회의 참석자들이 열람할 자료를 준비하는 것이 필수인데, 복사기가 발명되기 전에는 같은 자료를 여러 세트 만드는 것이 여간 힘든 일이 아니었다. 타자기에 먹지를 대고 치는 방법을 통해 2~3부를 만들거나 그 이상의 부수는 오프셋이나 등사 같은 방법을 사용해야만 했다. 복사기 덕분에 똑같은 문건을 아무 제약 없이 필요한 만큼 얼마든지, 게다가 깨끗하고 선명하게 만들 수 있었다. 비서나 총무 부서 업무의 50퍼센트 이상이 절감됐을 것이다. 이처럼 지금 기준으로 봐서는 큰 편의성이 없어 보이는 기기들이 해내는 업무들도 그 기기가 도입되기 전에는 인간의 노동을 반드시 거쳐야 하던 일들이었다. 이런 업무들이 자동화됨에 따라 사무실에서 하는 업무가 변했다. 타자기와 복사기가 나오기 전에 사무실마다 글씨를 반듯하게 잘 쓰는 사람들이 각광받았던 것은 사람들이 예술적 감각을 원해서가 결코 아니었다.

1950년대 들어서 사무실에 컴퓨터가 도입되면서 전혀 새로운 업무 형태들이 나타났다. 초기 컴퓨터는 메인프레임 컴퓨터로, 개인 용도가 아닌 대규모 과학 연구나 정부 프로젝트에 사용됐다. 1970년대가 되자 PC(개인용 컴퓨터)가 보급되면서 문서 작성이나 데이터 관리 같은 다양한 분야의 업무에 적용됐다. 하지만 컴퓨터와 인간을 매개하는 인터페이스는 일반 사람들이 사용하기에는 여전히 어려웠고 초기 하드웨어도 많은 한계가 있었다. 이에 착안한 빌 게이츠가 마이크로소프트를 설립해 MS-DOS라는 운영 체제를 출시했고, 스티브 잡스가 이끄는 애플과 경쟁하면서 PC 시대가 활짝 열렸다. 사무 자동화 시대에 본격적으로 접어든 것이다.

마이크로소프트는 당시 컴퓨터업계의 공룡인 IBM의 소프트웨어 일괄 구매 제의를 거절하고 PC 1대당 운영 체제에 대한 사용권 계약을 함으로써 세계 소프트웨어산업의 새 장을 열었다. 소프트웨어산업은 사용자가 프로그램을 사용하는 데 따르는 비용을 주 수입원으로 하는 사업으로 제조업과 근본적으로 성격이 다르다. 생산에 필요한 비용이 거의 제로여서 투자된 개발비만 넘어서면 황금 알을 낳는 사업이 된다. 지금도 마이크로소프트가 많은 비난을 받으면서도 지적 재산권에 대해 집착하는 것이 일면 수긍되는 면이 있는 것도 이 때문일 것이다. 실제 마이크로소프트가 출자한 게이츠 재단 Bill & Melinda Gates Foundation 은 코로나19 팬데믹이 극성을 떨치던 2021년 옥스퍼드 대학 제너 연구소에서 백신 제조 방법을 무상으로 공개한다고 발표했을 때 압력을 행사해 무산시키기도 했다. 마이크로소프트의 성공은 이후 무형의 저작권과 특허권이 대기업의 주요 자산으로서 투자 대상이 되는 계기가 됐다. 무어의 법칙(반도체 집적회로의 성능이 24개월마다 2배로 증가한다는 법칙)을 기반으로 한 하드웨어의 성능 향상과 소프트웨어의 발달로 인간의 노동은 컴퓨터에 의존하게 됐다.

1980년대에는 컴퓨터들이 서로 통신하고 데이터를 공유할 수 있게 해 주는 네트워킹 기술이 발전하기 시작했다. 이에 따라 1990년대에 들어서자 PC들이 인터넷에 연결됐다. 현대인은 통신 네트워크를 떠나서는 한시도 살아갈 수 없는 존재가 돼 가는데 그 역사는 기껏 많이 잡아도 30년밖에 되지 않는다. 네트워크 연결은 PC 사용과는 차원이 다르다. 세계가 네트워크로 연결되기 전까지는 한국 같은 나라에서 오퍼상은 나름 괜찮은 직업이었다. 오퍼상은 오프라인상의 관계에서 취득한 정보를 활용해 무역 중개업을 하는 것을 말한다. 인터넷으로 세계가 연결되기 전에는 수출입을 하고자 하는 사람이 기존 오프라인 망을 통해 가지고 있던 정보와 신뢰도만을 가지고도 중개업을 할 수 있었다. 외국을 오가는 비용도 비쌌을 뿐만 아니라 외국에 나간다 한들 자신이 원하는 공급자나 구매자를 만나기도 어려웠기 때문이다. 하지만 모든 회사들이 자사 정보를 인터넷에 공개하는 지금은 오퍼상은 더 이상 좋은 일자리가 아니다. 네트워크로 연결된 것은 비단 사외 정보를 취득하고 활용하는 데 그치지 않는다. 사내 모든 정보를 클라우드를 통해 공유할 수 있고, 이제 세계 어느 곳에 있는 사무실에서 근무하듯이 결재할 수도 있다. 팬데믹 시대 많은 회사원들이 재택근무를 할 수 있었던 것도 모두 네트워크가 있어 가능한 일이었다.

기술의 발달로 기업들은 반복적인 작업을 자동화하고 생산성을 향상시켜 작업자가 보다 복잡하고 창의적인 작업에 집중할 수 있도록 지원해 왔다. 그런데 오늘날 사무 자동화는 AI나 기계 학습 및 사물인터넷과 같은 새로운 기술의 도입으로 계속 진화하고 있다. 이제 그동안 인간들이 해 왔던 창의적인 일들마저 AI가 수행하는 세상이 열

클라우드 컴퓨팅 모식도

리면서 미래의 우리 일자리는 더 이상 지금과 같은 모습으로 있기는 힘들게 됐다.

| 사유의 자동화도 가능해질까? |

그렇다면 기계가 인간 대신 맡음으로써 자동화할 수 있는 일의 범위는 어디까지일까? 생각하는 것마저 대신 해 주는, 즉 '사유의 자동화'도 가능할까? 이미 우리는 구글에서 뭔가를 검색하거나 온라인

쇼핑몰에서 물건을 구매할 때, 또는 유튜브나 넷플릭스에서 시청할 영상을 고를 때 '알고리즘'에 의한 추천을 받고 있다. 이는 기존의 검색 패턴이나 사용 패턴을 수집해 데이터화한 빅데이터가 반영된 결과다. 그런데 AI가 중심이 되어 이끌 자동화는 이와는 다르다. 구글에서 검색하는 것과 챗GPT와 대화하는 것이 다르듯이, 지금까지 컴퓨터가 사무 업무를 보조해 주거나 알고리즘이 콘텐츠를 대신 추천해 주는 것과는 차원이 다른 일을 AI가 할 수 있기 때문이다.

사실 '사유의 자동화'라는 표현은 많은 논쟁을 내포하고 있다. 여기에는 단순한 계산이나 검색을 뛰어넘는 의식과 같은 활동이 포함된다. 현대 뇌과학의 가장 큰 난제가 의식 문제다. 의식은 수면에서 무언가가 부상하듯이 어느 순간 갑자기 나타난다. 뇌세포는 살아 있어도 의식은 없을 수 있다. 뇌세포가 생물학적으로는 살아 있지만 의식은 없는 상태가 바로 뇌사 상태다. 여전히 의식은 미지의 영역으로 인류 최대의 수수께끼다. 우리는 인간만이 의식을 가지고 창의성을 발휘할 수 있다고 생각해 왔다. 하지만 AI의 급속한 발전은 이에 대해 우리에게 반문하고 있다. '오로지 인간만이 의식을 가지고 창의성을 발휘하는 존재라고 정의할 수 있는가?' 지금까지 인류가 만들어 온 생각하는 기계들은 모두 의식 없이 인간이 내리는 명령을 수동적으로 수행했다. 하지만 딥 러닝 deep learning 방식으로 사고 능력을 배양하는 AI는 다르다. 딥 러닝은 몇몇 원칙만 정해 주면 거기에 따라 시행착오를 거치면서 스스로 진화하는 학습 방식을 말한다. 인간의 학습 방식과 크게 다르지 않다.

AI 시대 교육 방법에 대한 논의가 뜨겁다. AI가 우리 생활에 들어오기 전에 논의되고 고민했어야 할 문제지만 지금이라도 논의의 중심이 된 것은 다행스러운 일이다. AI 시대 교육의 본질은 더 이상 지식을 습득하고 암기하는 능력이 아니다. 핵심은 질문을 잘하는 것이다. 똑똑한 하인을 잘 다스리고 활용하기 위해 필요한 것은 주인의 문제의식이다. 문제를 잘 만들어 똑똑한 하인인 AI가 해결하게 하면 된다. 지금이라도 챗GPT의 홈페이지인 chat.openai.com에 들어가서 몇 가지 질문을 해 보라. 자신이 알고자 하는 답을 정확히 얻기 위해서는 질문이 얼마나 중요한가를 깨닫게 될 것이다. 질문이 명확하고 논리적일수록 답의 질도 올라간다. 좋은 질문을 할 수 있는 능력이야말로 미래 사회의 우리에게 필요한 능력이다.

내가 대학에 재학할 당시 한 선배로부터 들은 재미있는 이야기가 있다. 유명한 사학과 교수의 수업을 수강하면 중간고사나 기말고사 시험 문제를 사전에 알 수 있다는 것이었다. 수험생에게 문제를 사전에 알 수 있다는 것보다 중요한 것이 뭐가 있겠는가? 그 교수는 더이상 강의를 하지 않아 그 사실을 직접 확인하지는 못했지만, 들려오는 이야기에 의하면 문제는 "자문자답하시오"였다. 특정 역사적 시기만 정해 주고 질문을 직접 하고 답을 쓰라는 것이었다. 만약 조선 초기 정권 교체기로 시기를 정해 줬다면 어땠을까? '조선 초기를 관통하는 핵심 문제가 무엇이었으며, 그 모순을 해결하기 위해 어떤 사상적 토대를 갖추고 방법론을 찾았는가?' 이런 의문을 가지지 못하면 최고의 문제와 답안을 작성할 수 없을 것이다. "자문자답하시오"라는 문제에서는 핵심을 모르면, 또 안다 한들 그것을 끄집어낼 수 있는 질문을 하지 못하면 좋은 점수를 받지 못할 것이다.

스위스는 전 세계 최고 부자들이나 권력자들이 자식을 교육받게 하려는 나라로 가장 선호된다. 북한 지도자의 자식들도 대대로 스위스에서 수학해 한때 우리나라에서도 화제가 된 적이 있었다. 챗GPT가 공개되고 얼마 되지 않아 예일이나 하버드와 같은 미국 명문 대학에서 6000명 이상의 교수들이 GPT 탐지 프로그램을 이용해 학생들의 답을 확인하겠다고 했다. 그러자 스위스 장크트갈렌에 위치한 사립 교육기관인 로젠베르크 국제학교 Institut auf dem Rosenberg에서 학교 혁신을 총괄하는 아니타 가데만 Anita Gademann은 예일이나 하버드에서 하는 행동을 "검열과 금지의 집단 히스테리"라고 지적했다. 가데만에 따르면 로젠베르크 국제학교에서는 학생들에게 AI를 적극적으로 활용하도록 권장한다. 학생들은 AI를 현명하게 사용하는 방법을 배우고 그와 관련된 윤리적 문제도 탐구한다. 이런 교육이 원활하게 이뤄지기 위해서는 그에 맞는 교육 환경이 필요하다. 로젠베르크 국제학교의 학생과 교원 비율은 2대 1 정도다. 물론 지금 세계의 모든 학교가 로젠베르크 국제학교와 같은 환경을 갖출 수는 없다. 하지만 생산 및 에너지 비용이 거의 제로에 수렴하는 세상이 되면 우리 의지에 따라 얼마든지 실현 가능하다. AI가 우리 삶 곳곳에 깊숙이 들어온 10년 후가 됐을 때 누가 더 지혜롭게 잘살 수 있을지는 자명하다. 로젠베르크 국제학교는 한 해 학비만 16만 2500달러(한화 약 2억 650만 원)로 세계에서 가장 비싼 학교로 추정된다.

베이비 붐 세대의 시대가 저물고 있다. 베이비 붐 세대는 2차 세계대전 이후 평화로운 시기에 태어나 경제 성장의 과실이 비교적 정의롭게 골고루 분배되던 좋은 시기를 살았다. 인류 최초로 개인 이동의 자유를 상징하는 차도 한 대씩 가지게 됐고, 몇몇 선진국에서는 배고픔이 까마득한 기억 저편으로 사라져 더 이상 굶어 죽는 사람이 없는 세상이라고 착각할 만큼 풍요도 누리고 살았다. 또한 눈부신 과학기술 발전 덕분에 나만의 공간인 독립적인 집을 소유하고 그 공간을 각종 전자제품들로 채울 수 있었다. 확실히 베이비 붐 세대와 그부모 세대들은 서로를 비교하면서 이렇게 잘살게 됐다고 할 수 있는 세대였다. 하지만 그 대가 또한 엄청 났다. 인류 전체를 멸망으로 몰아넣을 수 있는 수준의 이산화탄소 배출, 지구 문명을 몇십 번이고 없앨 수 있는 핵무기 보유, 금과옥조처럼 여기는 대의민주주의 체제에 대한 불신, 경제적·사상적 양극화 등이 하루하루 우리를 압박하고 있다. 이제 우리는 자식들에게 "어떻게 하면 이 사회에서 남들보다 잘살 수 있을까"를 더 이상 묻지 말아야 한다. AI 시대에 잘못된 질문이다. 이제는 "어떻게 하면 지구라는 행성과 더불어 내가 행복하게 살아갈 수 있을까?" "앞으로 우리가 더 의미 있는 삶을 살려면 어떤 문명이 돼야 할까?"와 같은 질문을 하도록 해야 한다. 기계가 모든 인간의 노동을 대신해 줄 수 있는 세상에서 중요한 것은 지금 우리에게 중요한 것과는 질적으로 다르다. 핵심 역량은 '질문하는 능력'과 '세상을 바로 보는 눈'이다.

우리는 다시 인간과 사회의 관계에 대해 깊이 생각해야 할 순간에

와 있다. 우리의 바람대로 우주로 뻗어 가는 성공한 종족으로 살아가게 될지, 아니면 탐욕에 갇혀 더 이상 앞으로 나아가지 못하고 지극히 짧은 시간 동안 우주의 티끌 같은 공간을 살다 간 아둔한 종족이 될지가 향후 몇십 년, 아니 어쩌면 10년 정도도 되지 않는 짧은 시간에 달려 있는지도 모른다.

▎세상에 대한 눈을 뜨게 만든 과학기술의 힘 ▎

도구를 만들어 사용하기 시작해서 기계를 발달시키고 자동화를 이룬 과정은 모두 과학기술이 바탕이었다. 인간의 삶을 불가역적으로 변화시키는 것은 과학기술의 힘이다.

과학은 관찰로부터 시작된다. 관찰과 추측(이론), 검증의 세 단계를 걸쳐 확인된 사실 위에 지식 체계를 쌓아 올리는 것이 과학이라 할 수 있다. 고대에도 여러 문명에서 별을 관찰해 절기를 알아내고 그 지식을 농업에 활용했으며, 이후로도 간간이 과학적 발견이 이뤄지거나 과학적 사고를 가진 뛰어난 사람들이 나타나곤 했다. 하지만 우리가 알고 있는 과학적 방법을 통한 실험을 거쳐 사실을 증명하는 것은 14~16세기 르네상스 시기부터다. 과학적 지식을 발견하고 공유하며 검증의 절차를 거쳐 그 토대 위에 새로운 과학을 쌓을 수 있는 생태계를 구축한 사회만이 지속적으로 과학을 발전시킬 수 있다.

르네상스 시기에도 최초 관찰은 하늘을 통해서였다. 갈릴레이 갈

릴레오는 직접 고안한 망원경으로 하늘을 관찰해 지구가 움직인다는 사실을 알아냈다. 에드먼드 핼리는 혜성의 운동을 관측해 그 주기를 정확하게 예측했다. 이런 일련의 역사 전개는 근대 과학의 출발이 천문학에서 시작됐음을 보여 준다. 천문학과 함께 인류의 가장 오래된 직업 중 하나인 의학 분야도 관찰(해부)과 추측을 통해 과학적 발전을 이뤘다. 레오나르도 다빈치와 안드레아스 베살리우스는 해부학을 통해 인체를 연구했으며, 윌리엄 하비는 혈액이 심장 박동을 원동력으로 하여 순환한다는 사실을 논리적으로 생각해 냈다.

관찰을 통해 근대 과학의 토대를 놓은 것과 별개로 르네상스는 인간의 사고 토대를 구축해 과학 발전에 기여했다. 과학적 사고의 가장 중요한 공헌은 인간의 사고를 신으로부터 해방시킨 것이다. 천문학에서 시작된 과학은 존 레이와 프랜시스 윌러비를 거쳐 칼 폰 린네로 이어지는 생물학의 과학적 접근을 가능하게 했으며, 이는 라마르크의 진화 개념으로 발전하고 인류의 사고를 근본적으로 바꾼 다윈의 진화론 출현을 이끌었다. 지구과학 분야에서는 뷔퐁의 자연사와 지구 나이 연구, 조제프 푸리에의 온실 효과 발견을 가능하게 했다. 천문학은 물리학의 기본이 되고 물리학은 화학으로 연결됐다. 빛과 전기에 대한 연구는 인류의 과학 발전 수준을 급격히 끌어올렸고 원자와 분자에 대한 연구로 이어졌다. 특히 빛에 대한 연구는 아인슈타인의 상대성 원리를 견인하고 인류에게 시공간을 이해하는 관점을 제공했다. 19세기가 가기 전 인류는 판 구조론과 빙하기를 이해하게 됐다. 그리고 이어진 현대 과학은 내적으로 양자역학 이론을 얻게 되고 생명 영역에서는 유전자를 알게 되어 인류가 지구상의 다른 생물과 전혀 다를 바 없는 존재임을 다시 한 번 확인했다. 별을 관찰하면서 시작된 근대 과학은 현대 과학이 만든 최고 이론 중 하나인 일반 상대성 이론과 양자역학을 통해 우주의 본질에 더욱 접근했다.

과학 덕분에 우리는 무지로부터 벗어나 세상을 바로 보는 눈을 갖게 됐다. 과학으로 인해 인간은 겸허해지면서도 동시에 자신감을 가져도 되는 존재가 됐다. 천문학에서 시작해 물리학, 생물학, 지구과학으로 이어지는 과학은 우리가 사는 세상은 물론 우리 자신을 알아가는 거대한 여정이다. 과학이 지금까지 이룬 업적도 눈부시지만 앞으로 발전 속도는 더욱 빨라질 것이다. 흔히 과학기술을 예측할 때 인간은 선형적 사고를 하기 때문에 미래에 다가올 현실보다 훨씬 보수적으로 예견한다. 영국 과학자 존 돌턴이 태어난 18세기 후반에는 '과학자'로 불릴 수 있는 사람이 서구에 300명이 넘지 않았을 것이다. 1800년 무렵에는 약 1천 명 정도였고, 1844년에는 약 1만 명 정도의 과학자가 있었다. 19세기 동안 과학자 수는 어림잡아 15년마다 2배로 늘어나 1900년 무렵에는 약 10만 명 정도가 됐다. 유럽 인구가 1750~1850년에 1억 명에서 2억 명으로 불었으니 인구가 2배로 늘어날 때 과학자 수는 100배 이상 크게 는 셈이다.[15] 현재 전 세계 과학자 수를 정확하게 파악하기 어렵지만 2021년 유네스코 보고서에 의하면 2018년 세계적으로 약 1억 명이 연구원이나 과학자, 공학자로 활동하고 있으며 이 수는 계속 증가하고 있다.

경제학자 앵거스 매디슨 Angus Maddison 의 연구에 따르면, 기원전

1000년경 세계에서 가장 부유한 지역은 고도의 농업 기술과 인구 증가, 도시화가 진행된 이집트였다. 기원전 4세기 아테네를 비롯한 고대 그리스 도시국가의 소득 수준이 3~4달러까지 올라가기도 했지만 서기 175년 로마 제국의 소득 수준은 하루 2달러 내외였다. 산업화 이전 농민들의 평균 소득은 대개 1인당 하루 1.6~2.2달러 정도였다. 이처럼 산업혁명 이전 인류의 소득은 거의 1만 년 이상 크게 변동이 없었다. 이 정도 소득이라면 거의 대부분 사람들의 주 관심사는 의식주 문제의 해결이었을 것이다. 이런 경제 상황하에서 모든 인간의 자유를 논하는 것은 무의미했을 것이다. 사회적 압력에 의한 자유의 억압보다도 생존을 위한 활동을 우선적으로 해야 하는 상황에서 인간의 자유의지는 제약받을 수밖에 없다. 2020년 세계 인구의 평균 GDP(국내 총생산)은 약 1만 261달러로, 산업혁명이 시작된 지 불과 300년이 되지 않아 인류는 사실상 빈곤에서 탈출했다. 모두 과학기술의 덕분이다. 과학기술은 우리 인류가 진정한 자유를 찾아가는 데 중요한 도구이며 수단이다.

하지만 과학기술이 가져다준 풍요와 힘은 동시에 인류 문명을 완전하게 파괴할 수 있는 힘이기도 하다. 인본주의 덕분에 인간은 신으로부터 해방되면서 합리성을 추구할 수 있게 됐다. 동시에 인간은 점점 더 자기중심적인 사고를 하게 됨으로써 체면과 공동체 의식을 상실해 갔다. 그리고 무엇보다 자연을 정복 대상으로 상정함으로써 인간이 살아가야 할 환경을 무자비하게 파괴했다. 정치적으로, 경제적으로 양극화 현상이 심화되는 것은 어느 한 나라의 문제가 아니라 세계적인 현상이다. 자기중심적 사고와 인간이 통제할 수 있는 힘의 크기가 기하급수적으로 커지는 현실은 현재 인류의 가장 큰 도전이자 인류 지속성에 대한 실험의 장이다.

'테크노 마르크스주의자'라 불리는 챗GPT 창업자 샘 올트먼 Sam Altman 은 "AGI는 스스로 일해서 수익을 발생시킬 텐데 이를 어떻게 분배해야 할지가 관건일 것"이라면서 "AI를 누가 통제할 수 있으며, 이를 소유한 회사는 어떤 지배 구조로 구성돼야 하는지 등 새로운 생각이 필요하다."고 지적했다.[16] 여기서 AGI는 인간의 지시 없이도 스스로 학습과 훈련이 가능한 AI를 말한다. AI가 인간을 대신해 스스로 수익을 창출하는 세상이 오면 시장경제의 근간인 사유 재산에 대한 권리를 더 이상 주장하기 힘들 것이라는 메시지다. 하지만 상당 기간 동안 사유 재산은 당연히 존중받을 것이다. 사유 재산은 개인의 자유를 보장하는 심리적 근간이기 때문이다. 다만 앞으로 세상에서 생산될 부에 대한 배타적인 소유권은 더 이상 독점적으로 주장하기 힘들 것이다. 이미 세계적으로 논의가 시작된 기본소득은 어쩌면 우리 인류가 가는 여정에서 거쳐야 할 당연한 과정인지도 모른다.

도구화, 기계화를 거쳐 자동화를 향해 가고 있는 과정에 수많은 일자리 변화가 있었고 지금도 변해 가고 있지만, 이런 일련의 과정들은 결국 인간을 진정으로 노동에서 해방시키는 것을 지향하고 있다. 과학기술이 발달하고 특이점을 지나면서 일자리는 불가역적으로 변화해 왔다. 때때로 암울하고 비인간적인 환경에 처하기도 했지만 역사는 긴 안목으로 볼 필요가 있다. 도구화, 기계화, 자동화의 종착지는 궁극적으로 인간 자유의 완성이며, 당연히 우리 일자리의 본질은 인간의 자유 추구와 창의적인 사고를 내포하고 있다. 인간이 노동에서 해방된 세상이 모두에게 유토피아가 될지, 아니면 극소수만 행복하고 대다수가 불행한 지옥이 될지는 우리 선택의 몫이다.

5장

네트워크로 연결된 사회

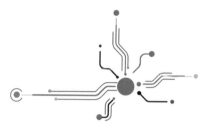

인간은 사회적 연계망을 구축하고 또 끊임없이 그 범위를 넓혀 왔다. 최초의 사회망은 가족이었다. 가족의 범위는 자연스럽게 씨족으로 확대됐고, 몇몇 씨족이 합쳐 부족을 이뤘다. 그리고 거대한 도시를 만들면서 국가 수준으로까지 범위가 커졌다. 사회 관계망이 커지는 것과는 별개로 개인의 사회망도 여전히 다양하게 구성된다. 하지만 사회적 네트워크가 커진다는 것은 자신이 구성할 수 있는 사회적 네트워크의 범위가 확대된다는 것이지 자신이 속한 네트워크의 크기가 커지는 것은 아니다. 1장에서 보았듯이 인간 뇌에는 한계가 있어 '던바의 수'로 알려진 150명 내외의 사람들까지만 진정한 의미의 관계를 유지할 수 있기 때문이다. 전통사회에서 사회 관계망은 주로 씨족이나 지연 중심의 사회적 네트워크였다. 자신이 속한 사회적 네트워크에 따라 자신의 신분이 결정되고 일자리도 그에 따라 정해졌다.

사회적 정보가 유통되는 통신망

사회적 네트워크는 우리 몸의 신경계 및 혈관과 유사한 구조로 만들어졌다. 신경망은 우리의 정보가 흘러가는 통신망과 유사하고 혈관은 교통·물류망과 비슷하다. 하는 작용 또한 비슷하다. 몸은 신경계를 통해 들어오는 정보를 뇌로 보내 분석하고 인지함으로써 우리가 감정을 느끼거나 행동이 필요할 때 반응하는 판단 근거로 활용한다. 우리는 사회적 정보의 유통망, 즉 통신망을 통해 새로운 사실을 알게 되고 사람들과 교류하며 공감하고 자신의 행동을 결정하는 근거로 삼는다.

| 전통적인 사회적 통신망 |

정보를 유통하는 가장 원초적인 방법은 서로 바라보면서 대화하는 것이다. 대면을 통해 상대방의 표정과 분위기를 직접 느끼고 보면서 대화함으로써 서로 소통한다. 가장 원시적이지만 여전히 우리가 신뢰할 만한 정보를 가장 많이 취득하는 원천이다. 대면을 통한 소통은 원초적으로 모든 동물이 행하는 방식이다. 구술을 통해 직접적으로 정보를 전달한 대표적인 이야기로 마라톤 전투의 병사 이야기가 있다. 페르시아의 첫 그리스 침공이 있었던 기원전 490년 마라톤 평원에서 벌어진 페르시아군과의 전투에서 아테네군이 승리했음을 알리기 위해 전령 페이디피데스는 마라톤에서 아테네까지 42.195킬로미터를 쉬지 않고 달려왔다. 마침내 승전보를 알린 그는 그대로 쓰러져 사망했다. 오늘날의 마라톤은 이 병사를 기리기 위해 만들어진 육상 종목이다.

사람이 사용하는 언어는 다른 동물들의 언어와 차별화된다. 인간의 언어는 다른 동물들의 언어에 비해 훨씬 고도화돼 있어 더 세밀하고 복잡한 감정과 지식을 공유할 수 있다. 감정을 표현하는 시를 창작하고 공감할 수 있는 능력을 가진 동물은 인간이 유일하다. 하지만 대면 소통 방식으로 쓰이는 말에는 한계가 있다. 그 시간 그 자리를 벗어나면 모두 허공으로 사라져 버리기 때문이다. 신화나 전설처럼 구전을 통해 넓은 지역으로 전해지기도 하지만 극히 한정적이며, 모두가 공감하는 몇몇 이야기를 제외하면 말은 시간과 장소의 한계를 벗어날 수 없다.

국가 성립 초기 국가 경영을 위한 필요성에 의해 발명된 문자는 그 효용의 범위를 넓혀 다양한 정보를 전달하는 도구로 이용됐다. 문자 덕분에 인류는 대면을 통한 정보 전달 방식의 한계를 벗어나 시공간을 뛰어넘어 정확한 감정과 정보를 소통할 수 있게 됐다. 전달하고자 하는 내용은 교통과 통신 수단을 통해 원하는 지점까지 도달할 수 있게 됐고, 기록된 내용은 후대에도 전해졌다.

통신 수단이 발달하기 전까지 문서를 전달하는 일은 국가 경영에 중요한 일이었으며 그에 따라 다양한 시스템들이 구축됐다. 가장 광범위하고 신속한 체계는 몽골 제국 황제 칭기즈 칸이 서정을 시작하면서 구축한 역참 제도였다. 이는 몽골 유목민의 전통적인 통신 방법을 군사 목적으로 제도화한 것으로, 요지마다 역참을 설치해 숙박 시설을 운영하고 말과 사람을 항시 배치해 뒀다. 역참을 통해 신속한 군사 정보를 취합하고 명령을 하달했으며 동시에 정복 과정에서 수

13~14세기 몽골 제국의 역참 네트워크

확한 전리품과 보급품도 운반했다. 이후 쿠빌라이가 정비한 원나라의 역참 제도는 명나라, 청나라 때까지 중국의 가장 중요한 국가 통신·교통·물류 시스템 역할을 담당했다. 주변 칸국과 속국들의 역참을 제외하고 원나라 내에 세워진 역참만 1400여 개소에 이르렀다. 문서를 직접 전달하는 방식은 그 나름대로 신속함과 정확함을 가지고 있으나 말을 이용한 역참 제도를 구축하고 운영하는 데는 막대한 비용이 필요했다. 그리고 자연 지형으로 인해 우회할 수밖에 없어 비용 대비 효용이 크지 않은 곳도 군데군데 산재해 있었다. 이런 점들을 보완하기 위해 일찍부터 봉화나 수신호, 통신용 비둘기 등을 활용하는 추가적인 통신망을 구축하기도 했다.

이처럼 과학기술이 본격적으로 발달하기 전에는 전 세계 통신망이 축력과 자연 현상을 이용하는 방식으로 구축되어 운영됐다. 물리적 한계는 과학기술을 통해 극적으로 극복됐다.

| 과학기술의 발전이 가져온 실시간 소통 체계 |

통신에 기계가 사용되기 시작하면서 인간은 보이지 않는 신호 전달 체계를 이용할 수 있게 됐고, '지금' '실시간' 정보 소통 체계를 구축할 수 있었다. 벨의 전화 발명으로 촉발된 통신망의 기계화는 단기간에 세계를 하나로 묶었다. 1876년 전화가 발명된 이후 약 50년 만에 전 세계에 전화가 설치됐다. 인간이 문자를 발명한 뒤로 전통적인 사회적 통신망을 구축해 사용한 시간이 기원전 약 4000년부터 전화 발명 전까지 약 6000년인 것을 생각해 보면 가히 급격한 확산 속도다.

기계를 이용한 통신은 이후 더 빠르고 더 고도화됐다. 19세기 후반에 데이터 통신의 시발점이라 할 수 있는 텔렉스와 팩스가 발명돼 사용되기 시작했다. 하지만 인터넷이 나오기 전까지 이런 모든 망은 사용하는 데 비용이 많이 들어 개인이 자유롭게 접근하는 것이 불가능했다. 텔렉스나 팩스는 개인이 소유하고 사용할 수 있는 기기는 아니었으며, 개인 집에 들어간 전화도 한동안 전화비 부담 때문에 편하게 쓰기가 힘들었다. 또 초창기에는 전화의 보급도 일부 가정으로 한정돼 있었다. 우리나라에서도 상경한 자식으로부터 전화가 오면 시골 이장이 마을 방송을 통해 수신자를 호명하며 전화 받으러 오라고 한 것이 불과 몇십 년 전 일이다. 유선망을 이용한 통신 체계는 비용을 절감하는 데 한계가 있었다. 무엇보다 속도를 높이거나 통화 품질을 높이는 데 기술적 한계가 있었고, 새로운 기술을 적용한 통신망을 구축하려고 해도 새로운 유선망을 먼저 구축해야 하는데 여기에 드는 비용이 절대적으로 높았다. 전국에 전신주를 새롭게 설치하고 거기에 소요되는 통신선을 모두 부설한다고 생각해 보면 그 비용과 시간이 얼마나 큰 장애가 될지 쉽게 상상이 갈 것이다.

이런 문제는 마침내 무선 전화가 등장하면서 일거에 해소됐다. 1983년 미국 모토롤라가 최초로 상용 무선 전화 서비스를 시작한 이후, 무선 전화는 유선 전화를 뛰어넘는 발전 속도를 보였다. 유선 전화 상용화 서비스가 1900년대 시작된 이래 유선 전화 가입자 수가 1억 명에 도달하는 데는 약 60년이 걸렸으나, 무선 전화는 1983년에 상용화 서비스가 시작한 이래 약 16년 만인 1999년 가입자 수 1억 명에 도달했다. 2023년 3월 기준으로 전 세계 약 67억 명이 무선 전화를 사용하고 있으며, 세계 인구 중 87퍼센트가 개인 통신 수단을 소지하고 있다.

무선 전화는 스마트폰의 등장으로 다시 한 단계 진화했다. 음성 위주의 기존 통신은 다양한 인간의 감정과 표현을 전달하는 데 한계가 있었다. 인터넷과 연결되고 다양한 콘텐츠를 실시간에 수많은 대중과 직접 소통하는 것을 가능하게 한 스마트폰의 등장은 인류 통신망에 일대 혁명을 일으켰다. 이제 인간은 아주 저렴한 비용으로 세계에 있는 어느 누구와도 소통할 수 있다. 남태평양의 어느 추장이든 아마존에 사는 원주민이든 스마트폰만 있으면 지금까지 인류 역사에서 어떤 강대한 힘을 가졌던 황제보다도 더 강력한 정보에 접근할 수 있다. 자유는 앎에서 출발한다. 무지함 속에서는 진정한 자유를 향유할 수 없다. 이제 스마트폰은 우리의 분신이다. 스마트폰의 발전은 여기에 머물지 않을 것이다. 미래에는 폰 자체가 우리 몸속으로 들어올 전망이다. 미래의 통신 수단은 자기 자신이 되는 것이다.

| 사람과 기계, 사람과 사람이 직접 연결된다 |

통신망의 발달은 비단 사람끼리만 연결해 주는 것은 아니며 사람과 기계도 연결해 준다. 사물 인터넷은 나온 지 불과 수년 만에 사람과 기계를 다양하게 연결해, 지금은 지구상에 약 500억 개 이상의 센서가 우리와 연결돼 있다. 지구 인구를 80억 명으로 추산하면 한 사람당 이미 6개 이상의 기기와 연결돼 있는 셈이다. 기계와의 연결은 우리 삶을 한층 더 안전하고 편리하게 해 주고 있다. 이제 밖에서 집 안의 냉장고를 파악하고 필요한 물건을 준비할 수 있으며, 추운 날에는 집에 들어오기 전부터 보일러를 가동시켜 집 안 온도를 따뜻하게 해 놓을 수도 있다. 내가 사용하는 기계나 공간과 항상 연결될 수 있게 된 것이다. 앞으로 더 많은 사물 인터넷이 우리 삶을 더욱 편리하게 만들어 줄 것이다.

미래 사회에 인간과 기계의 일체화로 인해 우리 삶에 큰 영향을 줄 수 있는 것이 또 하나 있다. 이제 누구나 하나쯤은 가지고 있을 이어폰이다. 이어폰은 그동안 음악 청취나 어학 공부용으로 주로 쓰였다. 음악이 대중적으로 연주되고 청취되던 시대에 소니에서 내놓은 휴대용 카세트 플레이어인 워크맨은 음악을 듣는 방식을 획기적으로 변화시켰다. 워크맨은 음악을 들을 때 이어폰으로 들어야 하기 때문에 그 이전까지 여러 사람이 함께 하던 음악 감상 활동이 완전히 개인화됐다. 이후 스마트폰의 출현으로 이 현상은 더욱 심화됐다. 이제는 스마트폰을 통해 음악은 물론이고 TV, 넷플릭스와 같은 OTT, 유튜브까지 모든 미디어를 개별적으로 즐기는 세상이 됐다. 지하철을 타고 주위를 둘러보면 십중팔구 이어폰을 낀 채 스마트폰을 보며 무언가를 듣거나 보고 있다.

유선으로 출발한 이어폰은 이제 무선이 대세가 됐지만, 여기서 멈추지 않고 우리 귓속이나 다른 몸속 어딘가로 들어가 뇌에 직접 연결돼 의사소통을 하는 도구로 발전할 전망이다. 이는 마치 텔레파시로 의사소통하는 것과 같을 것이다. 이 기술은 이미 개발 중이며 머지않아 상용화될 것이다. 이는 인간의 뇌가 사회적으로 직접 밀접하게 연결될 수 있다는 뜻이다. 입으로 말해서 그 소리를 전달하는 방식이 아니라, 머릿속으로 생각한 바가 이어폰과 같은 장치를 통해 상대방에 전달될 것이다. 뜻하는 바를 소리를 통하지 않고 은밀하게 전달할 수 있게 됨으로써, 나 이외의 존재와 훨씬 긴밀하게 연결되고 일체감을 느낄 수 있게 될 것이다.

이렇게 되면 우리는 사회를 훨씬 더 빠르게 변화시킬 수 있게 될 것이다. 왜냐하면 사회적 현실은 인간 두뇌들의 앙상블에서 나오는 집합체라고 할 수 있기 때문이다. 우리는 이를 이용해 자신의 운명을 계획하고, 심지어 인류 종의 진화에까지 영향을 미칠 수 있다. 우리가 힘을 합치기만 한다면 추상적인 개념들을 구성하고 공유하고 현실로 짜 넣어 자연적, 정치적, 사회적인 거의 모든 환경과 조화롭게 살아갈 수 있게 된다. 이에 따라 인류는 자신이 인식하는 것보다 현실에 대해 더 큰 책임을 가지게 될 것이다. 우리가 선택하고 행동할 때마다 사회적 현실이 변하기 때문이다. 우리의 모든 사고와 행동이 사회적 현상을 바꿀 수 있게 될 것이다.

온라인 SNS망이 광범위하게 사용되고 그 효용 또한 대단하지만, 오프라인 대면은 여전히 중요하다. 인간은 서로 마주 보고 감정을 느끼며 소통하고 싶어한다. 언젠가는 완전하게 무선으로 연결된 네트워크상에서 살아갈지도 모르지만 그것은 먼 미래의 이야기다. 인간의 사회적 행동에 제약을 주는 것은 매체가 가지고 있는 특성이 아니라 우리의 정신세계와 시간의 문제이기 때문이다. 인간관계는 직접적인 소통을 통해 이뤄져야 한다. 인간이 만든 사회와 문명을 발달시키고 인간관계를 지속시키는 것, 그리고 공동체를 만들어 가는 것은 단순히 메시지를 전달하고 전자 기기가 자동으로 띄워 주는 생일 축하 인사를 전달하는 것보다 훨씬 더 복잡하다. 직접적인 대화를 나누고 사교 활동에 참여하는 것은 미래에도 인류에게 가장 중요한 일 중 하나일 것이며 여기에 미래 일자리의 중요한 부분도 달려 있다. 기계가 힘든 노동을 대체하는 때가 오면 서로가 이해하고 감싸 주고 힘을 북돋아 주는 일들이 어느 때보다 중요하고 유용한 일이 될 것이기 때문이다.

르네상스는 인간을 신으로부터 해방시켰다. 인간과 가장 강한 영적, 사회적 유대감을 가지고 있던 신으로부터 풀려난 인간의 영혼은 자유를 향해 질주했다. 철학자 니체는 "신은 죽었다"는 한마디로 모든 것을 간단명료하게 표현했다. 인간의 사고를 1000년 이상 억압하던 사슬이 깨지자 인간은 놀랍도록 빠르게 자유로운 영혼이 됐다. 인간의 두뇌가 합리성으로 무장되자 세상을 보는 눈이 완전히 새로워졌다. 로마 시대 이후 거의 1000년을 답보하다시피 한 인간의 사회 관계망은 스스로가 운명을 개척하고 변화시킬 수 있다는 신념으로 무장하게 되면서 완전히 새롭게 구축됐다. 동시에 과학기술의 발달로 물리적 이동 거리의 한계도 크게 확대됐다. 이제 더 이상 자신이 태어난 지역에서 삶이 끝나지 않았다. 이 모든 사회적 관계 변화는 당연히 일자리에도 큰 영향을 미쳤다. 이제 일자리는 천부적으로 주어지는 것이 아니라 자신의 의지로 성취할 수 있는 사회적 성공의 징표가 됐다.

┃ 기존 교육 체계를 근본적으로 바꿀 챗GPT의 등장 ┃

사회적 네트워크의 발달이 꼭 긍정적인 면으로 작용한 것은 아니다. 한국 사회에 한때 '네트워킹'을 잘해야 사회생활에 성공할 수 있다는 말이 크게 회자된 적이 있다. 사회적 통신망의 발달과 별개로 인간은 사적 관계를 형성하기 위해 부단히 노력해 왔다. '이너 서클'에 들어가는 것이 어떤 수단보다도 사회적으로 성공하는 지름길이었기 때문이다.

선천적으로 부여된 신분사회에서 교육은 예로부터 유력한 네트워크에 들어가는 좋은 방법이었다. 좋은 교육을 받으면 곧 좋은 일자리를 가질 수 있었고, 동시에 좋은 동문도 갖게 됐다. 그런데 좋은 교육이란 무슨 의미일까? 전통적으로 교육이 추구했던 바는 선조들의 지혜와 경험을 배우고 인성을 터득하는 일이었을 것이다. 예부터 유명한 교육자들은 모두 성인에 가까운 덕망을 갖춘 사람들이었다. 소크라테스는 문답식 대화로 유명한 교육자였고 공자도 교육자였다. 하지만 한정된 자리를 놓고 서로 차지하려는 싸움이 격화되면서 교육 자체의 질보다 출세를 위한 네트워크 구성이 더 중요한 요소로 자리매김했다. 동문수학한 동창들의 사회적 관계가 중요한 것은 조선 시대에도 마찬가지였다. 지방에 세워진 유명한 사원은 중앙 관료로 진출하기 위한 징검다리 역할을 톡톡하게 했다. 중앙 관료가 되기 위해서는 과거 급제도 중요했지만, 유력 인사의 추천도 그에 못지않게 중요했는데, 여기에서는 유명 사원 출신들이 유리할 수밖에 없었다.

이런 현상은 현대에 들어 더욱 심해지고 있다. 마이클 샌델Michael Sandel 이나 피케티 같은 걸출한 학자들은 교육이 더 이상 사회 계층을 올라갈 수 있는 사다리 역할을 하지 못한다고 지적한다. 이는 명문대 졸업장이 이제는 사회에서 성공하기 위한 패스트트랙 티켓으로서의 효력을 상실했다는 뜻이 아니라, 기득권을 가진 사람들이 명문대를 독식하는 사회가 됐다는 뜻이다. 좋은 대학들이 기득권 세력의 기득권 재생산 수단으로 전락한 것이다. 지금 서울 강남에서 유행한다는 유명한 산후조리원 자리 잡기 싸움도 결국 유리한 네트워크 구성이 목표다. 좋은 학교에 대한 비이성적인 집착도 마찬가지다. 힘 있는 동문들을 가지게 되면 사회 진출에 유리할 뿐 아니라 진출 후에도 동문 네트워크의 도움을 받아 경쟁자보다 빨리 사다리를 오를 수 있는 기회가 주어진다.

교육의 이런 부정적인 면을 그만 끝내야 한다. 이제 교육을 바라보는 우리의 관점 자체를 바꿔야 한다. 기존 교육은 지식 위주의 교육이었다. 지식 위주의 교육은 선발 방식을 아무리 엄격하게 적용한다 해도 기득권층이 유리할 수밖에 없는 구조다. 하지만 지금 광풍이라고 표현될 만큼 세상을 뜨겁게 달구고 있는 챗GPT의 등장은 기존 교육 체계를 근본적으로 변화시킬 것이다. 2023년 벽두 그 서막이 올랐다. 지금까지 AI는 그 효용에도 불구하고 윤리 문제를 포함해 여러 걸림돌이 있었다. 그래서 거대 IT 기업들도 AI를 개발하고도 대중에게 공개하는 것에는 상당히 신중했다. 그런데 마이크로소프트의 투자를 받은 오픈AI 측이 과감하게 챗GPT를 최초로 공개했고, 출시 두 달 만에 사용자 1억 명을 넘겼다. 전화가 사용자 1억 명을 달성하는 데 75년이 걸렸고 인터넷이 7년, 페이스북이 4년 6개월, 애플 앱 스토어가 2년 2개월 걸린 것을 생각해 보면, 그야말로 전광석화 같은 속도로 달성한 셈이다. 이제 AI는 공개적인 경쟁 시장 상태에 들어섰다. 챗GPT가 공개되자 가장 뜨겁게 반응한 분야는 교육

스마트폰으로 챗GPT에 접속했을 때의 화면

계다. 챗GPT AI는 세계 최고 MBA(경영학 석사) 기관인 미국 와튼 스쿨의 MBA 과정을 B학점 이상으로 통과하고, 미국 로스쿨 졸업자도 첫해에는 20퍼센트 정도밖에 합격 못 한다는 미국 변호사 시험도 거뜬히 통과할 수 있다고 한다. 미국 의사 자격시험도 마찬가지다. 이는 지식과 경험을 묻는 시험으로 인간의 능력을 판단하는 시대가 이미 지났음을 뜻한다.

챗GPT 시대에 교육이 추구해야 할 최고의 목표는 무엇일까? 바로 질문하는 능력이다. 적절한 질문을 하는 능력이 세계 최고의 AI와 그 AI가 활용하는 모든 데이터를 활용하는 데 관건이 될 것이다. 그리고 AI가 내놓은 답을 논리적, 윤리적인 면과 같이 여러 각도에서 판단할 수 있는 능력 또한 교육이 추구해야 할 목표다. 이는 창의적 사고와 인성, 철학적 가치 체계를 갖추지 못하면 불가능한 일이다. 여전히 능력주의라는 잘못된 이데올로기에 얽매여 가치를 판단하고 그렇게 정해진 높은 순위의 자리를 차지하기 위한 투쟁의 장으로서 일자리를 본다면 미래는 어두워질 수밖에 없다. 최고 학부 졸업장이 그 사람의 인성과 능력을 나타내지 않는다는 것은 세계 최고 대학이 몰려 있는 미국에서도 쉽게 증명된다. 현대사를 이끌어 온 세계 민주주의 국가의 심장이라 할 수 있는 미국의 러시모어산에는 미국 역사에 커다란 획을 그은 대통령 4명의 두상이 조각돼 있다. 초대 대통령인 조지 워싱턴, 독립선언문을 기안한 토머스 제퍼슨, 남북 전쟁을 통해 흑인 노예를 해방한 에이브러햄 링컨, 파나마 운하 구축 등을 통해 미국을 세계 지도자 국가 반열에 올린 시어도어 루스벨트다. 이 4명 중 워싱

턴과 링컨은 대학 졸업자가 아니다. 이제 AI는 교육에 혁신을 가져와 폐쇄적인 네트워크를 통해 부당하게 사회에서 출세하는 불공정을 치유할 수 있게 될 것이다. 세상을 바꾼 위대한 철학자나 과학자의 출발점은 자신이 가지고 있는 학위가 아니라 '질문'이었다. "내가 빛의 속도로 달린다면 빛은 내게 어떻게 보일까?" 열여섯 살의 아인슈타인이 던진 이 질문이 상대성 이론으로 이어졌다.

물류 없이는 하루도
돌아가지 않는 현대 사회

통신망이 인간의 신경망처럼 정보를 소통하게 해 줌으로써 삶을 변화시켜 왔다면 교통·물류는 또 다른 면에서 큰 변화를 가져다줬다. 교통·물류는 우리 몸의 혈관과도 같이 우리가 원하는 물자와 사람의 왕래를 가능하게 해 줬다.

| 제국을 건설한 도로와 해로의 힘 |

인간의 왕래는 자연스럽게 길을 만든다. 태초에 누군가 밟고 지나간 흔적은 길이 되어 서로를 이어 줬다. 길은 확장되고 또 새롭게 만들어져 왔다. 10만 년 전 동아프리카 평원에서 출발한 선조들이 전세계로 뻗어 가면서 태초의 길들이 생겼을 것이다. 이 길들은 국가가 성립하면서 국가의 주요 자산으로 관리됐고 우리를 더욱 긴밀하게 연결해 줬다. 동양에서는 진시황이 중국을 통일한 후 수레 폭을 규격으로 전국적인 도로망을 구축했다. 서양에서는 고대 그리스가 지중해 해로를 구축했고, 로마는 돌로 포장된 아피아 가도를 통해 제국의 물류를 활성화했다. "모든 길은 로마로"는 단순한 구호가 아니라 제국을 건설한 로마의 힘이었다.

증기기관을 사용하게 된 이후에는 철도가 국가 발전의 성패를 좌우하는 요소가 됐다. 그리고 내연기관의 발명으로 포장 도로망 시대가 열렸다. 현대 국가가 산업화 정책에서 가장 중점을 두는 것도 여전히 도로망 구축이다. 최초로 내연기관 자동차 상용화에 성공한 독일이 속도 제한이 없는 고속도로 아우토반_{Autobahn}을 건설한 것은 우연이 아니다. 우리나라도 본격적인 산업화를 추진한 1970년대에 박정희 대통령이 경부고속도로를 건설해 현대화된 도로 시스템을 구축하기 시작했다. 자동차 선진국인 미국의 발전도 도로망을 빼놓고 말할 수 없다. 교통은 인간에게 이동의 자유를 실현해 준 과학기술이다. 이제 인간은 육해공 어느 영역이든 원하는 시간에 원하는 곳으로 이동할 수 있는 능력을 갖췄다.

교통은 사람의 이동만을 위한 것이 아니다. 인적 이동 못지않게 중요한 것은 물자의 이동이다. 현대 사회는 물류 없이 하루도 작동할 수 없다. 물류는 사람들에게 필요한 물자를 적시에 공급하는 것으로, 이미 고대부터 인간의 욕망을 채워 준 사회적 시스템이다.

문명이 자리 잡기 시작하면서부터 인류는 원거리 교역을 했다. 일반적으로 전 세계를 대상으로 한 무역은 대항해 시대라고 불리는 1500년대 이후 유럽 함선들에 의해 이뤄진 것으로 생각하지만 원거리 교역의 시초는 그보다 수천 년 전으로 거슬러 올라간다. 이집트에서 미라를 만들 때 부패를 방지하기 위해 쓰인 여러 물질 중에 동남아시아 지역 수목에서만 채취 가능한 수액이 사용된 것으로 보아 인류는 이때 이미 본격적인 원거리 항해를 통한 교역을 정기적으로 하고 있었음을 알 수 있다. 실크로드도 중국 한나라 때에 시작된 길이 아니라 이미 이전에 오가던 길들이 이어진 것이고, 콜럼버스가 신대륙을 발견했다고 하지만 이미 한참 전 북유럽의 바이킹들이 지금의 북아메리카 해안에 상륙한 흔적들을 어렵지 않게 찾을 수 있다.

물류는 교역뿐 아니라 전쟁터에서도 승패를 가르는 관건이었다. 대규모 인원을 이동시키고 병참을 지원하는 일은 최전선 전투 못지 않게 중요한 일이다. 한나라 유방이 초나라 항우와의 4년간에 걸친 쟁패전 끝에 승리해 통일의 대업을 이룰 때 소하가 병력과 물자를 보급하는 역할을 했는데, 유방은 1대 황제로 즉위하면서 같은 개국 공신인 장량이나 한신에 비해 소하에게 더 많은 식읍을 주었으며 관직도 최고의 상국相國에 제수했다. 『삼국지연의三國志演義』 최고의 책사인 제갈량의 주요 전략도 적의 병참 기지를 공략하는 것이었다.

물류를 의미하는 영단어 '로지스틱스 logistics'는 '계산'을 의미하는 라틴어 '로기스티쿠스logisticus'에서 온 말로, '계산에 능통한' 혹은 '이성적이고 합리적'이라는 의미로 통한다. 예로부터 전쟁터에서 물류는 머리 좋은 사람들의 수 싸움이었던 셈이다. 로마 시대에 물류를 담당하는 사람을 '로기스티카스 logistikas'라고 한 것이 현대 '로지스틱스'의 기원이다.

┃ 해상 물류의 혁명적 변화 ┃

원거리 교역은 지역에서 물건을 한곳으로 모으고 배에 선적해 항해 후 목적지에 도달하는 과정으로, 많은 일자리를 제공하는 산업 분야다. 하지만 선박에 물건을 싣고 내리는 작업은 육체적 노동 중에서도 가장 힘든 일에 속한다. 이런 이유 때문인지 항만의 물류 하역과 선적을 독점하고 있는 각국의 주요 항만 노조(노동조합)는 비교적 최근까지 유니언 숍 union shop 을 유지하고 있었다. 유니언 숍은 회사와 노조 간의 협정에 의해 회사가 고용하는 노동자를 의무적으로 노조에 가입하게 하고 노동자가 노조에서 탈퇴하거나 제명되면 회사에서도 해고당하는 제도다. 이처럼 항만 노조는 강력한 교섭권을 가지고 있다.

인간의 육체적 힘에 의지하던 해상 물류에 혁명적 변화를 가져온 것은 바코드와 컨테이너, 크레인의 발명이다. 지구상 물류의 90퍼센트를 처리하는 세계 각국의 항구에 이제 더 이상 사람의 힘으로 물건을 하역하는 곳은 없다. 그래서 항만 노조의 결속력도 차츰 약화되고 있다. 2021년 세계 30대 컨테이너 항만 순위를 보면 중국 상하이항이 4702만 5000TEU를 처리해 1위를 기록했다. 1TEU는 20피트의

2021년 물동량 기준 세계 30대 컨테이너 항만 순위

순위	전년도 순위	항만	국가	처리량 (TEU)	전년도 처리량(TEU)	전년도 대비 성장률(%)
1	1	상하이	중국	47,025,000	43,501,400	8.1%
2	2	싱가포르	싱가포르	37,467,700	36,870,940	1.6%
3	3	닝보 · 저우산	중국	31,080,000	28,734,300	8.2%
4	4	선전	중국	28,760,000	26,553,000	8.3%
5	5	광저우	중국	24,180,000	23,191,500	4.3%
6	6	칭다오	중국	23,700,000	22,004,700	7.7%
7	7	부산	대한민국	22,690,258	21,823,995	4.0%
8	8	톈진	중국	20,260,000	18,356,100	10.4%
9	10	LA	미국	20,061,978	17,326,718	15.8%
10	9	홍콩	홍콩	17,788,000	17,971,000	−1.0%
11	11	로테르담	네덜란드	15,300,000	14,349,446	6.6%
12	12	두바이	아랍에미리트	13,700,000	13,484,600	1.6%
13	13	클랑	말레이시아	13,724,390	13,244,414	3.6%
14	15	샤먼	중국	12,030,000	11,410,000	5.4%
15	14	안트베르펜	벨기에	12,020,245	12,041,770	−0.2%
16	16	탄중펠레파스	말레이시아	11,200,242	9,846,106	13.8%
17	17	가오슝	대만	9,864,447	9,621,672	2.5%
18	20	뉴욕 · 뉴저지	미국	8,985,927	7,585,825	18.5%
19	18	함부르크	독일	8,799,190	8,577,653	2.6%
20	21	램차방	태국	8,523,342	7,546,491	12.9%
21	19	호찌민	베트남	7,950,000	7,864,100	1.1%
22	23	콜롬보	스리랑카	7,249,358	6,854,763	5.8%
23	24	탕헤르메드	모로코	7,173,870	5,771,220	24.3%
24	22	자카르타	인도네시아	6,750,302	6,205,301	8.8%
25	26	문드라	인도	6,665,159	5,656,594	17.8%
26	36	나바셰바	인도	5,631,948	4,474,884	25.9%
27	28	발렌시아	스페인	5,614,454	5,428,311	3.4%
28	35	서배너	미국	5,613,164	4,682,253	19.9%
29	27	피레우스	그리스	5,320,000	5,437,000	−2.2%
30	25	잉커우	중국	5,220,000	5,663,100	−7.8%

자료 : Alphaliner[1]

표준 컨테이너 크기를 나타내는데, 1세제곱미터인 정육면체가 28개 정도 들어간다. 사람이 한 번에 선적할 수 있는 크기를 단순하게 1미터 크기의 정육면체라고 가정하면 28명의 힘이 필요할 것이다. 즉 상하이항 한 곳에서만 선적에 필요한 인력이 13억 1670만 명이 된다. 사람의 노동력을 극단적으로 크게 잡아 하루에 10회 선적한다고 가정해 보면 1년 동안 1억 3167만 명, 즉 하루에 36만 명 이상이 일을 해야만 한다. 이것도 선적만 생각한 계산이다. 같은 양을 하역한다면 그 인력 수요는 2배가 된다. 항만 물류 자동화가 이뤄지지 않았다면 지금의 물동량 처리는 불가능했을 것이고 세계 교역량 자체도 지금과 같이 커지지 못했을 것이다.

개인적으로 평소에 한참 들여다보는 스마트폰 앱이 4가지 있다. '십 인포 Ship Info'와 '머린트래픽 MarineTraffic'이라는 선박 관련 앱과, '항공편 추적기'와 '에어 트래픽 Air Traffic'이라는 비행기 관련 앱이다. 앞의 두 앱은 전 세계 바다에 운항 중인 배의 정보를 실시간으로 알려 주고, 뒤의 두 앱은 비행 중인 상업용 비행기에 대해 실시간으로 알려 준다. 특히 에어 트래픽은 현재 비행 중인 비행기 대수까지 알려 준다. 이와 같이 현재 하늘과 바다에서 실시간으로 움직이는 전 세계 배와 비행기의 정보를 알려 주는 앱들이 앱 스토어에 수두룩하다. 간단한 광고좀 보면 지금 이 시간에도 사람과 물건을 싣고 전 세계를 연결하고 있는 비행기와 배들을 들여다볼 수 있다니 참으로 놀라운 세상이다. 민항기의 경우 보통 7000~8000대 정도가 동시에 지구 상공을 비행중이다.

| 물류 자동화가 보여 주는 일자리의 미래 |

양적인 확장이 항만 자동화로 이뤄졌다면 정밀한 첨단 물류 자동화와 미래형 물류화 역시 우리 상상을 뛰어넘는 수준으로 진행되고 있다. 세계 최대 자동화 물류 센터를 갖춘 영국 리테일 테크 기업 오카도는 2022년 4분기 기준으로 일주일에 38만 2000건의 주문을 처리했다. 이는 우리나라 롯데마트가 처리하는 15만 건의 2배에 달하는 수준이다. 오카도는 자신의 트레이드마크인 자동 프레임로드 Automated Frameload 시스템을 활용해 주문을 처리한다. 축구장 6개 크기의 물류 센터에서 70만 개의 저장 상자에 보관된 상품이 주문되어 박스에 실리고 출고되기까지 걸리는 시간은 6.17분에 불과하다. 냉장, 냉동, 실온으로 나뉜 공간을 2000대의 피킹 로봇 picking bot 이 오가며 하루 100만 개 이상의 물품을 처리하고 있다. 모두 AI와 결합된 로봇 팔에 의해 수행되는 것으로 사람이 끼어들 자리는 없다.[2]

중간 물류만 간략하게 봐도 이 정도다. 상품의 생산부터 최종 소비자에게 배송되기까지 전체적인 물류는 앞으로 대략 이런 모습이 될 공산이 크다. 먼저 스마트 공장에서 물건이 생산될 것이다. 미래 스마트 공장은 정해진 단일 품목을 생산하는 공장이 아니라 다양한 수요를 충족시킬 수 있는 지역 거점형 공장이 될 것이다. 지역 거점형 공장은 다양한 원자재를 이용해 수천 가지 종류의 상품을 생산하는 형태의 공장이다. 스마트 공장에서 생산된 물품은 오카도의 지역 중점 물류 센터와 같은 곳으로 자율 주행 트럭을 통해 1차로 배송될 것이

오카도의 첨단 물류 센터에서 출고 업무를 처리하고 있는 피킹 로봇들.
(ⓒ Techwords / Wikimedia Commons)

다. 지역 중점 물류 센터에 입고된 물품은 오카도의 자동 프레임로드
와 같은 시스템에 의해 분류되고 드론과 같은 수단을 통해 최종 소
비자에게 전달될 것이다. 생산에서부터 최종 소비자에 이르는 물류까
지 사람이 끼어들 여지는 점점 더 없어지고 종국에는 사람의 손길이
전혀 닿지 않게 될 것이다. 물건을 나르는 일은 처음부터 환영받는
일이 아니었다. 누구나 피하고 싶었던 고된 노동으로, 과거에는 많은
노예들이 담당했던 이유이기도 했다. 하지만 머지않은 미래에 인간은
그와 같은 힘든 노동으로부터 완전히 해방될 것이다. 이것이 우리의
미래다.

나비 효과가 작동하는
하나의 네트워크

네트워크를 구성하기 위해 우리는 통신망을 발달시키고 교통·물류망을 발달시켜 왔다. 이제 우리에게 주어지는 일은 더 이상 국지적인 의미를 지니는 고립된 일이 아니다. 무슨 일을 하든 지구 전체 네트워크와 연결돼 있다. 그렇기 때문에 일자리는 더 이상 국내 사정으로만 해결할 수 있는 문제가 아니다. 2008년 리먼브러더스 사태로 촉발된 금융 위기, 뒤이은 유로화 위기와 같은 세계적인 위기뿐 아니라, 어느 한 국가에서 일어난 부도 사태만으로도 우리 일자리에 심대한 영향을 미친다. 미국 연방준비제도의 금리 결정이 내 일자리를 좌지우지하고 미국 대통령이 어떤 성향이냐에 따라 내 일자리에 미치는 영향도 달라지는 세상이다. 그리고 트럼프 집권 시 나타난 세계적인 포퓰리즘, 중국의 초강대국 부상으로 인한 우리 삶의 변화, 지구문명의 종말을 가져올지도 모를 세계 기후 변화, 특히 2019년 시작된 코로나19 팬데믹이 우리 일자리에 미친 영향을 생각해 보면 일자리가 얼마나 세계정세에 민감하고 깊게 연계돼 있는지 알 수 있다. 시진핑 중국 주석의 최고 책사로 알려진 천이신陳─新 중국 국가안전부장은 다차원적인 사건들이 서로 얽히고설키면서 커다랗게 증폭하는 효과, 그리고 한 지역에서 발생한 문제가 다른 지역에서의 문제를 유도하는 효과 등으로 현재 벌어지는 복잡다기한 세계사적 사태를 설명할 수 있다고 했다. 즉 세상은 나비 효과가 작동하는 하나의 네트워크로 묶여 있다는 말이다.

지금의 중동 지역을 중심으로 생겨나기 시작한 인류의 정착지는 인간 사회 네트워크 형성의 시작점이면서 구심점으로 점점 더 크게 성장해 왔다. 이 구심점을 중심으로 확대되던 문명 간 교류는 중국 문명이 본격적으로 발전하면서 동서 간 교류로 이어졌다. 유라시아 문명권에서 문명 간의 거대한 융합은 크게 두 차례에 걸쳐 이뤄졌다. 한 번은 알렉산드로스에 의해 서쪽에서 출발해 동쪽으로, 또 한 번은 칭기즈 칸에 의해 동쪽에서 시작해 서쪽으로 이뤄졌다. 문명은 문명 간 교류가 이뤄질 때 진정으로 상승효과를 거두면서 발전한다. 문명 내부의 전쟁은 문명 내부 패권 다툼의 성격이 됨으로써 문명의 질적 발전에 크게 기여하지 못하는 반면, 문명 간의 전쟁을 통한 통합은 문명을 질적으로 변화시킨다. 가장 중요하게는 사람들의 생각을 근본적으로 변화시킨다. 기존의 틀에 갇혀 정체돼 있던 기득권 중심의 세계관에서 벗어나 새로운 세상을 꿈꾸고 변화를 시작할 수 있는 강력한 사회적 동력을 부여한다. 살벌한 살육을 통해 정복을 해 나갔지만 알렉산드로스나 칭기즈 칸을 위인으로 인정하고 받아들이는 데는 충분한 이유가 있다. 두 번의 문명 통합은 폭력적으로 이뤄졌지만 이후 인류의 사고 발전에 기여하면서 문명을 한 단계 끌어올리는 역할을 했다. 이제 우리에게는 더 이상 폭력적인 방법이 아닌 평화적 방법으로 도약할 수 있는 지구촌 사회 관계망이라는 훌륭한 바탕이 있다. 이제는 폭력에 의한 문명 간 통합이 아닌 서로가 서로를 이해하는 평화적인 문명 간 통합이 가능한 시대에 접어들었다. 이를 실행하고 이끄는 생각을 가진 사람이 이 시대의 새로운 영웅이 될 것이다.

| 하나로 통합된 금융 네트워크의 그늘 |

물리적인 도시의 성장과 함께 여러 형태의 상호 교류를 통해 네트워크는 꾸준히 확대돼 왔으며 이제는 지구 전체가 하나의 네트워크에 속하게 됐다. 네트워크 내 흐름에 가장 중요한 요소는 예나 지금이나 정보다. 정보의 흐름이 미치는 곳은 곧 네트워크에 속하는 곳이다. 네트워크는 곧바로 일자리와 직접적인 연관을 맺게 된다.

현대 사회는 전 세계가 물리적 네트워크로 연결돼 있지만 정보망 면에서는 그보다 더 긴밀하게 연결돼 있다. 정보망에 유통되는 데이터 중에는 지극히 단순한 숫자를 유통함으로써 우리 삶을 결정하는 네트워크도 있다. 바로 세계 금융망이다. 금융망은 우리 몸에 비유하면 혈액의 흐름과도 같다. 금융망에 유통되는 정보는 우리의 생사여

탈을 결정하기도 하고, 좀 더 낮은 수준에서는 우리 삶의 질을 결정한다. 1991년 12월 26일 소련 최고평의회의 142-H 선언으로 기정사실화된 소련 해체 이후 세계는 하나의 자본주의 사회 체제로 통합되는 세계화 과정을 급속히 겪었고 뒤이은 인터넷과 통신 기술의 발달로 그 통합 속도가 더욱 빨라졌다. 자유무역과 금융 자유화는 세계 자본주의 시장을 하나로 묶는 2가지 핵심이다. 이를 통해 우리는 세계가 하나로 긴밀하게 연결된 세상에서 살게 됐고, 일자리가 더 이상 한 나라의 문제가 아니게 됐다.

1971년 닉슨 미국 대통령은 달러 금환본위제를 포기하고 앞으로 달러의 금 태환을 하지 않겠다고 선언했다. 금환본위제는 달러의 가치는 금에 고정되고 다른 나라의 통화는 달러에 연결되는 화폐 제도로 금본위제의 일종이었다. 그러자 이제 세계 금융은 신용 창출의 방법으로 화폐를 통용하기 시작했다. 만약 인플레이션이 두려워 우리가 금본위제를 지금까지 유지하고 있었다면 화폐 부족으로 인한 투자금 부족과 디플레이션으로 세계가 지금과 같은 발전을 이룰 수 없었을 것이다.

물론 그로 인한 심각한 부작용은 감수해야 했다. 새롭게 발전된 금융 기법으로 세계가 하나의 거대한 화폐 네트워크로 연결되다 보니, 월스트리트 펀드 매니저 한 명이 클릭한 컴퓨터 버튼 하나에 지구 반대편 아시아 노동자들의 일자리 수만 개가 하루아침에 날아가는 일이 생겼던 것이다. 이는 현대 금융이 실거래 증가에 따른, 즉 '펀더멘털'의 강화에 따라 신용 팽창이 이뤄지는 것이 아니라, 자금 흐름 확대를 통해 수익을 올리려는 금융기관의 욕망 때문에 생기는 문제다. 이럴 경우 자산 가격 상승으로 인한 호황기가 왔다가 결국 거품으로 이어져 경제 불황이 오는 현상이 되풀이되고 만다. 즉 잘못된 금융 시스템은 신용 팽창을 통해 국제적 자산 가격 상승으로 호황을 가져오고 이는 2008년과 같은 세계적인 금융 위기를 불러온다. 이런 경우 최대 피해자는 부자들이 아니라 사회 취약 계층이다. 그리고 그러한 위기를 해결하는 것은 결국 가난한 납세자들의 돈이다. 이로써 부자들은 더 부유해지고 가난한 사람들은 더 가난해지는 양극화가 심화된다. 우리 일자리는 세계 금융 시스템과 아주 밀접하게 연관돼 있는 것이다.

투자 자유와 자금 이동의 자유는 자금 부족으로 개발이 부진한 개발도상국에 큰 도움이 돼 경제 발전을 이루는 동력으로 작용하기도 한다. 하지만 돈의 기본적인 특성은 이윤 추구다. 물론 기업도 이윤 추구가 우선순위의 목적이지만 돈의 흐름을 장악한 전 세계 투자은행들은 이와는 또 다르다. 일반 기업은 이윤이 생기면 미래를 위해 사내 보유금으로 쌓아 놓거나 새로운 기술 발전에 투자한다. 하지만 금융기관들은 이윤이 발생하면 가장 먼저 경영진 보너스와 주주 배당금으로 쓴다. 아니, 이윤이 발생하지 않아도 어떤 명목이든 붙여 자신들의 수당을 먼저 챙긴다.

2008년 미국발 세계 금융 위기 때 막대한 국민 세금으로 마련한 공적 자금 덕분에 기사회생한 월스트리트 투자은행들이 딱 그랬다. 2008년 손실이 2015억 달러 발생한 메릴린치는 40억~50억 달러를 경영진 수당으로 지급했으며, AIG는 2008년 4/4분기 손실액이 617억 달러로 미국 기업 역사상 최대 규모의 손실을 기록했지만 금융 상품 부서에 1억 6500만 달러의 수당을 지급했다. 2009년에는 이보다 더 많은 금액이 월스트리트 고위 임원들에게 돌아갔다. 이미 2008년 1170억 달러를 자신들의 수당으로 챙겨 간 상위 투자은행들의 경영진과 자산 관리 전문가들, 헤지 펀드들은 2009년 1450억 달러의 수당을 다시 챙겼다. 그해 160억 달러의 손실을 봐 정부 지원으로 간신히 위기를 넘긴 씨티그룹조차 50억 달러의 수당을 지급했다.[3]

아무리 대형 금융기관이라도 지구 반대편에 있는데 '나'와 무슨 상관이냐고 생각할 수 있지만 그렇지 않다. 2008년 월스트리트 금융기관들이 수백억 달러의 적자를 기록하고도 경영진에 지급한 특별 수당액은 184억 달러였다. 이는 당시 오바마 미 대통령이 사회 기반 시설 현대화를 위해 의회에 요청한 예산의 2.5배가 되는 금액이다. 만약 이 금액이 온전히 SOC 사업에 투자됐다면 어땠을까? 미국 내 일자리가 창출되고, 이는 세계 최대의 소비 국가 미국의 자국 내 소비력 증대로 이어질 것이다. 그렇게 되면 자연히 수입액이 늘어나 우리나라처럼 수출 의존도가 큰 국가의 경제 활성화로 이어진다.

미국 금융 시장의 흐름에 결정적인 영향을 미치는 기관은 미국 중앙은행인 연방준비제도다. 보통 '연준'으로 약칭되는 이 기구는 미국 채권 금리를 결정하고, 2008년 미국 금융 위기 이후에는 미국 정부가 발행한 채권을 직접 매입하는 '양적 완화quantitative easing' 정책으로 금융 시장에 결정적인 영향을 미치는 기관이 됐다. 사실 이는 자본주의 시장경제에서 노골적인 국가 개입 사례로서 가장 광범위한 영향을 행사하는 것이다. 아이러니한 것은 이 정책이 월스트리트 금융기관들의 요청으로 이뤄졌다는 점이다. 자본주의 체제에서 시장의 자유를 가장 크게 외치는 금융기관들이 자신의 생존을 위해 국가의 정책을 받아들이고 그 달콤함을 즐기는 형상이다.

바둑에서는 많은 점으로 넓게 자리를 잡은 대마는 결국은 살길이 생겨 쉽게 죽지 않는다는 '대마불사大馬不死'라는 말이 있는데, 지금은 대형 금융기관들을 가리키는 표현으로도 쓰인다. 무너지기에는 경제에 미치는 파장이 너무 커 정부에서 어쩔 수 없이 공적 자금을 들여 살려 놓는 세태를 가리키는 말이다. 미국에서도 대형 금융기관이나 대기업의 파산을 공적 자금을 투입해 막을 때 "Too big to fail"이라는 표현이 쓰인다. 파산하면 경제에 끼칠 파장이 너무 크기 때문에 그렇게 놔둘 수 없다는 뜻이다. 이제 대형 금융기관은 경영 상태가 아무리 좋지 않고 경영진의 도덕성이 아무리 추락해도 퇴출되지 않는 기관이 됐다. 하지만 이들은 자신들의 처지가 개선되면 국민 세금을 언제 지원받았느냐는 듯 다시 자율성과 자유를 외친다. 금융은 정부로부터 독립성을 유지해야 시장이 올바르게 작동한다면서 말이다. 하지만 전 세계 어느 금융기관도 미 연준의 정책에서 자유로울 수 없다. 금융의 흐름이란 한치 앞을 못 보는 장님들의 코끼리 만지기 식이다. 이러한 시장의 자금 흐름에 연준의 역할이 없어지면 우리 삶이 얼마나 위태로워지는지는 2008년 이후 세계 금융 위기와 이후 10년 가까이 진행된 유로존 위기에서 이미 목격한 바 있다.

2011년 뉴욕에서 있었던 '월스트리트를 점령하라(Occupy Wall Street)' 시위에서 한 시민이 'Too big to fail'을 비판하는 내용의 피켓을 들고 있다. (ⓒ David Shankbone / Wikimedia Commons)

현대 자본주의 체제에 통합돼 있는 국가에서 금융 위기가 발생하면 예외 없이 국제적인 금융기관들에 의지하게 된다. 대표적인 기관이 IMF(국제통화기금)이다. IMF의 금융 위기 처리 방침은 간단하다. 재정적자를 줄이고 금리를 올리는 것이다. 그런데 기이하게 여기에 채권자의 책임은 없다. 즉 IMF가 금융 위기를 겪는 국가에 투입하는 돈은 대부분 잘사는 나라의 부자들이 투자한 돈인데, 이 돈은 한 푼의 손해 없이 회수돼야 한다는 것이다. IMF가 세계 무역의 안정된 확대를 통해 가맹국의 고용 증대, 소득 증가, 생산 자원 개발에 기여하는 것을 목적으로 하고 있고 IBRD(국제부흥개발은행)와 함께 빈곤 국가를 원조하는 데 힘쓰는 기관임을 생각하면 더욱 아쉬운 대목이다. 국가의 금융 위기는 복합적인 원인으로 발생한다. 채무국이 방만하거나 부도덕해서 일어나는 경우보다 세계화된 금융 시스템의 오작동으로

야기되는 경우가 더 많다. 1997년 우리나라에서 일어난 외환 위기도 사실 유동성 문제이지, 우리 국민이 게으르거나 사치스러워서 일어난 게 아니다. 하지만 모든 고통은 우리 국민이 짊어지고 감내해야 했다. IMF의 개입이 일단 시작되면, 사회 안전망에 들어가는 국가 재정이 없어져 취약 계층의 사회 안전판이 사라지고 노동자들이 내야 할 세금은 올라간다.

이런 식의 해결은 실제 고통받아야 할 책임 있는 사람들이 오히려 혜택을 보게 되는 것이 문제다. '헤어컷 haircut '(채권자들의 채권액을 일정 비율로 감액하는 제도)이 잘 작동됐다면 금융 시장에서 그나마 최소한의 정의가 실현될 수 있는 상황인데도, 채권자의 탐욕을 지켜 주기 위해 작동되지 않는 경우가 태반이다. 이런 국제 금융 체제하에서는 좋은 일자리는 만들어질 수 없고 또 안정적으로 지켜질 수도 없다. 세계화된 금융은 우리도 모르는 리스크를 발생시키고 자본주의 체제로 통합된 세계에 주기적인 불황이 찾아오는 원인이 된다. 일자리는 바로 국제 금융 시스템의 네트워크에 밀접하게 연계돼 있으며, 이런 이유로 우리에게는 모든 금융 시스템이 더욱 투명하고 정의롭게 운영되도록 감시하고 요구할 권리가 있는 것이다.

| 슈퍼리치들에게만 돌아가는 문명의 과실 |

국제적인 금융 시스템도 문제지만 또 한 가지 큰 문제는 초거대

갑부들의 탄생이다. 어느덧 한국 사회도 1조 원이라는 돈이 익숙해져 가고 있다. 2달러 미만으로 하루를 살아가는 세계 인구가 전체의 30퍼센트 정도 되는 세상에서 1조라는 돈은 4억 3000만 명 정도가 하루를 살아갈 수 있는 어마어마한 금액이다. 테슬라 CEO 일론 머스크는 2022년 한 해에 약 1820억 달러(한화 약 227조 1300억 원)의 재산 감소를 기록해 이 분야 기네스북에 등재되는 불명예를 안았다. 하지만 더 충격적인 것은 어떻게 한 사람이 그 많은 재산을 형성할 수 있느냐다. 정보와 금융의 세계화 없이는 불가능한 일이다.

그런데 금융 세계화에는 우리가 모르는 부조리와 불평등이 잠재돼 있다. 경제학자 에마뉘엘 사에즈 Emmanuel Saez 와 피케티가 2013년 내놓은 자료에 따르면, 미국이 2009년 이후 경제 회복을 통해 이룬 성장의 과실 95퍼센트를 미국 상위 부자 1퍼센트가 독점했다.[4] 워런 버핏은 "사실 20년 동안 사회 계층들 사이에 전쟁이 있었고 내가 속한 계층이 승리를 거뒀다."라고 자평했다. 부자들은 사람들이 생각할 수 있는 모든 수단과 방법, 영향력 등을 동원해 자신들에게 유리한 방향으로 사회 시스템을 구축해 왔다. 우리가 일자리를 잘 만들고 열심히 지키는 것도 중요하지만 동시에 우리 일자리가 창출한 성과가 얼마나 정당하게 분배되는가도 중요하다. 버핏은 자신의 양심에 못 이겨 미국 상위 계층의 소득세율을 35퍼센트 올리자고 주장했으며, 당시 오바마 대통령도 찬성했으나 기득권층을 대변하는 공화당의 반대로 끝내 이뤄지지 않았다.

클린턴 대통령 시절 노동부 장관을 지낸 로버트 라이시 Robert Reich 의

말대로 기업과 금융 엘리트들에게 점점 더 정치적 권력이 집중되고 있으며 이들이 경제를 작동시키는 규칙에까지 영향력을 행사하고 있다. 다시 말해 선수가 심판 역할과 규칙을 정하는 역할까지 독점하고 있는 셈이다. 이런 상황에서는 지금까지 논의돼 온 것처럼 '정부가 시장에 얼마만큼 개입할 것인가'가 아니라 '정부가 누구를 위해 봉사해야 하는가'가 중요하다. 이를 극명하게 보여 준 사람은 페이팔 공동 창업자 피터 틸이다. 그는 가치를 창출하는 것만으로는 충분하지 않으며 시장 지배력이 중요하다고 했다. 그러면서 자본주의와 경쟁은 상호 반대되는 개념이고, 경쟁은 패배자들이나 하는 것이라고 했다. 이는 시장을 독점적으로 장악해 지적 재산권이나 정부의 정책 특혜를 통해 막대한 부를 쌓아야 한다는 뜻이다. 이런 주장에는 어디에도 우리가 생각하는 정의는 없으며 오로지 자본의 탐욕만 있을 뿐이다.

하지만 우리가 걸어온 길을 돌아보고 현재를 생각해 보면 미래가 암울한 것만은 아니다. 인류가 문명화의 길을 걷기 시작하고 본격적으로 도시를 건설하고 국가를 창건할 때가 대략 기원전 5000년경이었고 그때 세계 인구는 500만 명으로 추산된다. 당시 생산력을 추정할 구체적인 방법은 없으나 단순화해 생각해 본다면, 1인당 의식주를 해결하고 약간의 여유를 가지고 생활한다고 가정한다면 지금 기준으로 연간 약 1000달러 정도의 생산력을 가졌다고 가정해 볼 수 있다.(산업혁명 이전 세계 평균 소득은 대략 하루 3달러를 넘기지 못했다.) 세계 전체 생산력은 1년에 50억 달러 정도 됐을 것이다.(500만 명×1000달러) 현재 인류는 80억 명 정도이고 평균 1인당 GDP는 1만 달러가 넘어섰으니 전체 생산력은 80조 달러 정도다.(80억 명×1만 달러) 이는 하루 2920억 달러가 넘는 금액으로, 현재 인류의 하루 생산력은 기원전 5000년 인류 전체의 58.4년 동안의 생산력과 맞먹는 셈이다. 우리의 생산력이 얼마나 거대해졌는지 감이 오는가? 하지만 인류는 기원전 5000년의 생산력을 가지고도 과학 발전과 사회 발전을 이뤘으며 피라미드, 지구라트와 같은 불멸의 기념물들을 건설했다. 우리는 우리의 상상이 허용하는 경이로운 세상을 건설한 능력을 이미 보유하고 있는 것이다. 더군다나 우리의 생산 능력은 앞으로 더욱더 비약적으로 신장될 것이다. 이 모든 것은 문명화를 진행하면서 인력에 의한 생산 활동(인간의 일자리)이 근본이 돼 과학기술을 발전시키고 사회를 진보시켜 온 결과물이다. 이제 그 결승점이 보이는 시점에서 우리는 우리 자신에게 충분히 보상할 능력을 갖추고 있고 또 과실을 나눌 충분한 이유가 있다.

┃ 일자리도 네트워크상의 한 점이다 ┃

우리는 '우리'의 범위를 지속적으로 확장시켜 왔다. '나 자신'에서 출발한 우리는 사회적 관계망인 가족, 지역 사회, 자신이 속한 여러 집단들(학교 동문회, 동호회 등), 그리고 국가를 통해 자신이 속한 '우리'를 키워 왔다. 또한 지식과 경험을 통해 인간 자체로만 존립할 수 없다는 사실을 깨닫고 우리가 발을 딛고 살고 있는 지구까지로 '우리'의 범위를 확대했다. 20세기 과학기술의 눈부신 발전은 '우리'의 범위를 지구에 머물게 하지 않고 전 우주로 확대해 나가고 있다. 사실 '우리'의 범위는 우리가 살고 있는 우주와 같다. '우리'가 확대되는 과정은 나와 대상이 구분돼 있는 상태에서 대상이 어느 순간 나와 밀접하게 연관돼 떼려야 뗄 수 없는 관계임을 인식하면서 진행된다. 변증법적인 통합의 연속 과정을 통해 지속적으로 확장해 온 개념이라 할 수 있다.

일자리는 사회적 네트워크의 일부분을 차지하는 일로 표현할 수 있다. 일자리가 거대한 사회적 네트워크의 그물망에 존재하는 하나의 점이라면, 그 그물망을 세워서 위아래 서열이 존재하는 약육강식의 생태계로 만들지, 아니면 평평하게 펼쳐 서로를 인정하며 조화롭게 살아가는 유토피아로 만들지는 우리에게 달려 있다. 미래에 인간이 생산 노동으로부터 자유로워질 때 우리가 여전히 약육강식의 사회를 유지한다면 끔찍할 뿐 아니라 더 나아가 우리 인류 문명의 종말을 맞이할 수도 있다. 99퍼센트가 노예로 살아가는 세상이라면 우리가 추구할 삶의 가치가 더 이상 없기 때문이다. 일자리는 사람과 사람, 사람과 지구가 하나로 연결돼 있는 네트워크상의 한 점이다. 그래서 우리 일자리는 본질적으로 공생의 가치를 추구한다.

'벤퍼드 법칙 Benford's law'이란 게 있다. 통계적으로 유의미한 데이터(자연적으로 존재하는 큰 규모의 데이터)를 분석해 보면 1부터 9까지의 숫자 중 가장 빈번하게 등장하는 수는 1이고 숫자가 커질수록 등장 빈도가 점점 더 낮아진다는 것이다. 예를 들어 기업의 회계 장부에서 임의 수를 선택하면 숫자의 앞자리가 1일 확률이 가장 높고 숫자가 커지면 그 확률이 점점 작아진다는 것이다. 자연 상태의 데이터도 마찬가지다. 전 세계 산의 높이를 분석해 보면 앞의 숫자가 1인 산이 가장 많다. 그 이유를 우리는 아직 완전히는 알지 못한다. 자연에 숨어있는 신비와도 같다. 이를 보면 홀로 우뚝 서 있는 산의 높이도 사실 지구상의 다른 산 높이와 연결돼 있다는 놀라운 결론에 도달한다. 그리고 자신의 개인사로 인해 살고 있던 도시에서 다른 도시로 이사한 경우에도 도시별 인구수를 정리하면 희한하게도 앞의 수가 1인 경우가 가장 많이 나타나고, 그 비율 또한 어떤 종류의 데이터이든 유사하다. 아무 연관이 없어 보이는 현상도 사실 어떤 끈에 의해 연결돼 있다. 인류는 세대에서 세대로, 가까운 이웃에서 먼 이웃으로 이어지는 천라지망天羅地網과 같은 인간 네트워크 안에서 문명을 만들고 발전시켜 왔다. 인류가 미래에 지구를 벗어나 우주로 진출해 진정한 우주 문명을 창조하는 우주종이 된다면 이런 시공간적인 네트워크로 연결된 인류의 집단 지성이 만들어 낸 결과일 것이다. 이 얼마나 장엄하고 아름다운가?

6장

현재 그리고 미래의 일자리

지금까지 살펴봤듯이 일자리의 본질
은 인간이 사회를 이루고 문명을 만들면서 사회를 발전시켜 온 결과
물이다. 우리 일자리는 자부심과 창의성, 자유, 공생의 가치를 본질로
가지고 있다. 지금까지 인류가 그래 왔듯이 앞으로도 우리는 현재로
서는 생각하지 못하는 사회와 일자리를 갖게 될 것이다. 다만 그 일
자리는 그 본질을 잃지 않고 오히려 본질에 더욱 충실하여 인류 행
복과 공영의 가치를 공유하는 것이 될 것이다.

지금 우리는 어디까지 왔을까

한때 "문제는 경제야, 바보야. It's the economy, stupid"라는 말이 크게 유행한 적이 있다. 1992년 미국 대통령 선거에 출마한 클린턴 후보 측이 내건 선거운동 문구로, 클린턴 선거 캠프에서 활동한 제임스 카빌 James Carville이 고안한 것으로 알려져 있다. 이 문구는 많은 사람의 공감을 불러일으켰고 결국 클린턴은 당선됐다. 문구가 의미하는 것은 사람들의 일자리를 해결하는 해법으로 경제가 가장 중요하다는 것이다. 하지만 정말 그럴까?

| 일자리 문제, 더 이상 경기에 맡겨 놔서는 안 된다 |

일자리 문제를 생각하면 할수록 일자리는 경제 문제만은 아니다. 물론 표면적으로 보면 일자리는 경제 상황과 가장 긴밀하게 연관돼

있다. 그렇지만 이는 단면만을 본 것에 불과하다. 1990년대 초반 미국 경제는 1980년대 레이건 미 대통령과 대처 영국 총리 주도하에 추진된 신보수주의 정책의 모순이 심화되면서 인플레이션과 경기 후퇴가 동시에 일어나는 '스태그플레이션' 현상이 나타났다. 또 1980년대 중반부터 금융 시장에서 대규모 돈이 유입되어 이러한 자금의 유출과 불균형이 커졌고, 1990년대 초반에는 건설업과 부동산 시장에서 거품 현상이 일어나기 시작해 가계 부채가 증가했다. 이런 문제를 해결하기 위해 클린턴은 '큰 정부' 노선을 취하고 중소기업 지원을 중시하는 정책을 펴 위기를 극복했다. '큰 정부' 방식은 사실 시장에 정부의 인위적인 개입을 늘리는 것이다. 경제는 시장의 보이지 않는 손에 맡겨만 놓는다고 잘 굴러가는 것이 아니라 정치적 조정과 개입이 필수적이라는 것이 증명됐다. 미국은 이 정책의 효과로 1990년대 후반에는 경제가 회복됐으며, 2000년대 초반까지 지속적으로 경제가 성장했고 일자리가 창출됐다. 일자리는 사회 전체의 모든 요소가 총체적으로 작용해 만들어진다. 경제는 우리 일자리를 결정하는 많은 요소 중의 하나일 뿐이다.

산업혁명 이전에 "경기가 좋다"라는 말은 호랑이보다 무서운 세리 稅吏가 없고 그해 자연 조건이 좋아 풍성하게 수확했다는 말이었을 것이다. 물론 국제적인 유통망에 속해 있던 도시라면 추가적으로 교역의 질과 양에 대해서도 영향을 받았겠지만 이는 지구 전체로 보면 소수에 지나지 않았다. 대다수 사람들에게 좋은 경기란 성군을 만나고 자연이 농사짓기에 좋은 환경이었다는 말이다. 하지만 산업혁명이 일어나고 인위적인 생산 수단을 통제하기 시작하고 난 다음부터 이야기가 달라졌다. 기업 활동이 경제 활성화에 가장 중요한 요인으로 자리 잡은 것이다. 치열한 경쟁을 해야 하는 기업의 입장에서는 효율을 극대화해 많은 이익을 창출하는 것이 목표일 수밖에 없다. 더구나 새로운 시장 확대가 가능한 시대에는(즉 물건을 팔 시장을 지속적으로 확장시킬 수 있는 제국주의 시대에는) 기업의 성공이란 많은 수의 노동자를 고용해 생산력을 높이는 데 있었고, 이렇게 수입이 증대된 노동자는 소비를 통해 다시 회사의 시장을 확대함으로써 일자리가 늘고 작업 조건 또한 좋아지는 경제 발전의 선순환 구조가 확립됐다. 흔히 말하는 낙수 효과다. 하지만 이런 낙수 효과에 의해 경제를 활성화시키는 것은 이미 한계에 다다랐다는 것을 모든 경제학자가 인정한다. 1980년대부터 다시 불기 시작한 네오콘들의 감세 정책 바람은 양극화 현상을 더 심화시키기만 했을 뿐이다.

우리는 자본주의 시스템이 존속되고 있는 시간이 인류 전체 역사에 비하면 극히 짧은 시간이며 자본주의 경제 운용 방식도 여러 방식 중의 하나일 뿐이라는 점을 종종 망각한다. 즉 현재와 같은 모순을 가지고 있는 것에서 보듯이 자본주의 경제 방식은 완벽하지 않고 절대적 진리는 더더욱 아니다. 물론 자본주의가 약 300년 넘게 인류 역사에서 획기적인 경제 발전을 추동한 것은 맞다. 자본주의 방식이 본격적인 경제 운용 방식이 된 이래 경제가 발전하고 인류의 생산 능력은 크게 증대됐다. 특히 기술이 빠르게 발전하면서 경제 규모가 급속하게 팽창하고 있다. 우리나라만 해도 대기업의 사내 보유금이 사상 최대치라는 기사를 보는 것이 이제 전혀 새롭지 않다. 하지만 경제 불황을 구조적으로 완전히 없애지 못하는 모순을 가지고 있는 것 또한 사실이다. 실업 문제나 일자리의 질 문제는 더욱 심각한 상황에 봉착하고 있다. 왜 이런 현상이 일어나고 있을까? '경기가 좋다'는 말과 내 일자리는 어떤 관계가 있을까? 이제 이 문제에 좀 더 근본적인 문제의식을 가질 필요가 있다.

이에 대한 가장 단순한 답은 이렇다. 이제 기업이 생산력을 높여 회사 이윤을 키우는 데 더 이상 고용이 필요 없게 됐다는 것이다. 산업혁명 이후 과학기술 발전을 통해 생산력이 꾸준히 높아진 결과, 기술에 의한 생산성 향상이 사람의 고용을 통한 생산성 향상을 어느 순간 앞질렀다. 이때 기술을 통해 생산성을 향상시키는 것뿐 아니라 생산된 결과물의 분배에 좀 더 관심을 가지고 정책을 개발했어야 했다. 하지만 기술 발전의 속도를 사회가 따라가는 데 실패함으로써 오늘날과 같은 결과를 낳았다. 만약 우리가 높아진 생산력을 합리적으로 잘 분배했다면 중산층이 더욱 확대돼 계층 구조가 더욱 탄탄해졌을 것이고, 미래를 향해 더욱 빠른 속도로 발전해 갔을 것이다. 어느 시대나 탄탄한 중산층은 경제를 지속적으로 발전시킬 수 있는 근간인 동시에, 개인이 행복한 삶을 추구할 수 있는 밑바탕이 된다.

아직도 미몽에 빠져 부자 감세 정책이 경제를 살릴 거라고 믿고 실제 정책에 반영하는 나라는 몇 없다. 자본주의의 본거지라 할 수 있는 미국에서도 부자를 위한 감세 정책은 전혀 신뢰할 수 없는 트럼프 같은 정치 집단에 의해 시행되며 전 세계적인 우스갯거리가 됐을 뿐이다. 오죽하면 부자들이 세금을 더 내겠다고 나서겠는가? 실제 버핏이나 게이츠, 머스크, 페이스북 설립자 마크 저커버그 등은 자신을 포함한 부자들의 증세를 주장하고 있다.

| 우리 사회의 모순이 여실히 드러난 팬데믹 기간 |

세계적인 팬데믹 기간에 우리 사회가 가지고 있는 모순이 더욱 확실하게 드러났다. 2019년부터 전 세계를 억누르며 일자리 상황을 심각하게 압박했던 코로나19가 다행스럽게 진정 단계에 접어들었다. 3년간 인류는 바이러스에 얼마나 취약한 존재인지 절실히 느꼈고, 그 보이지 않는 바이러스가 일자리를 얼마나 쉽게 무너뜨릴 수 있는지 생생히 목격했다. 코로나19에서 서서히 벗어나고 있는 것은 다행스럽기도 하지만, 우리가 꼭 짚고 넘어가야 할 매우 불편한 진실이 하나 있다.

코로나19가 최대 정점으로 치달은 2020년 전 세계는 거의 셧다운(시스템 작동 중지) 상태였다. 이에 따라 취약 계층의 일자리는 거대한 쓰나미 앞의 나무 조각처럼 휩쓸려 사라져 갔다. 이때 세계적인 제약 회사들에 의해 백신 개발의 가능성이 대두되면서 인류에게 희망의 등불이 켜졌다. 화이자, 모더나, 아스트라제네카 등 아직도 이름이 생생한 제약 회사들이 주축이 돼 백신이 개발됐고 상당 부분 성공 가능성도 나타나고 있을 때였다. 하지만 백신 개발은 그렇게 호락호락한 분야가 아니다. 무수한 성능 테스트와 임상 실험, 부작용 검증과 같은 까다로운 단계를 필수적으로 거쳐야 하며 이 기간 동안 상당한 자금도 투입돼야 한다. 제약업계의 이런 어려움을 덜어 주기 위해 각국 정부는 여러 방법으로 백신 개발을 지원했다. 모더나는 정식 백신 개발 완료 전 25억 달러의 지원과 이에 버금가는 '워프 스피드 지원 Operation Warp Speed'을 받았다. 워프 스피드 지원은 코로나19 백신 개발에 필수적인 3상 실험 및 개발된 백신의 배급 등을 신속하게 지원하는 미국 정부의 정책이다. 미 정부는 마치 군사 작전과도 같은 행정 지원을 주도했다. 세계적인 제약 기업 화이자 역시 백신을 정식으로 개발하기 전에 미 정부로부터 1억 도스를 19억 5000만 달러에 공급하기로 선계약하는 지원을 받았다. 독일 정부도 화이자 협력사 바이오엔테크에 4억 4300만 달러를 투입했고, 유럽투자은행을 통해 추가로 1억 1800만 달러를 투입했다. 그리고 마침내 2020년 말 2000만 도스의 백신이 최초로 미국과 영국에 배포되기 시작했다. 그런데 백신이 개발되고 난 이후가 문제였다.

전 세계적인 팬데믹을 하루라도 빨리 진정시키기 위해서는 백신 생산에 더 많은 기업이 참여해야 한다는 것은 삼척동자도 아는 사실이었다. 그렇게 되려면 백신 개발 특허에 관한 사항이 협의돼야 한다. 하지만 막대한 공적 자금이 제공됐음에도 백신 특허권은 민간 백신 제조사들이 독점하고 있어 일 진행이 어려웠다. 남아프리카공화국과 인도는 WTO(세계무역기구)에 코로나19 백신과 치료법에 관한 지식 재산권 보호를 해제할 것을 요구하는 항소를 제기했으나, 미국, 영국, 캐나다, EU로 구성된 '연합군'에 의해 거부당했다. 결국 2022년 6월에 가서야 코로나19 백신 특허를 개발도상국에 한해 향후 5년간 유예해 주는 방안이 타결됐지만, 필수적인 백신들의 지식 재산권은 제외된 데다 백신 공장 설립부터 규제 당국의 승인까지 5년 내에 완료하기가 쉽지 않다는 점에서 유명무실한 결정이라는 비판을 받고 있다.

심지어 백신을 개발한 곳에서 백신에 대한 권리를 무료로 공유하려다가 반대 압력에 못 이겨 철회된 일도 있었다. 옥스퍼드 대학 제너 연구소는 기존에 검증된 바이러스나 병원균을 사용함으로써 훨씬 저렴하고 보관도 쉬운 바이러스 벡터 백신viral vector vaccine을 개발했다. 연구소 측은 전 세계 모든 제조업체가 무료로 사용할 수 있게 백신 배포 모델을 공개하겠다고 발표했다. 그러나 생명을 구하는 약에 대해서도 지식 재산권 특허를 유지하는 것을 열렬히 지지하는 게이츠 재단의 압력으로 공개 계획을 철회하고 제약사 아스트라제네카가 관리하는 독점 라이선스로 변경했다. 이렇게 탄생한 것이 바로 아스트라제네카 백신이다. 게이츠 재단이 압력을 행사할 수 있었던 것은 재단에서 옥스퍼드 측에 수억 달러의 연구비를 후원했기 때문이다. IMF는 만약 세계적으로 신속하게 예방 접종을 진행했더라면 2025년까지 전 세계 GDP가 9조 달러 증가할 수 있었을 거라고 추산했다. 9조 달러는 그 돈으로 일자리가 얼마나 늘어날 수 있는지 상상하기도 어려운 큰 금액이다. 이를 두고 지식 재산권 옹호 단체인 지식생태학 인터내셔널KEI 대표 제임스 러브James Love 마저도 "백신 개발 시작 단계에서 노하우 이전을 요구하지 않은 것은 거대한 지구적 정책 실패"라고 했다.

이뿐만이 아니다. 백신 개발이 완료된 뒤 백신 배분이 의제로 떠오르자 G20 선진국들은 '백신 분배의 정의'를 도외시했다. 코로나19 백신을 정의롭고 효율적으로 공급하기 위해 설립된 '코백스 퍼실리티COVAX'는 세계 인구 절대 다수를 대표하는 184개국이 가입돼 있는 백신 공동 분배 기구다. 이 코백스를 통한 지원은 전 세계 팬데믹을 잠재울 수 있는 가장 효율적인 방법이었다. 2020년 5월 이 기구를 통해 전 세계 접종을 진행하는 데 필요한 비용은 250억 달러였다. 앞서 언급한 9조 달러에 비하면 지극히 작은 비용이다. 하지만 이 기구의 정의로운 취지에 부응한 국가는 5억 유로를 낸 독일 하나였고 나머지 국가들은 눈치만 보면서 기다렸다.

진단 기기나 치료제, 백신 같은 코로나19 확산을 막기 위한 도구 개발과 생산, 그리고 이에 대한 공평한 접근을 돕기 위해 WHO(세계보건기구)가 중심이 되어 출범시킨 '액트-엑셀러레이터ACT-Accelerator'(코로나19 대응을 위한 글로벌 협력체)'도 자금 조달이 어렵기는 마찬가지였다. 오죽하면 브루스 에일워드Bruce Aylward WHO 사무총장 선임 고문이 "현재 우리가 팬데믹 사태에서 신속하게 벗어나는 것을 가로막고 있는 것은 바로 자금 조달"이라고 말했겠는가. 그의 지적대로라면 백신 관련 비용은 무역과 여행이 재개되기만 하면 36시간 안에 다 갚을 수 있는 수준의 금액이었는데도 말이다. 어찌된 영문인지 전 세계 지도자들은 공공의료 지출에 관해서는 모두 한결같이 꿀 먹은 벙어

코로나19의 폭발적 확산에 국가 전면 봉쇄령이 내려진 말레이시아 페낭의 한 고속도로 풍경
(ⓒ Wenjay Tew / Wikimedia Commons)

리였다. 2020년 한 해 동안 전 세계 백만장자들의 재산은 1조 9000억 달러 증가했으며, 그 가운데 5600억 달러는 미국에서 가장 부유한 사람들의 몫이었다. 2019년 시작된 세계적인 팬데믹은 구조적인 무책임성을 드러내며 전 세계 다수의 노동자들의 삶을 파괴했다. 하지만 지금의 사회 구조는 이전의 위기들과 마찬가지로 이 기간 동안 부자들에게 막대한 재산상의 이익을 만들어 줬다.[1] 이는 지식 재산권을 주장하는 소수의 이익이 우선시되고 있고 세계 경제 정책은 여전히 선진국 중심으로 돌아간다는 추악한 현실을 드러낸 것이다.

세계적인 셧다운으로 수많은 일자리가 없어졌다. 짧은 시간에 해결할 수 있었을 문제가 길어지면서 많은 이들이 고통으로 힘들어했다. 전 세계 수십억 명의 사람들은 취약해진 자신의 일자리에 얽매여

하루하루를 힘들게 살아갔으며 생존을 위한 부채 또한 늘어났다. 이런 현상은 일자리가 갖는 근본적인 가치인 정의와 완전히 상충되는 현상이다. 특허권이라는 자산을 바탕으로 발생된 이익을 그 관계자들에게만 보상하는 시스템이 한계에 와 있음을 잘 보여 주는 사례다. 앞으로 코로나19 같은 팬데믹이 더욱 자주 일어나리라는 전망이 나오고 있다. 그럴 때마다 이런 현상이 되풀이된다면 미래는 암울하고 세상은 더욱더 살기 힘든 곳이 될 것이다. 이 문제가 우리에게 시사하는 바는 분명하다. 일자리 문제는 더 이상 국소적인 문제가 아니며, 또 소수의 이익을 대변하는 정책을 유지해서는 우리가 원하는 해결책이 나오지 않는다는 것이다.

2019년 시작된 코로나19 팬데믹에서 배울 점이 또 하나 있다. 전 세계적인 문제를 해결해야 할 때는 지금까지 익숙한 수의 단위에서 벗어나 약간은 비현실적으로 보이는 보다 더 큰 숫자를 상정해야 한다는 것이다. 팬데믹 기간 동안 전 세계 초갑부들의 재산 증식도 엄청났지만, 동시에 코로나19로 인해 발생한 전 지구적인 생산 감소와 피해 규모 또한 조 단위로 표시된다. 사실 보수적인 세계은행도 이미 2015년부터 "수십억에서 수조로 from billions to trillions"라는 신조로 바뀌어 세계 금융 시장에 신용을 지속적으로 공급해야 한다고 주장하고 있다.[2] 우리가 좀 더 인간을 중심에 두고 백신 문제를 생각하고 효율적으로 대응했다면 수백억 달러에 불과한 투자액이 신속하게 집행돼 백신이 효율적으로 배포되고 공정하게 분배됐을 것이다. 그랬다면 팬데믹도 지금보다 훨씬 빨리 진정 국면에 들어섰을 것이고 피해액이 지금처럼 수십조 달러에 이르지도 않았을 것이다.

| '가치 있음'의 기준이 바뀌어야 한다 |

요즘 인류세 Anthropocene 라는 용어가 주목받고 있다. 현시대는 지질 시대 구분상 신생대 제4기 홀로세 Holocene 이지만, 산업혁명 등 인류 문명이 발전함에 따라 온실가스 농도가 급증하고 질소 비료로 인해 토양이 변하는 등 지구 환경에 극적인 변화가 일어났기 때문에 현시대를 새로운 지질 시대로 구분해야 한다는 의미에서 제안된 이름이다. 즉 인류세라는 말에는 인류가 이전까지와는 달리 지구에 큰 영향력을 행사하고 있다는 의미가 포함돼 있다. 하지만 코로나19 시대를 겪으며 현대 사회가 각종 난관에 대처하는 데 있어 얼마나 취약하고 무능한지 적나라하게 드러났다. 우리에게 주어진 과제는 빠른 변화와 위기에 대비해 회복력이 뛰어나고 지속 가능한 발전이 가능한 사회를 만들어 내는 것이다. 21세기 초 우리에게 다가온 생물학적 위기와는 별개로 전 인류의 생존과 삶을 위협할 수 있는 위기는 거의 모든 분야에 걸쳐 얼마든지 잠재돼 있기 때문이다.

생물학적 위기가 잠시 주춤한 사이 다시 AI가 중요한 의제로 부상하고 있다. AI가 진정으로 우리의 미래를 위한 기술인지, 아니면 우리를 영원히 회복이 불가능한 2류 종족으로 만들 기술인지 알 수 없다. 다만 여전히 거대 IT 기업의 시장 논리에 따라 끌려가고 있을 뿐이다. 골드만삭스는 최근 AI가 전 세계적으로 상품 및 서비스의 총 가치를 7퍼센트 성장시킬 것으로 전망하면서, 동시에 선진국에서만 일자리가 3억 개 이상 없어질 것으로 예측했다. 사실 AI는 궁극적으로 일자리를 모두 없애 버릴 수도 있는 존재다. 30년 후에도 영화가 여전히 만들어진다면 최초로 각광받는 범용 AI의 출현을 인류 종말의 시작으로 그릴지도 모를 일이다.

세상을 바라보고 인식하는 인간의 사고는 끊임없이 변화해 왔다. 중세 시대 사람과 현재를 살아가는 우리는 세상을 다르게 본다. 카를 융은 그런 상황을 다음과 같이 말했다.

중세 사람들이 본 세상은 지금과 어찌나 다른지! 그들에게 지구는 영원히 고정되어 우주 한가운데 멈춰 있고 태양이 그 주위를 돌며 열심히 온기를 드리우는 곳이다. 사람들은 모두 지극히 높은 분의 애정 어린 보살핌을 받는 신의 자녀였고, 신은 인간을 위해 영원한 복을 준비해 뒀다. 타락한 세상에서 들려 올라가 썩지 않고 기쁨이 가득한 존재가 되려면 무엇을 해야 하는지, 또 어떻게 처신해야 하는지 모두가 정확히 알고 있었다.[3]

이런 가치를 바탕으로 이뤄진 사회에서는 일자리가 자신의 신분에 따라 정해지고 평생 변하지 않는 것은 당연한 귀결이었다.

르네상스를 통해 우리는 신을 벗어나 진리를 추구할 수 있었다. 하지만 합리적 사고를 한다고 해서 모든 생각이 처음부터 진리가 될 수

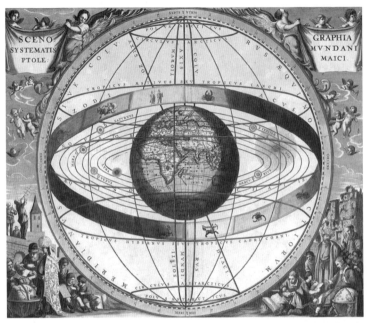

우주의 중심에 지구가 있고 태양을 비롯한 모든 천체가 지구의 둘레를 돈다는 프톨레마이오스의
지구 중심설은 16세기까지 세계적으로 널리 받아들여졌던 우주관이었다.

는 없다. 17세기 고전역학을 정립한 천재 뉴턴도 지구 나이를 고작 4000년쯤으로 인식했다. 진리를 찾는 과정은 무지에서 벗어나 한 발짝 한 발짝씩 다가가는 것이다. 진리를 찾는 과정은 스템 STEM (과학, 기술, 공학, 수학)을 바탕으로 할 때 가장 효과적이었다. 스템은 실증적이고 논리적인 사고를 의미하는 것일 게다. 스템은 중세의 미신과 마녀를 몰아내고 합리적인 사회를 만들어 냈으며, 스템에 바탕을 둔 사회는 그 어느 시대보다 빠르게 변화·발전해 왔다. 미래 사회는 스템이 더욱 중요한 요소로 작용할 것이다. 사회 곳곳에 여전히 기승을 부리는 부조리와 비합리성은 상대방이 무지하다는 것을 이용해 이익을 취하려는 인간의 탐욕에서 비롯된 것들이다. 16세기까지 뒤처져 있던 서양이 세계를 장악하고 지금까지 세상을 선도하는 것도 다 스팀을 빨리 받아들인 덕분이다. 인류는 지적 능력을 높여 오면서 세상을 새롭게 보고 좀 더 진보된 세상을 살아왔으며, 미래에는 지금보다 더 나은 세상에서 우리 후손들이 살아갈 것이다. 바뀐 세상에서는 당연히 지금의 일자리와는 다른 일자리가 우리에게 주어질 것이다. 아니, 일자리는 주어진다기보다 우리 스스로 찾아야 하는 대상이다.

지금까지 자본주의 사회에서 가장 가치 있다고 믿어지는 일자리는 돈이 되는 일자리였다. 돈을 많이 벌 수 있는 일자리가 가장 선호됐고 또한 당연하게 받아들여졌다. 한국에서 수학을 가장 잘하는 사람들은 압구정동에서 코를 높이고 있고 미국에서 수학을 가장 잘하는 사람들은 월스트리트에서 부도덕한 펀드의 수익률을 높여 부자들의 돈을 불리기 위해 헌신하고 있다. 개인을 탓하자는 이야기가 아니다. 사회가 인정하는 가치가 오로지 돈일 뿐인 획일화된 사회 현상의 부조리를 말하고 싶은 것이다. 재능 있는 사람들이 훨씬 더 가치 있고 스스로 긍지를 느낄 수 있는 일을 고민 없이 선택할 수 있는 사회가 돼야 한다.

문명 탄생 이후 우리는 끊임없이 효용을 추구해 왔다. 인류는 효용을 최고의 가치로 인정하고 추구하면서 이를 일자리에 접목했다. 생산 능력은 저조한데 늘어나는 인구의 생활을 충족시키는 일이 급선무였던 시기에 효용은 중요한 역할을 했다. 하지만 효용만을 가치로 인정하고 추구한 결과 인류는 여러 부작용으로 몸살을 앓고 있다. 효용을 최대화해야 한다고 주장하는 공리주의를 비판하면서 미국 철학자 로버트 노직 Robert Nozick 은 '효용 괴물 utility monster'이라는 사고실험을 제안했다. 효용 괴물은 행복을 느끼는 데 한계치가 없다. 이를테면 보통 사람은 빵 하나에서 한 움큼의 행복을 느낀다면 효용 괴물은 100움큼의 행복을 느낄 수 있다. 효용 괴물에게서는 빵 하나의 효용이 극대화되는 것이다. 따라서 '최대 행복의 원리'를 외치는 공리주의의 논리에 따르면 지구상의 모든 사람들이 홀대를 받거나 아예전멸되더라도 효용 괴물을 인정해야 한다. 왜냐하면 모든 사람이 불행해지는 양보다 효용 괴물의 행복 총량이 더 크기 때문이다. 효용을 무비판적으로 받아들이고 효용만을 최고 가치로 추구하는 것은 이웃을 돌아볼 기회를 사라지게 하고 문명을 키워 준 지구를 영원히 생존 불가능한 행성으로 만들지도 모른다. 효용이 필요했던 시기에 효용은 제 역할을 해냈다. 하지만 앞으로 생산에 필요한 노동을 인간 대신 기계가 담당하게 된다면 효용보다는 지구를 아름답고 살기 좋은 행성으로 가꾸고 지켜 나가는 데 가장 중요한 가치를 둬야 한다.

변하지 않는 이념과 가치는 없다. 지금 힘든 일자리들도 당연히 좋아질 수 있다. '세상에 변치 않는 것은 아무것도 없다.' 이는 수학의 베이즈 정리를 통해서도 증명된다. 베이즈 정리는 1750년 영국 통계학자 토머스 베이즈 Thomas Bayes 가 생각해 낸 것이다. 이 규칙은 오래된 상자 속에 잊힌 듯 묻혀 있다가 1968년 존 크레이븐 John P. Craven 이 좌초된 미국의 핵잠수함 스코피언호 SSN-589 를 이 규칙을 이용해 찾아냄으로써 널리 알려지게 됐다. 베이즈 정리는 사전에 어느 정도 확률값을 예측하고 있을 때 새로 수집한 데이터가 주어지면 확률값이 어떻게 변하는지를 계산하는 정리다. 즉 우리가 확률을 이미 알고 있더라도 새로운 지식이 생기면 확률이 달라져야 한다는 것이다. "사전 믿음 + 새로운 사실(데이터) = 수정된 믿음"인 것이다. 우리 삶을 규정하는 모든 일이 이와 마찬가지다. 첨단 자본주의 사회 미국에서 첨단 기업인 인텔의 전 회장이자 CEO를 역임한 앤디 그로브는 2010년 여름《비즈니스 위크》에 기고한 글에서 "우리의 '가장 근본적인 경제 신념' 즉 '자유 시장경제는 최고의 경제 시스템이며, 경제는 자유로울수록 더 좋다'는 믿음이 항상 옳은 것은 아니다."라고 주장했다.[4] 인류의 일자리는 개인의 자유를 신장하고 개인이 자기 삶의 주체로서 살아가는 데 기여해야 한다.

인류는 사회적 의사 결정 방식을 활용하도록 진화해 왔다. 이는 많은 사람들의 아이디어를 끌어모으는 방식에 장점이 있다는 것을 보여 주는 것이며, 민주주의를 발전시켜 왔던 근거이기도 하다. 개인적인 결정보다 보편적인 '군중의 지혜'가 더뎌 보이고 비효율적으로 보이지만, 실은 이러한 사회적 의사 결정 방식이 가지는 장점이 훨씬 많다. 육체적 노동을 통해 부가 가치를 생산하는 일을 기계가 대신 하는 사회가 오면, 인류가 가장 중요하게 생각하고 가치 있는 일로 여겨야 할 것은 바로 많은 사람들이 사회적 의사 결정에 참여하고 서로 아이디어를 나누는 작업이다. SNS나 유튜브에서 '좋아요'를 누르거나 '별점'을 주는 행위는 이런 사회로 가는 초기 모형이라 할 수 있다. 사람들이 다른 사람들과 실패와 성공의 경험을 나누고 이를 통해 다양하게 도전해 볼 수 있는 기회를 가지는 것이 중요하다. 현대 사회는 사회적 네트워크를 통해 과거 어떤 사회보다 빠르고 깊고 넓게 상호 작용하는 사회다. 이를 통해 인류는 지금까지 경험해 보지 못한 속도로 사회적 밈 meme 을 형성하고 진화해 갈 것이다. 이런 미래 사회를 살아가는 인류에게 맞는 직업-일자리가 무엇일지 아직 우리는 정확하게 모른다. 하지만 대략적인 흐름과 방향성을 느끼고 유추해 볼 수는 있을 것이다.

┃ 앞으로 추구해야 할 가치 ┃

미래의 일자리는 어떤 모습일까? 그 답은 지금까지 살펴본 일자리의 본질에서부터 시작될 것이다. 일자리는 그 형태가 계속 바뀌어 왔지만 내재된 본질은 바뀌지 않으며 앞으로도 계속 이어질 것이기 때문이다. 일자리란 보람을 느낄 수 있고, 정의로우며, 창의성을 가져다주고, 진정한 자유를 추구하고, 더불어 살아가는 공생의 가치를 가지는 것이다. 이것이 바로 일자리의 본질이다. 일자리는 원래 힘든 노동을 의미하는 것이 아니었다. 정의를 표방했던 국가가 정의를 외면하고 우리 일자리를 악화시키기도 했지만 국민의 저항에 부딪혀 전복됐다. 기계화 과정도 인간의 자유를 위해 진행된 것이 아니라 오히려 인간을 억압하고 인간을 세상으로부터 소외시키기도 했지만 결국에는 본래의 목표를 향해 나아갈 것이다. 물론 세상에 거저 얻어지는 것은 없다. 일자리에 대한 선입견을 버리고 어떻게 하면 미래의 일자리가 진정으로 가치 있는 일로 돌아가 우리에게 행복한 삶을 보장해 줄 수 있을지 냉철하게 심사해 보고 실천해야 한다.

미래에 좋은 일자리를 만들기 위해서는 우선 그에 걸맞은 사회를 만들어야 한다. 좋은 사회를 만든다는 것은 우리의 가치 체계를 다시 정립한다는 것과도 상통한다. 무엇보다 우리가 관심을 가지고 고민해야 할 것은 일자리의 본질과 그 일자리에 대한 가치의 문제다. 기계가 인간 대신 노동을 하게 되어 우리가 노동으로부터 해방됐을 때, 일은 어떤 모습을 띠고 그 일자리 속에서 우리는 어떤 삶을 향유하게 될 것인가? 이것이 바로 미래 일자리 문제의 본질이다. 인류의 지속적인 발전과 삶의 질 향상을 위해 더 이상 노력할 필요가 없다는 뜻이 아니다. 그런 노력들은 더욱더 중요하고 빛날 것이다. 하지만 인류 대다수는 핍박을 당하며 노예와 같은 삶을 살고 극소수만이 신과 같은 삶을 사는 세상은 이제 그쳐야 한다. 자신의 소박한 삶을 영위해 가면서 가족을 생각하고 후손의 삶을 배려하면서 태양계를 넘어 우주에 존재하는 위대한 종족으로서의 삶을 원하는 것이다. 이런 삶이 너무 거창해 보일지 모르지만 사실 이미 우리 앞에 와 있다. 다만 우리가 기존의 불합리하고 이기적인 욕심에 희생돼 못 볼 뿐이다. 대다수가 생존에 대한 고민으로 하루하루 처절하게 인간 같지 않은, 인간 이하의 삶을 살아가는 지구는 우리가 원하는 미래가 아닐 것이다. 지금 우리의 노력과 선택이 그 미래를 결정지을 것이다. 그리고 그 문은 이미 우리에게 열려 있다.

일자리는 단순한 경제 문제가 아니다. 더 이상 미래의 일자리를 이끄는 가장 강력한 동력이 돈이나 권력(특권)이어서는 안 된다. 더불어 살아가는 동료나 이웃으로부터 얻을 수 있는 인정과 도움이어야 한다. 애덤 스미스도 저서 『도덕감정론』에서 아이디어, 도움, 동정심으로 우러난 호의를 서로 나누는 것이 인간의 본성이라고 말했다. 공동체 이익에 기여하는 사회적 교환을 경제적 교환과 더불어 중요한 사회 발전 동력으로 본 것이다. 존중과 협력으로 성공과 기회의 발판이 되는 공동체를 키워 나가는 데 도움이 되는 일들이 가치 있는 일자리로 자리매김할 것이다. 일이 가치 있고 의미 있게 되는 것은 정보를 취득하는 것으로 그치는 것이 아니라 여행하며 서로 직접 만나고 '비공식적인' 시간을 즐길 때 비로소 빛을 발하게 된다. 일자리는 독립적인 개체와 안정적인 상태를 기반으로 하는 것에서 벗어나, 전 세계적으로 연결된 네트워크 내부에서 진화적으로 성장하는 곳에서 생겨나고 발전하게 될 것이다. 개인 사이의 상호 작용과 관련된 일이 사회에 큰 영향을 미칠 것이며 미래 일자리의 주류를 이루게 될 것이다.

노벨 경제학상을 수상한 아마르티아 센 Amartya Sen 은 경제 발전이 단순하게 투자만 늘린다고 이뤄지는 것은 아니며 그보다는 사회적인 여러 환경을 개선하는 일이 수반돼야 한다는 것을 그의 저서 여러 곳에서 피력하고 있다. 문해력을 높이고 민주주의를 신장하며 남녀평등을 달성하는 것과 빈부 격차를 줄이는 것, 그리고 무엇보다 국민 스스로가 자발적으로 참여하는 것이 중요하다. 이를 위해 사회에서 어떠한 일들을 또 꾸준하게 준비하고 노력해야 하는지 비교적 명료하다. 일자리라면 원래 갖추고 있어야 할 너무나 원칙적인 것들을 되살리고 발전시켜 나가는 것이 그 시작이자 중요한 요체다. 인도에서 아소카왕 이후 가장 위대한 황제로 추앙받는 아크바르는 1591~1592년에 관용과 이성을 근간으로 하는 초종파적 기초를 마련했다. 그는 이슬람 제국 황제였지만 이슬람 수니파, 시아파뿐 아니라 힌두교와 기독교, 유대교, 조로아스터교, 자이나교, 심지어 유물론자들인 차르바카Charvaka들까지 모두 아우르는 토론 전통을 수립했다. 이는 인도에 논리와 관용의 위대한 전통을 확립한 것으로, 전 세계 공동체주의communitarianism에도 영향을 미쳤다고 할 수 있다. 공동체주의자들의 생각은 오늘날 우리나라에도 익숙한 마이클 샌델에게로 이어졌다. 샌델은 "공동체는 사람들이 시민으로서 가지고 있는 것만이 아니라 그들의 있는 그대로의 모습을 드러내 준다. 자발적으로 선택한 인간관계가 아니라 그들이 찾아낸 소속감을 보여 주며, 정체성까지 설명해 준다."[5]라고 했다. 이제 인간의 정체성은 더 이상 주어지는 것이 아니라 우리 스스로 찾아내야 하는 것이라는 의미다. 스스로 찾아낸 정체성에 맞춰 살아가는 삶이 진정한 자유를 찾아가는 길이다. 인류는 현재의 사회 모순을 극복하고 미래 사회를 새롭게 만들어 가야 한다.

지금까지는 이익을 추구하거나 공익을 위한 공공기관 등에 취업하거나 자영업을 영위해 이익을 창출하는 일에 대한 보상으로 돈을 벌었다. 즉 지금까지 우리는 일자리 행위 자체에 의미를 두고 보상해 왔다. 법이라는 도구를 활용할 줄 아는 변호사의 지식에 대해, 의사의 의술에 대해, 기계를 다루는 기계공의 기술에 대해, 청소부의 청소 행위에 대해 보상해 온 것이다. 이는 행위에 내재된 가치와는 관계없는 일이었다. 하지만 그런 방식이 정말 옳은 것일까? 이런 방식으로라면 현재 우리가 하는 일을 로봇이나 AI가 담당하게 될 때 더 이상 개개인에게 보상할 근거나 논리를 상실하게 될 것이다. 또 오로지 돈을 목적으로 변호해서 큰돈을 버는 변호사의 행위나 생명을 담보로 자신의 사욕을 채우는 의사의 행위에 대해 우리가 큰 가치를 부여하고 보상하는 것이 올바른 것일까? 아닐 것이다. 우리가 보상해야 할 대상은 그 행위 자체가 아니라 행위에 내포된 가치다. 청소는 지구를 깨끗하게 해 주는 것에 대해, 기계를 다루는 기술은 인간의 삶을 풍요롭게 해 주는 것에 대해 보상해 줘야 한다. 같은 청소를 해도 친환경적이고 지속 가능하며 이웃을 배려하는 방식의 청소에 더 많은 가치를 부여하고 보상해야 한다. 마찬가지로 고도의 지적 능력이 필요한 일도 그 일 자체가 지적인 능력이 필요해서 보상하는 것이 아니라 그 일이 추구하고자 하는 목적에 대해 보상해야 한다. 지적 능력이 필요한 작업도 미래에는 오히려 AI가 훨씬 잘 수행할 것이다. 중요한 것은 마음이다.

| 존재 자체로 보상받는 사회 |

인류가 창출하는 부는 더욱 커질 것이다. 앞으로는 할 일은 줄어들면서 과실은 그와 반비례로 커지는 사회에서 살게 될 것이다. 현재의 양상을 보면 이런 현상이 더욱 빠른 속도로 진행될 것이 불 보듯 뻔하다. 기존 방식으로 문제를 해결할 수 없을 때는 전혀 다른 각도에서 접근해 창의적인 방법을 도출해야 한다. 앞으로 개개인은 무엇보다 존재한다는 그 자체로 보상받게 될 것이다. 그것이 존재 가치 보상이든 기본소득이든 어떤 말로 불리느냐는 중요하지 않다. 최소한의 인간적인 삶이 가능한 수준의 소득이 무조건 보장되는 사회가 돼야만 지구 문명이 지속될 수 있다. 기본소득을 보장해 준다는 생각은 어제오늘 일이 아니다. 지금으로부터 2000년도 더 전인 고대 로마 시대에도 도시화가 급속하게 진행되면서 도시에 하층민이 급증하게 되자 로마 황제들은 그들에게 빵, 밀가루, 기름, 채소, 고기 등의 기초 생활품을 공급했다. 추정해 보면 당시 로마는 도시 인구 3분의 1에 해당하는 최대 15만 가구 이상에 생활필수품을 나눠 주거나 저가로 구입할 수 있도록 했다.

기초 생활을 보장하는 것은 결코 사회적 낭비가 아니다. 챗GPT를 개발한 오픈AI 창업자 샘 올트먼이나 페이스북 공동 창업자 크리스 휴스, 자동차 공유 서비스 집카 CEO 로빈 체이스 등은 모두 기본소득의 필요성을 인정하고 있다. 특히 올트먼은 2017년부터 5년간 미 캘리포니아주 오클랜드의 100가구에 6~12개월 동안 매달 2000달러(한화 약 230만 원)를 실제로 지급해 기본소득의 유용성을 확인하는 실험을 진행한 바 있다. 기본소득 얘기가 나올 때마다 일각에서는 사람들의 창의성이나 노동 의욕이 상실될 거라는 우려가 나온다. 하지만 지금까지 선진국이나 저소득 국가 어느 곳을 막론하고 세계 곳곳에서 시행된 기본소득 실험에서는 항상 정반대의 결과가 나왔다. 기본소득이 보장되자 오히려 창의성이 높아지고 자신의 발전을 위해 훨씬 효율적인 시간들을 보내게 됐다. 또 실업과 빈곤에서 탈출하고, 많은 경우 가정 폭력도 줄어들어 육체적, 정신적으로 건강한 삶을 영위하게 됐다.

기본소득이 모든 사람이 균등하게 살아가는 공산주의 사회로 유도할 것이라는 우려도 기우에 불과하다. 기본소득 지급을 위해 사용되는 자금은 창출되는 부의 전부가 아닌 일부분을 재원으로 충당하기 때문에 나머지는 여전히 창의적인 사업가들의 몫이 될 것이다. 예를 들어 생산되는 전체 부를 100이라고 하면 그중 70~80퍼센트 정도가 기본소득에 사용되고 20~30퍼센트의 부는 여전히 돈을 벌기 위해 노력하는 사람들에게 돌아가는 식이다. 20~30퍼센트가 작아 보일지 모르지만 우리의 생산력이 지금보다 10배, 100배로 훨씬 커질 것이기 때문에 절대 금액은 결코 작지 않다. 사회 전체적으로 창의력이 저하될 일도 없다. 오히려 안정된 삶으로 인해 이전에 꿈꾸지 못했던 하고 싶은 일을 하게 됨으로써 강한 동기와 창의력을 발휘하는 계기가 된다. 그때가 되면 직업에 따라 보상이 현격하게 차이 나는 것이 도리어 이상한 세상이 될 것이다. 이것이 일자리의 미래다. 앞으로 증가되는 부는 소수가 아닌 다수를 위해 더 윤리적으로 사용돼야 한다.

앞으로 가치 판단의 기준으로 삼아야 할 내용은 사실 아주 단순하다. 첫째, 인류는 지구와 공생해야 한다. 둘째, 인간 개개인의 삶은 동등한 가치를 가진다. 즉 내가 가치 있는 만큼 남도 똑같이 가치 있는 존재다. 이 간단한 가치를 공유할 수 있다면 우리가 꿈꾸는 사회가 훨씬 빨리 앞당겨질 것이다.

미래에 우리는
어떤 일을 할 것인가

이제 사회화에서 시작된 이야기를 정리할 때가 됐다. 미래에 우리는 구체적으로 어떤 일들을 하면서 살아가게 될까? 미래를 예측하는 일은 항상 어렵고 대부분 틀리기 마련이다. 하지만 지금까지의 흐름을 토대로 생각해 보면 미래의 우리 일자리에 영향을 미칠 주요 요소 몇 가지는 유추해 볼 수 있고 전체 트렌드를 예견하는 정도는 가능할 것이다.

| 정보는 '새로운 석유'다 |

미래 사회에 가장 중요한 자산은 정보다. 개인 정보는 디지털 경제 시대의 '새로운 석유'라 불릴 만큼 그 가치를 인정받고 있다. 데이터로 표현되는 정보는 그 자체로 자산이 될 수 있다. 자신의 정보는 자신이 소유할 권리를 가지며 데이터를 수집한 기관은 은행이 고객의 돈을 맡아 관리하는 것과 같이 데이터를 관리할 뿐 소유권을 가지는 것은 아니다. 또한 수집된 데이터의 사용도 전적으로 데이터를 소유한 개인의 몫이다. 자신의 데이터가 잘못 사용된다고 생각될 때 언제든지 데이터를 삭제할 권한도 데이터 소유자에게 있는 것이 당연하다. 즉 데이터를 공유하거나 삭제하는 모든 권한은 전적으로 데이터 소유자에게 귀속된다. 데이터를 생산하고 공유하는 것으로 충분히 보상받을 권리가 생기는 것이고 '일'로서 인정받을 수 있는 것이다. 개인 데이터의 개인 통제는 이미 구글 대시보드 Google Dashboard 에서 시작됐다. 또 구글에서는 데이터 소유자가 데이터를 쉽게 추가하고 삭제할 수 있도록 하기 위해 엔지니어들이 모여 '구글 데이터 해방 전선 Google Data Liberation Front '을 조직해 활동 중이다. 이미 많은 유튜버들이 자신의 여행 여정이나 맛집 방문 등을 유튜브 콘텐츠로 제작해 수익을 올리는 것도 자신의 데이터로 하나의 유의미한 행위를 하는 것이다. 자신의 여정, 먹는 음식, 자는 장소, 입는 옷이 모두 하나의 상품 데이터로 팔린다.

새로운 일자리는 항상 생겨난다. 정보산업과 기존 산업의 차별점은 생산자와 소비자가 같다는 것이다. 기존 산업에서는 재화나 서비스를 공급하는 사람과 이를 사용하는 사람이 구분됐다. 하지만 정보산업은 생산하는 사람이 동시에 소비자이기도 하다. 제품을 써 보고 평가해 줌으로써 돈을 받는 것은 정보를 생산하는 일로 이해하면 보상받는 것이 당연하다. 미래에 사람의 행동과 심리 분석은 중요한 영역이 될 것이며 정보 생산자는 당연히 보상받을 권리를 가질 것이다. 한계 비용 제로 사회가 되면 사용자의 후기에 대해 보상하는 것이 하등 이상할 것이 없어진다. 정보산업은 즐거운 일자리가 많이 창출될 분야다.

유발 하라리는 그의 책 『호모 데우스 Homo Deus 』(2016)에서 미래 인본주의를 대체할 인간의 종교적 신념으로 '데이터교'를 상정했다. 모든 것이 빅데이터 중심으로 돌아가고 데이터 흐름이 모든 가치에 선행되리라는 것이다. 데이터교의 미래를 생각해 보면 오싹하기도 하고 유토피아를 보는 것 같기도 하다. 데이터교가 극소수의 이익 추구의 수단으로 전락한다면 하라리 말대로 인류는 지구상에서 2류 종족, 즉 무용 계급 useless class 으로 추락할 것이며 인류 문명은 거기에서 끝날 것이다. 데이터의 흐름이 궁극적으로 우리 모두를 위한 것이 된다면 그보다 좋은 유토피아는 없을 것이다. 그 흐름의 목적을 만드는 것은 누구일까? 우리일까? 소수의 재벌일까? 아니면 AI일까? 여기에서 인류의 운명이 결정될 것이다.

| 모두 돌아가며 맡는 공공 분야 일자리 |

공공 분야의 일자리도 주요한 인간의 일터가 될 것이다. AI가 생활 속으로 더 깊게 들어오게 되면 지금 선출직이나 공무원의 일들은 고대 그리스의 아테네 민주정처럼 추첨에 의해 돌아가면서 수행하는 일이 될 수 있다. 앞으로는 지금 정부나 지자체가 맡은 업무를 꼭 선발된 공무원이 맡아서 하지 않아도 될지 모른다.

이미 대의민주주의의 모순이 점점 더 크게 나타나고 있다. 신분제에 따라 할 수 있는 일이 명확하게 구분됐던 시기에는 선거를 통해 일꾼을 뽑는 것이 많은 이들에게 기회를 부여할 수 있고 사회 통합에도 긍정적으로 작용하는 좋은 제도였다. 현대 민주주의의 대세로 자리 잡은 대의민주주의지만 대의민주주의의 역사는 그리 길지 않다. 대의민주주의 산실인 영국 의회도 초기에는 봉건 질서를 무너뜨리고 자본가들의 지배권을 확립하는 것이 목적이었다. 휘그당(비국교도와 상공업 계급)과 토리당(국교도와 지주 계급) 모두 자신들의 이익을 추구하는 정치를 시행했지, 누구도 스스로를 국민의 대표로 생각하지 않았다. 의원의 3분의 2는 그냥 임명됐고 나머지 3분의 1을 지대 수입을 기준으로 부여된 선거권을 가진 16만 명의 유권자가 선거로 뽑았지만 대부분 돈으로 매수된 표였다. 태어난 신분에 따라 선거권이 부여된 다른 유럽 국가에 비해 영국은 그나마 개인의 자유를 누린 편이었다. 하지만 의도하지 않게 대의민주주의는 사람들에게 혜택을 주는 여러 권리를 창출하며 민주주의의 싹을 틔우는 기회가 됐고 민주주의 체제를 완성하는 출발점이 됐다. 하지만 지금의 대의민주주의는 포퓰리즘, 가짜 뉴스의 양산, 사익에 눈먼 선출직 고위 공직자의 자기 식구 챙기기가 만연하면서 오히려 사회 분열의 주요 원인으로 작용하고 있다.

이런 문제는 모든 사회 구성원이 학부모 모임이나 지역사회 봉사 단체 등 다양한 소규모 단체에서부터 시작해 풀뿌리 민주주의라고 일컬어지는 기초단체, 그리고 광역단체, 국가기관, 더 나아가 국제기구 등에 직접 참여해 자신의 의견을 피력하거나 집행부의 일원으로 정해진 임기 동안 일하게 된다면 해소될 수 있다. 이때가 되면 공공 분야의 일은 권력과 사회적인 신분 상승의 수단이 아니라 오히려 의무의 성격이 더 강해질 것이다. 정해진 임기 동안 자신의 의무를 다하고 다시 일상으로 돌아와 자신이 좋아하는 일에 몰두할 수 있게 되는 세상을 곧 보게 될지도 모른다.

공공 분야의 일을 경험하는 것은 또 다른 측면에서 대단히 유용하다. 1932년 영국 작가 올더스 헉슬리는 『멋진 신세계 Brave New World』를 발표했다. 포드 자동차 생산 공장 시스템에서 영감을 받은 헉슬리는 서기 2540년의 세상을 밀도 있게 그려 냈다. 20세기에 쓰인 미래 소설 가운데 가장 현실감 있는 작품으로 꼽히는 이 소설은 과학기술의 발달로 질병이나 기아와 같은 모든 근심·걱정이 사라진 인류가 마약과 섹스에 빠져 꼭두각시로 전락해 인간성을 상실하는 삶을 살아가게 된다는 섬뜩한 경고를 보낸다. 실제로 과학기술은 우리 인류를 기아와 질병의 고통에서 벗어나게 해 줄 것이다. 그것도 소설에서 그리고 2540년보다 훨씬 앞당긴 시점에 이뤄질 가능성이 크다. 이런 때가 왔을 때 모든 사회 구성원이 추첨과 같은 제도를 통해 자치를 경험함으로써 자신이 살아가고 있는 사회를 이해하고 사회의 일원으로 의무감과 소속감을 갖게 된다면 이런 디스토피아는 오지 않을 것이다. 천재들이 예견한 암울한 미래는 무엇보다 소중한 등대가 될 수 있다. 물론 이런 세상이 오는 것을 막으려는 기득권의 저항은 어느 때보다 강할 것이다. 하지만 1789년 5월 4일 프랑스혁명 전야에 내일의 봉기가 역사의 큰 분기점이 되어 인류에게 자유를 가져다주는 출발점이 될 것이라고 그 누가 상상이나 했겠는가?

경험이 없는 초보자가 어떻게 전문적인 일을 해낼 수 있느냐고 반문할 수도 있다. 하지만 지금 어느 기초단체에 문화관광과가 하는 일이 있다고 가정해 보자. 추첨에 의해 집행부의 일원으로 선출되면 어떤 사안에 대해 서로 의견을 낼 수 있고 AI의 도움도 받을 수 있으며 호모 이미탄스homo imitans (주변 아이디어를 흉내 냄으로써 학습하는 개별 능력을 지닌 인류를 지칭하는 말)의 특성을 살려 충분히 맡은 업무를 수행할 수 있다. 직접적인 실행은 로봇이나 AI가 한다고 가정하면 사실 이런 일들은 지금의 위원회 활동처럼 주로 회의하고 의견을 주고받는 일이 주가 될 것이다. 연구에 의하면 아이디어의 흐름과 패턴은 생산성 증대와 창의적 활동에 직접적으로 관련된다. 디지털 의사소통 체계 속에 담겨 있는 인간들의 경험과 아이디어 교환 패턴은 현실 마이닝reality mining (휴대폰, GPS 등 휴대 기기를 통해 사람들의 이동 경로, 통화 내용, 접촉하는 사람들과 같은 정보를 파악하는 것)을 통해 더욱 구체적이고 실제적인 도움으로 작용할 것이다. 이를 통해 우리는 지금까지는 알 수 없었던 경제 위기나 혁명, 거품과 같은 사건들까지 바로 보고 예측할 수 있는 '신의 눈'을 가질 수도 있을 것이다. 또 우리 자신뿐 아니라 인류의 진화 방식을 실질적으로 이해할 수 있는 능력도 지니게 될 것이다. 고대 그리스가 성공적인 민주주의를 시행할 당시에는 AI도 없었고 반면교사로 삼을 충분한 경험도 없었다. 더구나 그리스인 대부분은 문맹이었다. 하지만 아테네는 지구상의 어떤 나라보다 훌륭한 민주주의 국가를 건설하고 성공적으로 운영했다. 지금 우리가 이 일을 못 할 하등의 이유가 없다. 누구나 처음은 있기 마련이다.

| 교육과 전문 영역, 본연의 자리로 돌아가야 |

교육 분야는 지금도 중요하지만 그 중요성이 앞으로 더욱 커질 분야다. 인류는 새로운 세대를 교육시킴으로써 문명을 발전시켜 왔다. 교육은 과학기술만을 전수하는 것이 아니다. 가치를 소중하게 가꾸고 더 심화시키는 것이 그보다 더 중요하다.

앞으로 교육은 질문하는 법을 가르치는 것이 주요 과정이 될 것이다. 미래에 인간의 주요 일 중 하나는 좋은 질문을 끊임없이 하는 것이다. 질문의 효용에 대해서는 이미 소크라테스가 "계속 물어보게. 지혜에 이르는 길은 좋은 질문으로 포장되어 있으니."라고 말한 바 있다. 소크라테스뿐 아니라 인류의 큰 스승들인 부처, 공자, 예수는 모두 대화, 강론, 비유를 통해 가르쳤다. 제자나 의문을 품은 사람들이 와서 질문하는 순간은 진리를 전할 수 있는 좋은 기회가 된다. 교육의 본질은 이런 것이다. 인류가 앞으로 지향해야 하는 교육은 스승과 제자가 하나가 되어 서로 주고받는 교육을 실현하는 것이다. 따라서 질문하는 능력이 미래의 교육에서 가장 중요한 능력이 돼야 한다. 모든 지식이 인터넷에 저장돼 있는 세상에 암기한 지식은 별 가치가 없다. 중요한 것은 자신이 알고자 하는 것의 핵심이 무엇인지를 아는 것이다. 문제 해결 능력을 키워 주는 것이 교육의 핵심이 돼야 한다. 최근 화제가 되고 있는 챗GPT를 잘 쓰는 방법을 습득시키는 것이 백과사전 전부를 외우는 것보다 중요하다. 챗GPT 잘 쓰는 법은 질문을 잘하는 것이다.

교육은 앞으로 새롭고 가치 있는 다양하고 폭넓은 일자리가 생겨나야 할 분야다. 지금까지 교육은 '가르침'이 주 관심사였다. 하지만 개개인이 모두 네트워크와 연결된 스마트 기기를 자유롭게 사용할 수 있는 환경이 갖춰진 지금 지식을 가르치는 것은 더 이상 가치 있는 일이 아니다. 그렇다고 교사가 쓸모없어지는 것은 아니다. 오히려 교사의 역할은 더욱더 커질 것이다. 학교에서 교사가 담당해야 하는 전통적인 역할은 줄겠지만, 더 많은 학교 심리학자가 교사를 도와 어려운 교육 환경을 개선해야 하고, 더 많은 학교 사회복지사가 조력해 사회에 적응하지 못하는 아이들이 나오지 않도록 노력해야 한다. 이뿐 아니라 사회에서 다양한 경험을 쌓은 은퇴한 시니어들이 학생 개개인의 멘토 역할을 담당해 인류가 쌓아 온 지혜와 삶에 대한 가치를 심도 있게 전달할 수 있도록 해야 한다. 교사보다 학생이 많을 이유도 없다. 교사 여러 명이 다양성을 가지고 한두 명의 학생을 심도 있는 대화를 통해 교육할 수도 있다. 다양하게 구성된 교사 집단이 몇 명의 학생을 교육하는 '다대다'의 교육 방식도 가능하다. 예전에는 귀족들의 자녀 하나가 여러 명의 선생님에게 수학하는 것이 당연한 일이었다.

지금의 교육은 기득권 획득을 위한 자격증 취득이 최고 목표가 돼버린 지 오래다. 2022년 한국에서 사교육에 지출한 돈만 26조 원이다. 고등학생 한 명당 월평균 70만 원 이상을 지출하고 있다. 모두 한정된 자리를 놓고 서로 차지하기 위한 왜곡된 교육 현실에 기인하는 부조리한 현상이다. 이런 상황에서 교육 본연의 목적과 행복 추구권을 논하는 것은 철없는 사람의 넋두리일 뿐이다.

하지만 자격증 취득이 곧 사회 신분 상승으로 이어지는 지금과 같은 사회는 오래가지 못할 것이다. AI가 출시된 이후 미래 사회에 존속을 위협받을 직업으로 언론에 자주 언급된 것은 변호사와 의사였다. 변호사, 의사가 필요 없는 사회가 오리라고는 생각하지 않는다. 다만 그 직종의 자격증 역시 타 자격증과 비슷한 정도의 가치를 지니게 될 것이다. 그때가 되면 사회적 신분 상승이나 경제적 부를 위한 방편으로 의사나 변호사가 되기보다는, 원래 의사나 변호사들이 가졌던 초심으로 돌아가 사람의 생명을 살리거나 법률적 보호가 필요한 이들을 돕는 일을 하고 싶어 자격증을 따는 세상이 올 것이다. 그렇게 되면 우리는 훨씬 더 세심하고 인간적인 서비스를 기대해도 좋은 사회를 살게 될 것이다. 변호사나 의사 같은 고급 자격증 취득자들에게 새롭게 강화된 요구를 하는 것이 아니다. 그저 자신들이 자격증을 취득하고 현업에 종사하기 전에 선서한 윤리 강령에 따라 자신들의 직을 수행하는 것을 요구할 뿐이다. 힘든 육체노동이나 정신노동의 대부분을 기계가 할 수 있는 사회가 도래하면, 보다 행복한 삶을 살아가는 일, 또 높은 가치를 가지고 살아갈 미래 세대를 양성하는 일만큼 중요한 일은 없을 것이다. 교육 분야는 다양하고 많은 일자리가 창출될 수 있는 공간이다.

| 창의성이 발휘되는 일자리 |

자기 존재를 확인하고 드러내는 창의적인 활동도 중요한 분야다. 인간의 창의성이 빛나는 순간에는 늘 새롭고 유용한 도구가 탄생한다. 인간은 기본적으로 안정적인 상황을 좋아한다. 문명이 발달할수록 인간은 미지의 세계보다 익숙한 세계가 넓어지게 된다. 철학자이자 수학자 화이트헤드는 "문명은 생각하지 않고도 실행에 옮길 수 있는 활동의 수가 늘어날수록 진보한다."라고 했다. 문명의 편리함 중의 하나다. 하지만 궁극적으로 문명을 그렇게 만들기 위해서라도 아는 세상에만 머물 수는 없다. 우리가 생각 없이도 행동할 수 있도록 더 많은 세상에 대해 탐구하고 도전해야 한다.

이런 과정에 필요한 것은 도전과 실패, 그리고 새롭게 사물을 바라보고 질문하는 능력이다. 미지의 세계는 우리에게 끊임없이 주위를 환기시키고 탐색하게 만들며 새로운 정보 생성을 위한 강력하고 지속적인 '동기'를 부여한다. 물론 미지 세계 탐험에는 대가가 따른다. 실패를 두려워하지 않고 미지의 세계를 탐험할 수 있게 기회를 제공하는 것이야말로 인류가 미래에 더욱 소중하게 생각하고 가치를 인정해야 할 일이다. 세상에서 '가장 편하게 실패할 수 있는' 실리콘밸리에서 가장 혁신적인 동력이 나오는 것은 당연한 일이다.

미래 일자리의 성격에 대해 엿볼 수 있는 흥미로운 실험이 있다. 하버드 경영대학원의 사회심리학자 테레사 아마빌레Teresa M. Amabile 는 두 비교 집단에게 콜라주를 제작할 것을 주문하고 결과를 비교하는 실험을 했다. 한쪽 집단에는 미술가 심사단의 평가 결과 더 창의적인 콜라주를 만드는 집단에게 금전적 보상을 할 예정이라고 말하고, 다른 쪽 집단에는 그저 콜라주를 만들며 즐거운 시간을 보내라고 했다. 그 결과, 심사에 대한 언급 없이 그저 즐거운 시간을 보내라는 지시를 받은 집단이 압도적으로 훨씬 창의적인 콜라주를 만들어 냈다. 반복된 실험에서도 단 한 번도 반대의 결과가 나온 적이 없다. 인간은 보상이나 평가를 염두에 둔 순간 창의성이 사라지게 된다. 앞으로 인류의 일자리도 이와 같은 성격으로 진화하고 발전할 것이다. 주어진 목적 없이 자유롭게 자신이 하고자 하는 일에 몰두하는 초기의 순간에 창의성이 가장 크게 발휘된다는 것도 많은 실험에서 증명된 일이다.[6] 우리 사회가 더 창조적인 공간이 되고 모바일 소셜 웹이 더 스마트해지고 우리 삶이 더 건강해지는 일에 더욱 많은 일자리가 만들어지게 될 것이다.

우리가 관심을 가져야 하는 것은 '대다수' 사람들이 자부심을 가지고 자신의 삶이 공정하다고 느끼면서 창의적으로 자신의 일을 즐겁게 해 나갈 수 있는 일자리를 어떻게 만들 수 있느냐다. 소수의 사람들이 일반적인 사람들과 다른 일을 해 나가는 것은 그것 그대로 유지되고 발전해 갈 것이다. 모두가 고도의 사고 능력이 필요한 양자역학을 다루는 물리학자나 세계 경제를 거시적으로 고민하는 세계은행 이코노미스트가 될 필요는 없다. 지금까지 역사에서 선조들이 살아왔고 또 오늘날 우리가 살아가는 것과 같이 보통 사람들이 자부심을 느끼고 공정함을 느끼면서 창의성을 발휘하고 삶이 즐거운 일자리이면 된다. 그런 일자리는 얼마든지 우리 의지로 만들고 발전시켜 갈 수 있다. 지금 여기에서부터 준비한다면 말이다.

| 공익적인 가치가 인정받는 사회 |

공익 분야가 새롭게 가치를 인정받고 광범위하게 받아들여지는 사회가 오면 이 분야에서도 가치 있는 일들이 수없이 창출될 것이다. 공익 분야의 일은 우리 문명이 원천적으로 가지고 있는 모순을 줄여주는 일을 하게 되므로 우리가 지속 가능한 문명을 만들어 가는 데 중요한 역할을 하게 될 것이다. 그리고 인간의 감성적인 공감이 필요한 분야 역시 공익 분야에서 더욱 빛을 발하게 될 것이다.

공익 분야라고 해서 거창하게 생각할 것은 없다. 지구 환경을 위해 오늘 나무를 한 그루 심는 것도 공익을 위해 중요한 일이다. 주변의 쓰레기를 직접 치우고 아름다운 꽃을 가꾸는 일, 물의 소중함을 알고 실천하는 일 등 이 모든 선의의 행동들이 공익을 위한 일이 될 수 있다. 혼자 힘들게 살아가는 이웃을 보살피는 것도 중요한 일이다. 우리는 지구와 더불어 살아가지만 동시에 같은 종인 인간과 더불어 살아가는 사회적 동물이다. 지금까지 우리는 이익이 발생하는 직접적인 생산 활동에 관여했을 때만 보상이 주어지는 사회에 살아왔다. 진정으로 가치가 있고 의미가 있어도 이익이 발생하는 일이 아니면 뻔뻔스러울 만큼 철저하게 무관심으로 일관했고 오로지 개인의 선의에 기대어 왔다. 옛날처럼 생존을 위한 생산 활동에 매달려야 하는 시기라면 그럴 수도 있겠거니 하고 넘어갈 수도 있지만, 생산력이 충분해진 지금까지도 이런 태도를 유지한다는 것은 무책임함을 넘어 야만적인 일이다.

분야에 따라서는 공익적인 일에 대한 현실적인 보상이 이미 시작된 곳도 있다. 대표적인 예가 요즘 지자체마다 시행하고 있는 출산 장려 정책이다. 출산과 양육은 얼마 전까지 개인의 일로만 여겨져 왔다. 저출산으로 인한 인구의 급격한 감소에 위협을 느낀 정부와 지자체가 내놓은 정책들이지만, 생각해 보면 우리 미래를 위해 2세를 출산하는 일보다 더 공익적인 행동이 어디 있겠는가? 이제 출산과 양육은 지극히 개인적인 일이면서 동시에 사회 공익을 위한 일이기도 하다.

| 실업이 없는 사회 |

이처럼 미래에는 지금은 직업이라고 생각할 수 없는 온갖 일들을 일자리로 만들 수 있다. 이런 사회를 우리가 건설하게 되면 언젠가는 실업이 없는 사회도 될 수 있지 않을까? 실업은 사회 구성원들의 수입에만 영향을 미치는 것이 아니다. 실업은 한 사람의 삶을 완전히 망가뜨릴 수 있는 파괴력이 있고, 사회 구성원들에게 세상이 불평등하다고 느끼게 함으로써 반사회적인 성향을 자극할 수도 있다. 자동화로 일자리가 감소하자 각국은 해결책으로 실업 수당을 지급하기 시작했다. 하지만 실업 수당은 소득의 손실을 일정 부분 보전해 줄 수 있을지 몰라도 심리적 타격이나 자긍심의 손상, 건강 악화와 질병의 증가, 가족 관계와 사회적 삶의 붕괴, 사회적 배제의 심화, 성적 불평등의 강화와 같은 문제를 해결하는 데는 도움이 되지 못한다.

실업은 사회 구조적 문제로, 모든 사회가 피할 수 없는 공통의 현상으로 발생하는 것은 아니다. 그 사회가 어떤 정책과 생각을 공유하느냐에 따라 실업을 대하는 생각이 달라질 수 있다. 예를 들어 미국은 유럽에 비해 경제적 불평등은 높은 편이지만 실업률은 훨씬 낮은 수준을 유지한다. 현재 이탈리아나 프랑스는 실업률이 9~12퍼센트이지만 미국은 대략 4~5퍼센트다. 미국에서는 궁핍한 사람들을 국가가 부양하지 않아도 된다고 생각하지만 복지국가에서 살아온 유럽인들은 이런 생각을 받아들이기 힘들다. 반면 미국의 사회 윤리는 유럽과 같은 두 자릿수의 실업률을 받아들이지 못한다. 이런 생각의 차이가 실업률에 반영돼 나타나는 것이다. 이처럼 같은 자본주의 경제 정책을 시행함에도 사회적인 생각의 차이가 실업률에 반영되듯이, 사회가 가치 있는 일에 보상을 하고 그 일을 인정한다면 실업 자체가 완전히 사라질 수도 있다. 하지만 이런 불평등을 지금과 같은 시선으로 바라보고 해결하고자 한다면 인류는 이 문제를 영원히 해결하지 못할 것이다.

인생 후반기에 들어선 아인슈타인이 자신의 어릴 적 이야기를 들려준 적이 있었다. 네다섯 살쯤에 아버지가 나침반을 보여 줬을 때 그

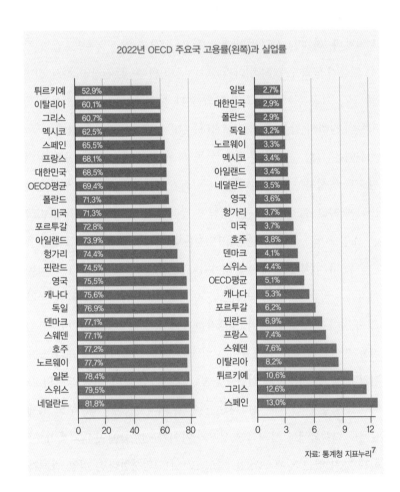

2022년 OECD 주요국 고용률(왼쪽)과 실업률

	고용률		실업률
튀르키예	52.9%	일본	2.7%
이탈리아	60.1%	대한민국	2.9%
그리스	60.7%	폴란드	2.9%
멕시코	62.5%	독일	3.2%
스페인	65.5%	노르웨이	3.3%
프랑스	68.1%	멕시코	3.4%
대한민국	68.5%	아일랜드	3.4%
OECD평균	69.4%	네덜란드	3.5%
폴란드	71.3%	영국	3.6%
미국	71.3%	헝가리	3.7%
포르투갈	72.8%	미국	3.7%
아일랜드	73.9%	호주	3.8%
헝가리	74.4%	덴마크	4.1%
핀란드	74.5%	스위스	4.4%
영국	75.5%	OECD평균	5.1%
캐나다	75.6%	캐나다	5.3%
독일	76.9%	포르투갈	6.2%
덴마크	77.1%	핀란드	6.9%
스웨덴	77.1%	프랑스	7.4%
호주	77.2%	스웨덴	7.6%
노르웨이	77.7%	이탈리아	8.2%
일본	78.4%	튀르키예	10.6%
스위스	79.5%	그리스	12.6%
네덜란드	81.8%	스페인	13.0%

자료: 통계청 지표누리[7]

는 의식이 없는 물체인 나침반이 항상 정해진 방식으로 하나의 방향을 가리키는 것을 보고 깊은 인상을 받았다. 그는 사물의 배후에는 깊이 숨겨진 무언가가 있다고 느꼈다. 우리는 우리가 살아가는 공간을 완전하게 이해하지 못하고 있다. 국가나 도시라는 개념도 정확하게 공유하고 있지 못하며 돈에 대한 이해도 여전히 부족하다. 어린 아인슈타인이 느낀 것처럼 아직 우리에게는 깊이 숨겨진 무언가가 있다. 그렇기에 우리는 미래를 더욱더 아름답고 멋있게 만들 수 있다. 그 아름다운 세상은 우리 개개인의 일자리로 인해 더욱 확고해질 것이다.

기계가 인간의 노동을 대신 함으로써 우리에게 충분한 자유 시간이 주어진다면 모든 인간이 낙오자가 아닌 성공한 사람으로 살 수 있다. 성공한 사람과 낙오자를 구분하는 특징을 몇 번 성공했느냐가 아니라 몇 번 다시 시작하느냐로 규정한다면 말이다. 살아가기 위해 하고 싶지 않은 노동을 강요하는 사회에서 벗어나게 된다면, 경이로운 일이나 놀랄 만한 일을 경험하면서 일상을 즐길 수도 있게 될 것이다. 관찰은 인간의 모든 위대한 발견의 시작이다. 인체의 혈액 순환과 심장의 역할을 정확하게 알아낸 17세기 윌리엄 하비의 업적도 모두 일상의 관찰에서 비롯된 것이다. 모든 사람이 천재가 된다는 것은 결국 모두가 천재가 아니라는 이야기지만, 모두가 천재가 됨으로써 행복해질 수는 있다. 자신만의 좁은 공간에서 살아가는 전문가가 아닌, 인생을 통찰하고 자신의 지적 욕구를 따라 살아가는 르네상스적인 인물들이 사는 세상이 진정으로 개명한 문명사회가 아닐까? 우리의 미래 일자리는 바로 그곳에 모든 사람에게 열려 있을 것이다.

현생 인류는 약 4만 년 전에 출현해 지금까지 두 가지 큰 즐거움과 함께 진화해 오면서 문명을 구축하고 번영해 왔다. 바로 지적 탐구와 섹스였다. 우리의 지적 탐구는 앞으로 인류가 지구와 공영하면서 지속 가능하게 발전해 나가기 위해 지금껏 우리가 가지고 있던 일자리에 대한 생각의 변화를 요구하고 있다. 즉 노동은 더 이상 우리를 억압하고 삶을 힘들게 만드는 일이어서는 안 되며 삶의 세 번째 즐거움이 돼야 한다. 노동labor이 우리 삶을 유토피아utopia로 이끄는 '레이버피아laborpia'가 우리의 미래 일자리를 나타내는 궁극적인 말이 돼야 할 것이다.

미래 사회를 위한 준비

그럼 미래 사회로 가기 위한 준비를 하려면 재원은 어떻게 마련할 수 있을까? 아무리 좋은 청사진을 갖고 있더라도 실현 가능성이 없으면 그림의 떡이다. 우선 단계적으로 살펴보자.

| 재정 정책은 최대한으로 |

바로 실현할 수 있는 현실적인 방안은 현 체제 내에서 가능한 최대한의 재정 정책을 시행하는 것이다. 재정 정책에는 증세, 초과 세수 활용, 사회적 약자를 위한 집중 투자, 선별적 복지 정책을 재정비해 보편적 복지로 이행하기 등이 있다. 그리고 우리가 창출하는 부를 어떻게 합리적으로 분배할 것인가 하는 문제와 우리가 공동으로 사용할 부의 비율을 얼마로 정할 것인가 하는 문제를 공개적으로 논의해 사회적 담론을 만드는 일을 시작해야 한다. 여기에는 미래 사회에 필수재가 될 여러 공공재를 국민연금이나 그 외 공공성을 가진 펀드들이 소유해 국민 모두에게 그 권리와 이익이 돌아가게 하는 방법도 함께 고민돼야 할 것이다. 모든 가능성을 열어 놓고 해법을 찾아간다면 틀림없이 우리와 우리 후손들의 미래를 담보해 줄 최상의 방안을 찾을 수 있을 것이다.

바이든 미 대통령은 2021년 총 2조 달러 규모의 '미국 일자리 계획 American Jobs Plan'을 발표했다. 여기에는 물적 인프라로 교통 인프라(6210억 달러), 건물, 학교 및 병원(2500억 달러 이상), 인프라 재건(500억 달러)에 투자하고, 클린 테크, 클린 에너지 및 관련 인프라(3000억 달러 이상), 상수도 시설(1110억 달러), 디지털 인프라(1000억 달러) 등의 투자 계획과 이를 위한 자금 조달 방안이 포함됐다. 이와는 별개로 미국을 AI, 생명공학, 고급 컴퓨팅 및 클린 에너지 분야의 리더로 만들기 위해 공적 자금 1800억 달러를 투자하기로 했다. 자금 조달 방안은 법인세 28퍼센트로 인상, 미국 회사에 대한 최소 세율을 21퍼센트로 올려 다국적 미국 기업의 해외 자산 수익에 대한 면세 효과 방지, 법인의 해외 세금 피난처 이용 제한, 역외 경비 지출에 대한 세금 공제 불가, 기업의 장부상 소득에 대해 최소 세율 15퍼센트 확정 등 주로 세수를 확대해 충당하는 방안이다. 국제 신용평가사 S&P는 이러한 계획이 전체적으로 2024년까지 230만 개의 일자리를 만들고 경제에 5조 7000억 달러가 투입돼 1인당 소득이 2400달러까지 증가할 것이라고 추정하고 있다. 과거 사례를 보면, 미국 주간州間 고속도로 시스템을 건설하는 데 든 비용은 5000억 달러였으나 그 이후 고속도로 시스템은 비용 1달러당 6달러 이상의 경제적 생산성을 되돌려 주고 있다. 미국 일자리 계획은 상당한 비용이 발생하지만 장·단기적으로 가치 있는 정책으로 긍정적인 평가를 받고 있다. 적정한 증세를 통한 경제 활성화 방안이라고 할 수 있다.[8]

증세와 별개로 초과 세수가 발생했을 때 이를 재원으로 사용하는 방법도 있다. 지금 거둬들이는 세금의 사용처를 새로운 시각에서 보는 것이다. 대만은 2023년 초 전 국민에게 1인당 6000대만달러(한화 약 25만 원)를 돌려주기로 결정했다. 반도체 활성화에 따라 발생한 초과 세수 3800억 대만달러(한화 15조 7900억 원) 중 일부인 1400억 대만달러(한화 5조 8100억 원)를 현금으로 돌려주기로 결정한 것이다. 미래에 AI가 인간을 대신해 생산 노동을 하고 그 결과물을 합리적으로 나눌 수 있는 사회가 온다면 우리의 기본 생활을 보장하는 수준의 금전을 나누는 데 큰 어려움은 없을 것이다. 그래서 기계화를 거쳐 자동화로 가는 과정이 궁극적으로 인간의 자유를 향하는 여정이라고 볼 수 있는 것이다.

재정 정책을 적절히 사용한 예는 이미 수두룩하고 그 효과 또한 여러 번 검증됐다. 중국은 코로나19가 극성을 부리던 2021년 여름 중국 공산당 100주년 기념행사를 거행하며 그동안 중국에 남은 마지막 빈곤한 현縣으로 꼽히던 윈난성 전습현, 후이쩌현이 2020년 11월 빈곤에서 탈출했다고 선언했다. 8년간 1조 5000억 위안을 투자해 시골에 사는 9900만 명의 절대 빈곤층을 빈곤선에서 벗어나게 하는 데 성공한 것이다. 물론 서방 비평가 사이에서는 중국이 빈곤선을 너무 낮게 책정했다는 지적이 나오기도 했지만, 빈곤을 중앙 정부와 지역 주민의 협력으로 이뤄 냈다는 것은 중국 역사상 초유의 일로 대단한 업적임이 틀림없다. 중국이 지금까지 유례없는 경제 발전을 이뤄 가고 있는 국가임에는 누구도 부정할 수 없는 사실이다. 중국의 발전은 인류사에 새로운 이정표를 세우는 것이라고 할 수 있다. 2020년 세계적으로 가장 어려움을 겪은 나라는 중국이 아니라 오히려 가장 발전됐다는 미국이었다. 잘못된 권력 행사가 가져온 결과일 것이다.

코로나19 팬데믹이 최정점에 다다랐을 때인 2020년 다른 국가들의 통화 정책을 우리는 관심 있게 되돌아봐야 한다. 모든 경제 상황이 무너져 내려 일자리가 소멸될 때 미국은 22퍼센트, 프랑스 21퍼센트, 국민소득 수준이 우리와 비슷한(약 3만 5000달러) 이탈리아는 25퍼센트, 개인 저축률이 높기로 유명한 일본은 15퍼센트, 재정 운영에 보수적인 영국과 독일이 각각 10퍼센트, 12퍼센트 수준으로 GDP 대비 국가 부채 비율을 높이면서까지 국민 생활 안정에 재정을 투입했다. 신흥개발국인 중국도 11퍼센트를 국가 재정에 투입했다. 하지만 한국은 6.3퍼센트 증가하는 데 그쳤다. 그럼에도 그 정도 수준의 재정 투입도 많고 포퓰리즘적 정책이라며, 심지어 망국적인 경제 파탄 행위라고 비난한 세력들이 있었다. 그에 따라 많은 자영업자와 취약 계층이 말 못 할 고통을 받아야 했다.

한국 사회의 건강성을 생각할 때 항상 유념해야 할 통계 가운데 하나가 자살률이다. 불행하게도 2020년 한국은 OECD 국가 평균 자

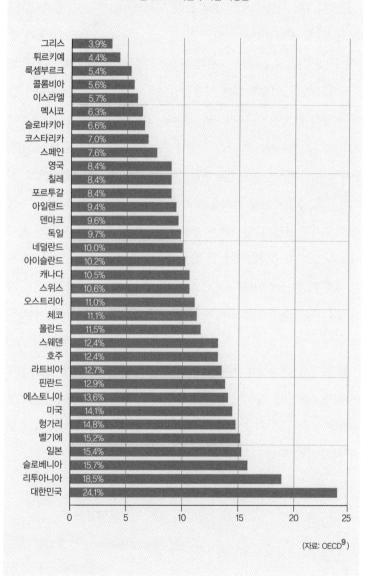

2021년 OECD 회원국 자살 사망률

국가	비율
그리스	3.9%
튀르키예	4.4%
룩셈부르크	5.4%
콜롬비아	5.6%
이스라엘	5.7%
멕시코	6.3%
슬로바키아	6.6%
코스타리카	7.0%
스페인	7.6%
영국	8.4%
칠레	8.4%
포르투갈	8.4%
아일랜드	9.4%
덴마크	9.6%
독일	9.7%
네덜란드	10.0%
아이슬란드	10.2%
캐나다	10.5%
스위스	10.6%
오스트리아	11.0%
체코	11.1%
폴란드	11.5%
스웨덴	12.4%
호주	12.4%
라트비아	12.7%
핀란드	12.9%
에스토니아	13.6%
미국	14.1%
헝가리	14.8%
벨기에	15.2%
일본	15.4%
슬로베니아	15.7%
리투아니아	18.5%
대한민국	24.1%

(자료: OECD[9])

살률(인구 10만 명당 기준) 11명보다 무려 2.2배나 많은 24.6명으로 이 부문에서 1위의 불명예를 안고 있다. 2003년 이후 2016년과 2017년 딱 두 해 빼고 1위를 지키고 있다. 노인 빈곤율도 OECD 국가 중 1위다. 질병과 그에 따른 경제적 부담 등이 노인들의 자살 원인으로 지목되고 있다. 이렇게 힘든 사람들일수록 사회 변화가 큰 시기에 가장 취약하게 노출된다. 하지만 한국은 그런 사람들에 대해 무정한 '평등'을 내세워 지원에 가장 인색한 재정 정책을 펴는 국가가 됐다. 팬데믹 기간 동안 우리나라 재정 정책을 무책임한 포퓰리즘으로 지목하며 도덕적 해이를 가져올 것이라고 억지 주장을 한 사람들의 관점에는 미국 재정 담당자들은 모두 정신병원에 가두거나 국가 전복죄로 교도소에 수감됐어야 할 것이다. 우리는 19세기 비스마르크 시대 보수주의자들이 했던 "모든 것이 전과 같아지려면, 모든 것이 바뀌어야 한다."라는 말의 의미와 실행 방안을 진지하게 받아들여야 하는 시대에 살고 있다.

재정 정책을 새롭게 시행하기 위해서는 사회적 합의가 필요하다. 미래 사회를 위한 사회적 합의를 위해 지금 바로 이 자리에서 담론을 시작해야 한다. 그리고 그 담론에는 다른 누구도 아닌 나부터 주체가 되어 참여해야 한다.

| 새로운 근무 형태와 근무 시간 |

정부가 추진하는 재정 정책과 동시에 민간에서도 근무 시간 단축이나 근무 형태를 검토하는 등 진지하게 새로운 방향을 모색할 때가 왔다.

원시 상태 인류는 하루 2~3시간 정도의 일을 하고 나머지 시간은 주로 사교 활동을 하면서 소일했다. 농업혁명은 인류가 먹고사는 문제를 해결해 줬지만 대신에 많은 시간을 노동하며 살아갈 수밖에 없는 사회 구조를 만들었다. 생산력이 미비했던 초기에는 잉여 가치를 쌓는 유일한 방법이 인간이 최대한 많은 시간을 노동하는 것이었다. 하지만 농업이 주축이 되고 생산력이 인간의 노동에 절대적으로 좌우되던 시기에도 인류는 효율적인 도구를 만들어 노동 시간을 단축하고자 노력했다. 산업혁명은 또 한 번 인류를 열악한 환경의 장시간 노동으로 몰고 갔다. 하지만 기계화와 자동화로 생산성이 비약적으로 향상되고 노조가 단결된 노동자의 요구를 관철하면서 산업혁명 초기 60시간이 넘던 노동 시간은 지속적으로 줄었다.

세계적인 코로나19 팬데믹은 노동을 바라보는 우리의 시각을 다시 한 번 크게 변화시켰다. 재택근무나 노동 시간 단축은 이제 더 이상 먼 나라 이야기가 아니며 우리 앞에 다가온 현실이다. 코로나19 이전에 재택근무는 한정된 아주 특수한 직종에서나 가능한 일로 여겨졌다. 하지만 코로나19가 극성을 부리던 시기에 우리는 거의 모든 직종에 재택근무를 시행하면서 어려움을 극복했다. 우리는 이미 재택

근무를 가능하게 하는 여러 문명의 이기를 가지고 있었던 셈이다.

근무 형태뿐 아니라 근무 시간 단축에서도 새로운 시도가 이뤄지고 있다. 영국 BBC에 따르면 전 세계적으로 많은 기업이 주 4일제 근무를 시범적으로 시행하며 긍정적인 결과들이 나오고 있다. 2022년 미국과 아일랜드에서 33개 기업, 영국에서 70개 기업을 대상으로 주 4일제 근무를 실시한 결과 생산성 향상과 비용 절감 효과가 있었고 지구 환경에도 이롭다는 결과가 나왔다. 노동 시간 단축이 단순히 노동자의 편익만을 위한 제도가 아니라는 것이 증명된 셈이다. 그리고 당연히 노동자들의 '워라밸 work and life balance'도 향상되었다.

많은 이점이 있음이 확인됐는데도 불구하고 노동 시간 단축이 이뤄지지 않는 이유는 무엇일까? 『금요일은 새로운 토요일 Friday Is the New Saturday』(2021)의 저자이면서 포르투갈 정부의 주 4일제 코디네이터인 페드루 고메스 Pedro Gomes 는 큰 기업들이 가지고 있는 엄격한 구조를 원인으로 꼽는다. 즉 창업자나 기업 CEO가 주 4일제를 긍정적으로 평가해도 도입 과정이 번거롭기 때문에 더디다는 것이다. 그리고 레딩 대학 헨리 경영대학원 교수 벤저민 레이커 Benjamin Laker 는 또 다른 주요 원인으로 관리자의 마인드를 지적했다. 기존 규범을 바꾸는 것에 반감을 가진 관리자가 장벽으로 작용한다는 것이다. 사실 이 두 가지는 우리의 노력 여하에 따라 극복 가능한 요인들이다. 주 40시간(주 5일) 근무에서 36시간(주 4.5일), 32시간(주 4일) 근무로 줄어드는 현상은 사용자와 노동자 모두에게 좋은 일이며 지구 환경에도 좋다. 주 4일제 근무가 머지않아 '뉴 노멀'로 자리 잡을 것이라는 것이 전문가들의 대체적인 의견이다. 미래의 일자리 형태와 노동 시간이 코로나19 팬데믹이라는 우연한 기회를 통해 우리에게 그 모습을 드러낸 셈이다.

| 야만의 시대의 종말인가, 인류의 종말인가 |

지구상의 생물은 약 45억 년 전 지구가 태어나고 7~8억 년 후쯤인 38억 년경 발생한 루카LUCA: last universal common ancestor (모든 생명의 공통 조상)에서 시작된다. 루카는 핵의 요소가 되는 물질은 있으나 핵막이 없어 핵의 구조가 없는 원핵세포로 이뤄진 생물로 추정된다. 약 27억 년 전에는 광합성을 하는 생물이 나타났고, 20억 년 전쯤에는 핵막으로 둘러싸인 핵과 소포체, 미토콘드리아 등을 포함한 세포질이 존재하는 단세포로 이뤄진 진핵생물이 출현했다. 단세포 생물은 효율 높은 산소를 이용하는 에너지 순환 시스템을 가진 다세포 생물로 진화했다. 지금으로부터 약 5억 년 전인 캄브리아기에는 생물 대폭발이라 할 만큼 온갖 다양한 생물 종들이 출현했고, 그 이후 진화상 지적 생명체가 탄생해 문명을 건설하고 발전시켜 오늘에 이르게 됐다. 이것이 45억 년의 지구 역사와 인류 문명 탄생의 가장 짧은 서술일 것이다.

지구는 인류가 출현하기 훨씬 오래전부터 존재해 왔고, 원래부터 비오토프biotope (다양한 생물 종의 공동 서식 장소)였다. 하지만 지구는 오랜 시간 진화해 오면서 지금까지 다섯 번에 걸친 대량 절멸(대멸종)도 겪었다. 오르도비스기, 데본기, 페름기 말, 트라이아스기 말, 백악기의 대멸종이다. 그런데 혹자는 인류가 스스로 "여섯 번째" 멸종을 자초하고 있다고도 한다. 종들이 서로 다른 이유로 진화했다가 사라지는 배경 절멸 background extinction 의 속도가 인류의 진화 이후 증가했고 오늘날 더욱 빨라지고 있다. 지금과 같은 속도를 유지한다면 500년 정도 후에는 인류로 인한 대멸종이 지구상에서 다시 한 번 일어날 수도 있다. 500년은 지구 나이에 비하면 극히 짧은 시간이지만 인류가 산업혁명 이후 지금까지 지구 환경에 얼마나 큰 영향을 미쳤는지를 생각해 보면 충분히 가능한 시간이다.

이렇게 어렵게 기적과 같이 만들어 온 지구 문명의 역사는 사실 매우 허약한 기반에 근거한다. 불과 50년 전 지구상에는 현재 인류의 절반 정도가 살았다. 당시에는 인구가 두 배가 되면 지구에 심각한 문제가 야기되고 극심한 식량 문제가 닥칠 것이라고 전망했다. 하지만 인류는 과학기술의 발전에 힘입어 이를 극복했으며 인구가 최정점에 이를 것으로 예상되는 2100년경에도 문제를 해결할 것으로 예측된다. 무엇보다 인구가 크게 폭발했음에도 인류의 생활이 전반적으로 향상된 데는 산업화와 함께 여성들, 특히 개발도상국 여성들이 자신의 몸에 대한 통제권을 강화하면서 사회적으로 발언권을 키워온 것 또한 큰 요인으로 작용했다. 이에 따라 인류의 노동력은 두 배가 되고 전반적인 에너지 효율이 높아졌으며 인구 증가율도 꺾이고 있다. 인간 개개인이 인간으로서 대접받는다는 것이 개인 차원의 문제가 아닌 인류 전체 생존과도 직결된다는 방증일 것이다.

　그러나 인류가 문제를 슬기롭게만 해결하는 것은 아니다. 한편으로 인류는 러더퍼드가 원자핵을 발견한 지 고작 34년 만에 핵무기로 두 도시를 파괴했으며 지금도 지구를 몇십 번 몇백 번 파괴 가능한 핵무기를 머리에 이고 살아가고 있다. 이뿐 아니라 우리는 문명 스스로가 지구 환경의 급격한 변화를 초래해 어쩌면 절멸될 수도 있는 환경을 지속적으로 조성해 나가고 있는지도 모른다. 지구 같은 작고 아름다운 행성을 우리 후손들이 안전하게 살아갈 수 있는 지속 가능한 행성으로 지키고 싶다면 우리의 관점을 크게 바꿔야 한다. 상호 파괴, 소행성 충돌 위협, 기후 변화, 전 세계적 전염병과 같은 전 지구적 문제들을 해결하기 위해 지금 우리가 가지고 있는 가치 체계를 다시 원점부터 돌아봐야 한다. 가치 정립이 그 출발점이 돼야 한다. 지금과 같이 부를 창출할 수 있는 수단에 대해 거의 제약 없는 절대적 독점권을 인정할 것인가, 아니면 같이 살아가는 인류의 생명권과 행복 추구권을 기본적으로 인정할 것인가의 문제다. 선택의 시간이 다가오고 있으며 이는 피할 수 없는 결정이다. 유토피아를 만들 수 있는 능력을 갖추고 있음에도 잘못된 판단을 한다면 인류 문명의 마지막 순간이 찾아올지도 모른다.

　한정된 자원을 가지고 치열하게 싸워야 했던 야만적인 시대는 서서히 종말을 고할 것이다. 우리는 이미 그런 기술을 상당 부분 완성했으며 앞으로 더욱더 빠른 속도로 발전해 나갈 것이다. 인간이 진정으로 노동에서 해방돼 행복하게 공존할 수 있는 세상은 이제 더 이상

꿈속에만 존재하는 도달하지 못할 유토피아가 아니다. 자신의 생각을 바꾸는 동시에 같이 살아가는 우리 이웃들이 진실을 직시하고 자신들의 삶을 바꿔 갈 수 있도록 격려하고 노력해야 한다. 물론 이런 모든 활동과 생각들이 순조롭게 자발적으로 이뤄지기는 쉽지 않을 것이다. 역사를 돌이켜 보면 인류를 진보시켰던 많은 사건들이 폭력을 수반하기도 했다. 우리는 이제 역사에서 많은 것을 배우고 실천할 수 있는 지혜를 얻고 있다. 때때로 피치 못할 순간이 도래하기도 하겠지만 근본적으로 우리는 평화롭게 새로운 인류의 미래를 열 수 있다. 이는 다른 사람들의 행복한 삶도 자신의 행복한 삶과 동일한 가치가 있으며 이런 행복을 추구할 권리와 방법이 우리 일자리를 통해 구현될 수 있다는 데 서로 동의할 때 가능하다.

| 우리에게 주어질 기나긴 시간, 어떻게 살 것인가 |

지구의 역사에는 특이한 순간들이 있어 왔다. 가장 멀리 거슬러 올라가면, 지구에 생명의 기원이 생성되는 순간이 있었을 것이다. 생명의 기원에 대해서는 아직 명확히 밝혀지지는 않았지만 1986년 하버드 대학 월터 길버트 교수가 제안한 'RNA 세계RNA world' 가설이 현재로서는 가장 유력하다. 초기 지구에서 자기 복제 능력이 있는 RNA 가닥으로 이뤄진 분자 생명체가 등장한 것이 생명의 기원이라는 가설이다. 여러 정황상 하나의 사슬로 이뤄진 이 RNA에서 이중 나선 구조의 DNA가 유래한 것으로 보인다. 이렇게 출현한 DNA 중에서 특이하게 유전적 생존 메커니즘을 발달시킨 '마그나 수페르스테스 Magna superstes', 즉 '위대한 생존자'가 탄생했다. 한 번 일어난 이 생명의 탄생 사건으로 지구는 생명으로 가득 찬 아름다운 행성이 됐다.

우리가 역사라고 부르는 시간에는 이런 특이하고 결정적인 사건들이 더욱 빈번하게 일어났다. 사실 인류 역사는 이런 순간의 연속이라고 할 수 있다. 부처가 삶에 대해 깨달음을 얻었을 때, 예수가 사랑을 전파하기 시작했을 때, 무함마드가 신의 계시를 받았을 때, 뉴턴이 만유인력의 법칙을 발견했을 때, 아인슈타인이 상대성 이론을 완성했을 때, 라이트 형제가 최초로 동력 비행에 성공했을 때가 모두 이런 순간에 해당한다. 이런 거창한 사건뿐 아니라 소소한 일상에서도 우리 삶을 변화시키는 일은 자주 일어난다. 우리가 무신경하게 그저 지나칠 뿐이다. 하지만 크든 작든 우리 삶을 바꾸는 이런 순간들을 지나면서 인류의 삶 자체가 영원히 바뀌어 새로운 세상에서 살아가게 된다.

머지않은 미래에 인류가 영생을 구가할지도 모른다는 여러 예측들이 있다. 어떤 방식으로 영생을 구가할 수 있을지 가능성이 있는 것들을 말해 보자면, 우선 첨단화된 AI에 자신의 의식을 이식해 육체가 신체적으로 사망한 후에도 AI와 네트워크를 통해 살아 있는 사람들과 계속 교류하고 소통하는 방식이 있다. 또 우리 신체 일부를 새로운 장기나 인조 부품으로 교체해 가면서 삶을 이어 가는 방식이 있다. 또 다른 방식으로는 하버드 의대 데이비드 싱클레어 David A. Sinclair

교수가 저서 『노화의 종말Lifespan』(2019)에서 주장하는 대로 '후성유전체epigenome'를 "영구히" 재설정하는 방법이 있다. 노화에는 셀 수 없이 많은 원인이 있는데, 유전자 발현을 제어하는 후성유전체의 변화도 노화의 한 징표다. 이 후성유전체를 영구히 재설정할 수 있다면 노화의 원인 하나를 완전히 제거하게 되는 셈이다.

디지털 방식은 이미 우리에게 가시적으로 다가왔다고 할 수 있다. 인류는 이제 로봇이 대부분의 생산 노동을 담당하고 어쩌면 지금의 나이와는 비교할 수 없을 만큼 긴 시간을 살아가게 될 것이다. 이런 세상의 도래는 시간문제일 뿐이다. 그때가 오면 또 한 번 다시는 돌아가지 못할 강을 건너게 된다. 이런 세상에서 우리는 무엇을 하며 살아가고 무엇을 위해 살아가야 할까? 지금부터 생각하기 시작해도 절대 이른 게 아닐 것이다. 역사상의 혁명적 사건들은 사건이 일어나기 전 시대의 누군가가 앞날을 예측해 방향을 정하고 목적의식을 갖고 있었기에 발생한 것이 아니다. 많은 시행착오가 있기는 했어도 인간의 집단 지성이 그 모든 문제를 해결하면서 우리를 지금의 위치까지 오게 한 것이다. 막연한 낙관은 돌이킬 수 없는 역사로 인류를 내몰 것이다. 지금 우리가 구체적이고 세세한 행동 방식과 사고를 규정할 수는 없다. 하지만 우리와 우리 후손들이 살아갈 지구를 유토피아로 만들기 위해 어떤 일이 가치 있는 것인가에 대해서는 최소한 동의할 수 있다. 우리는 우리가 가져야 할 일자리에 대해 사회적으로 논의하고 합의를 이뤄 모든 사람이 누릴 수 있는 일자리를 만드는 것을 목표로 삼아 전진할 수 있다. 태양계에서 유일하게 사고하고 고도의 문명을 만든 종족인 인류에게 너무나 당연한 권리 아니겠는가?

　80억 명의 인구가 살아가는 오늘날 한 개인의 힘은 너무 약하고 빈약해 보일지 모른다. 하지만 우리가 살아가는 우주에서 우리가 보고 느낄 수 있는 물질은 전체 우주 물질의 5퍼센트에 불과하다. 이보다 훨씬 많은 부분을 차지하고 있는 것은 흔히 '암흑 에너지'라고 알려진 미지의 에너지다. 인간의 능력으로는 아직까지 존재를 실증하거나 검출할 수는 없으나, 우리 우주를 지배하는 법칙에 따르면 당연히 존재해야 한다. 만약 이 암흑 에너지가 존재하지 않는다면 지금의 우주 형태는 존재가 불가능하고 우리도 당연히 존재하지 못할 것이다. 그래서 모든 과학자들이 암흑 에너지의 존재를 인정하고 있다. 이 암흑 에너지는 전체 우주 에너지 총량의 약 72퍼센트나 차지한다. 하지만 1세제곱미터에는 고작 10^{-27}킬로그램이 존재한다. 인간의 감각으로는 도저히 느낄 수 없는 양이다. 그 작은 양의 에너지가 우주 전체 총합을 따지면 이 거대한 우주의 72퍼센트를 차지하고 있으며 우리 존재에 필수적인 존재인 것이다. 우리 개개인도 마찬가지다. 우리가 스스로 느끼기에는 80억분의 1로 극히 미미한 존재로 느껴질지라도 우리 모두의 합이 지금까지의 인류 역사를 만들어 왔다. 우리의 미래도 마찬가지일 것이다. 우리 개개인의 새로운 생각과 도전이 새로운 인류 역사를 만들 것이다. 지금까지 그래왔듯이 말이다.

　인간의 사고를 뿌리까지 바꾸게 함으로써 완전히 다른 세상이 도래하는 시점을 '대변곡점'이라 한다. 일과 일자리 관점에서 인류의 역사에서는 지금까지 두 차례의 대변곡점이 있었다. 신석기 농업혁명과

18세기 산업혁명이다. 1차 대변곡점인 농업혁명은 잉여 가치를 바탕으로 국가를 탄생시켰다. 2차 대변곡점인 산업혁명은 자본을 최고의 가치로 여기면서 기업을 탄생시켰다. 이제 우리는 또 다른 대변곡점을 지나고 있다. 바로 4차 산업혁명이다. 4차 산업혁명은 농업혁명 이래 인류 문명을 고도화시킨 원동력인 인간 '노동'에 대한 근본적인 변화를 가져올 것이다. 4차 산업혁명의 결과 과연 무엇이 탄생할 것인가? 아마도 진정한 자유를 획득한 인간이 탄생할 것이다.

에필로그

에필로그

내가 근무하는 서울특별시 북부기술교육원은 서울시가 예산을 투입해 기술 교육을 무상으로 실시함으로써 새로운 직업을 갖고자 하는 서울 시민의 직업 전환을 돕는 기관이다. 1990년에 설립돼 지금까지 1만 6000명 이상의 시민들에게 새로운 직업의 기회를 제공했으니 한국에서 최고의 직장은 아닐지라도 자부심을 느끼기에는 부족함이 없는 좋은 직장이다. 지금도 초기 교육을 받고 자동차 정비나 냉동 공조와 같은 현장 기술직으로 취업해 성공적으로 자식을 교육하고 나름대로 안정된 노후를 준비한 졸업생이 연락을 해 오는 모습은 인생을 살아온 보람을 느끼게 해 준다.

한때는 기술교육원에 입교하기 위해 상당한 경쟁을 뚫어야 하는 때도 있었지만 요즘은 학과별로 경쟁률 편차가 심하다. 내가 처음 근무를 시작했을 때인 2019년만 해도 학과별로 큰 편차 없이 교육생을 비교적 쉽게 모집할 수 있었다. 하지만 코로나19 팬데믹을 겪으며 교육생 모집과 교육 수료 후 취업이 점점 어려워졌다. 그사이 세계적인 불평등은 심화됐고, 팬데믹이 끝난다 해도 좋은 일자리가 다시 생길지의 여부는 알 수 없었다. 부자들이 그야말로 천문학적인 단위의 부를 축적해 가는 사이 대다수는 하루를 살아가는 것도 벅찬 현상은 비단 우리나라만의 문제는 아니었다. 그리고 산업 현장에서 한번 없어진 일자리는 복원되는 경우가 거의 없다. 미래 우리 일자리를 근본적으로 변화시킬 4차 산업혁명은 멀리 떨어져 있는 이야기가 아니라 바로 내 앞에 거대한 파도로 다가오고 있었던 것이다.

그동안 산업혁명은 항상 인류에게 좋은 방향으로 작용해 왔다. 18세기 1차 산업혁명을 통해 우리는 이전에 없었던 생산력을 보유하게 됐으며 19세기 후반에서 20세기 초까지 산업화의 물결이 유럽 전역과 미국, 아시아로 퍼진 2차 산업혁명, 1970년대 초 이후 자동화가 도입되고 인터넷 통신혁명이 일어났던 3차 산업혁명은 이를 더욱 가속화시켜 '중산층'을 탄생시켰다. 그리고 가난에서 전 인류가 탈출하는, 불가능하게만 보였던 일이 가능해 보이고 그렇게 할 수 있다는 자신감을 갖게 됐다. 문명의 가장 원초적인 목표인 '먹거리로부터의 완전한 해방'이 가능해진 것이다.

하지만 2015년 세계은행 보고에 의하면, 아직도 2달러도 안 되는 돈으로 하루를 살아가는 사람이 전체 인구의 약 10퍼센트가 넘는 7억 5000만 명에 달한다. 코로나19 팬데믹의 영향으로 이 숫자는 더 늘었을 것으로 추정된다. 더 암울한 것은 양극화 현상이 앞으로 더욱더 심화될 것이라는 점이다. 더 많은 사람이 더 가난해지고 더 적은 사람들이 더 큰 부자가 된다는 의미다. 그 많은 사람들이 일하기가 싫어서, 게을러서 소득을 못 올리는 자발적인 선택의 결과로 더 가난해지는 것이라면 굳이 이런 책을 쓸 필요가 없을 것이다. 그 사람들 대부분은 자신에게 일이 주어진다면 누구보다도 열심히 일할 각오와 준비가 돼 있는 사람들이다. 근거 없는 낙관에서 하는 이야기가 아니다. 세계에서 가장 가난한 나라 중 하나인 방글라데시에서 마이크로크레디트 microcredit (영세민을 위한 무담보 소액 대출) 사업을 전담하는 그라민 은행의 성과를 보면 쉽게 확인할 수 있다. 하지만 아무리 고민해 봐도 일자리는 점점 줄어들어 종국에는 직업을 가질 수 있는 인구의 비율이 한 자릿수를 지키는 것도 벅차게 될 것이다. 인류 전체 생산력은 무서운 속도로 높아지고 부는 더 빠르게 쌓이는데 왜 우리 일자리는 점점 더 나빠지고 그나마 그 수도 주는가? 또 우리가 살아가는 지구는 왜 더욱더 큰 위기에 봉착하고 있는가? 이것이 4차 산업혁명의 속성 아닐까? 인류가 지금까지 금과옥조로 여겼던 효율은 근본적으로 모순을 잉태하고 있었던 것은 아닐까? 무언가 중요한 가치가 전도돼 우리를 나락으로 몰고 가는 것은 아닐까?

그럼 지금과 같은 방식이 여전히 지속 가능할까? 아니다. 그럼 무엇이 문제이고 어떻게 접근해야 해결할 수 있고 우리와 우리 후손들의 미래를 담보할 수 있을 것인가? 이 문제의식이 이 책을 쓰게 한 동기다.

인류를 지금 이 자리로 이끈 문명은 약 6000년 전에 본격적으로 시작됐다. 삶을 윤택하게 해 주고 우리를 개화시킨 문명은 효율을 기본 가치로 발전해 왔다. 하루하루 생존을 위해 투쟁해야만 했던 시기에는 생산 활동과 사회 구성의 효율을 추구하는 것이 당연한 귀결이었다. 우리 문명이 길지 않은 시간에 효율을 바탕으로 이룬 업적도 경이롭다. 생존을 걱정해야 했던 자연 상태의 인간이 우주를 향해 나아갈 수 있는 기술을 보유하는 데까지 왔다. 최초 문명은 지역별 특성을 가지고 발달해 왔지만 시간이 흐름에 따라 문명은 특수성이 줄어들고 점점 더 하나로 통합돼 왔다. 이제 우리는 지구 문명이라는 하나의 문명에 살아간다고 할 수 있다. 하지만 효율을 바탕으로 하는 발전 전략은 이제 그 효용을 다했다. 효율은 우리에게 발전을 가져다줬지만 한편으로는 심각한 사회적, 자연적, 환경적 모순도 함께 낳았다. 이제 문제의 임계점에 다다라 더 이상 지금까지와 같은 방식으로는 지속 가능하지 않다. 다른 각도로 세상을 바라보고 새로운 단계의 문명에 필요한 가치를 정립할 때가 왔다. 다행스럽게 인류가 지금까지 쌓아 온 지혜와 과학기술은 이를 가능하게 해 줄 것이다.

새로운 단계의 문명은 공존이 가장 중요한 덕목이 될 것이다. 최초 신에게 의지했던 인간은 르네상스를 기점으로 인본주의로 그 가치를 대체했다. 인본주의는 신이 인간을 지배했던 시대보다야 나았겠지만 이제는 그 폐해가 통제 불가능한 수준으로 가고 있다. 우주에서 조그마한 한 점에 지나지 않은 지구 위에 존재하는 인간이 세상의 근본이 될 수는 없다. 인간도 우주를 구성하는 여러 요소 중의 하나일 뿐이다. 우주 속에서 모든 요소들과 공존하는 것은 당연한 일이다. 그리고 우리 삶의 터전인 지구와 지구 위에 존재하는 모든 생명체와 공생하는 것은 우리 의무이기도 하다. 인간관계에서도 상호 존중에 바탕을 둔 공생·공존은 우리가 선택할 수 있는 문제가 아니라 필연적으로 받아들여야 하는 명제다. 이 명제 아래 미래 일자리가 탄생할 것이다. 모든 사람이 힘든 노동에서 벗어날 수 있는 과학기술을 가진 인류가 여전히 타인을 억압하고 타인 위에 군림하면서 스스로 삶의 터전을 파괴하는 방식의 일자리를 유지하는 것은 더 이상 타당하지 않고 있어서는 안 될 일이다. '레이버피아'의 세계는 새로운 단계의 문명으로 나아가는 세계가 될 것이다.

새로운 가치를 내재하고 있는 문명이 도래하면 그에 따라 생겨날 일자리의 성격도 당연히 바뀌게 된다. 사회를 만들고 여러 문명을 탄생시키면서 발전해 온 인류는 세계를 하나로 묶고 고도의 과학기술을 통해 지구 단위의 하나의 문명을 만들어 냈다. 그리고 이제 새로운 가치를 가진 한 단계 높은 문명으로 들어서는 문 앞에 서 있다. 그 문명은 지금까지와는 다른 고도의 문명이 될 것이다. 그 문명 속에서 우리는 새로운 일자리를 갖게 될 것이다. 지금까지 없던 다양한 직업들이 계속 생겨날 테고 일자리가 추구하는 목표도 그동안과는 다를 것이다. 전문가 집단이라 여겨지는 일자리는 돈이나 권력이 아니라 일 본연의 가치를 실현하는 일이 될 것이다. 학자나 의사, 변호사 같은 전문가 집단은 여전히 필요하고 중요한 역할을 할 것이다. 자신의 전문 분야에서 사람들과 소통하면서 그 분야의 그루(스승)와 같은 역할을 함으로써 사람들이 풍요롭고 평화로운 삶을 살아가도록 도와주는 진정한 친구 같은 역할을 맡게 될 것이다. 그리고 끊임없이 새로운 세계를 탐구해 가는 인류의 여정도 여전히 지속될 것이다. 농업이나 어업 같은 1차 산업 종사자들은 자연과 소통하고 우주의 이치를 느끼면서 삶의 지혜를 찾는 집단으로 다시 태어나 인류 삶의 근본으로 작용하게 될 것이다. 농업이나 어업이 환경을 소모시켜 자가당착에 빠지는 문명에서 벗어나 지속 가능한 생산 활동을 하고자 하는 노력들은 이미 여러 나라에서 다양한 방법으로 시도되고 있다. 농자農者는 천하지대본天下之大本이다. 자신의 능력에 기대어 사는 사람들은 정신노동자, 육체노동자 할 것 없이 자신의 능력에 자부심을 느끼고 즐기면서 살게 될 것이다. 이룬 일에 성취감도 느끼지만 일이 진행되는 과정 자체를 진정으로 즐기는 삶을 살게 될 것이다. 장인 정신을 되살려 자신의 성장을 목표로 인생을 살아가고자 하는 사람들이 기꺼이 받아들이는 분야의 일자리가 다양하게 만들어질 것이다. 호기심이 왕성해 교류를 즐기면서도 타인에 대한 배려를 잊지 않는 사람들은 다양한 네트워크를 통해 그에 맞는 일을 하게 될 것이다.

지금 우리가 하는 일은 이제 더 이상 고립된 상태에서 이뤄지지 않는다. 모든 일은 세계와 바로 연결된다. 크고 어려운 문제일수록 한 발 떨어져 가장 단순하게 생각할 때 진실이 보이고 총체적인 해결 방안이 나온다. 세부적이고 전문적인 시각은 국소적인 문제를 해결할 때는 도움이 될지 몰라도 자칫 잘못하면 오히려 문제를 키울 수 있다. 이미 우리 모두가 알고 있다시피 현 상황을 아주 단순하게 정리하면 생산력은 앞으로 매우 커질 것이지만 우리가 살아가는 환경은 그에 반비례해 급속하게 열악해질 것이다. 그리고 이 모든 일에 인간의 노동은 점점 더 필요가 없어질 것이고 그 변화 속도는 더욱 빨라질 것이다. 오늘은 가장 빠른 날이면서 동시에 가장 늦은 날이기도 하다. 어제까지의 변화 속도보다는 빠르지만 내일의 변화 속도보다는 늦기 때문이다.

이 책을 읽으면서 진실에 접근하는 데 걸림돌이 있다면 그것은 전적으로 내 어리석음과 부족한 식견 탓이다. 좀 더 심도 있게 고민하고 더 많은 공부를 하고 나서 썼어야 마땅하지만 주제넘게 이렇게 출판하게 된 이유는 세상의 변화 속도가 항상 우리 생각을 앞지르기 때문이다. 이 책의 내용을 고민하고 쓰기 시작한 와중에 오픈AI의 챗GPT가 세계 최초로 서비스를 시작했다. 암중에서 서로를 탐색하던 세계 공룡 IT 기업들이 본격적으로 AI 시대로 진입했다는 신호탄이다. 앞으로 5년, 아니 3년이 채 되기 전 우리는 AI 이전 시대와 이후 시대로 세상을 구분하면서 살게 될 것이다. 손에 잡히지 않았던 4차 산업혁명이라는 말보다 AI는 훨씬 더 현실적이고 직접적으로 우리 일자리에 변화를 가져올 것이다. 그런 변화가 잘못 설정되고 고착화되기 전에 우리 스스로를 격려하면서 새로운 세상에 대비해야 한다.

나는 내 아들이 자신이 좋아하는 회사에서 미래에 대한 희망을 가지고 즐겁게 살아가길 바라고 내 딸도 자신이 되고자 하는 물리 치료사가 되어 다른 사람들과 교감하면서 행복한 인생을 살기를 간절히 바란다. 하지만 세상은 바람만으로 이뤄지지 않는다. 우리가 움직이지 않으면 누가 우리를 위해 행동에 나서겠는가?

주

| 프롤로그 |

1. 미하이 칙센트미하이 지음,『창의성의 즐거움』, 노혜숙 옮김, 북로드, 2012, p18.

| 1장 |

1. Colin McEvedy and Richard Jones, *Atlas of World Population History*, 1978, p344.

2. Hutchison, W. D., Davis, K. D., Lozano, A. M., Tasker, R. R. and Dostrovsky, J. O. 1999.

   Pain related neurons in the human cingulate cortex. *Nature Neuroscience*,

   2: 403 – 405.

3. 요아힘 바우어 지음,『공감하는 유전자』, 장윤경 옮김, 매일경제신문사, 2022, p73.

4. Dunbar, R. I. M. 1992. Neocortex size as a constraint on group size in primates.

   Journal of Human Evolution. 22 (6): 469 – 493.

| 2장 |

1. 우실하 지음,『고조선문명의 기원과 요하문명 』, 지식산업사, 2018, p221.

2. 아르놀트 하우저 지음,『문학과 예술의 사회사 1 – 선사시대부터 중세까지』,

   백낙청 옮김, 창비, 2016, p39.

3. "居馬上得之 寧可以馬上治之乎." 사마천(司馬遷), 『사기(史記)』 권97

　「역생육가열전(酈生陸賈列傳)」.

4. 조르주 루 지음, 『메소포타미아의 역사 2』, 김유기 옮김, 한국문화사, 2013, p262.

5. 윌 듀런트 지음, 『문명이야기 1-1 - 동양문명, 수메르에서 일본까지』,

　왕수민 · 한상석 옮김, 민음사, 2011.

| 3장 |

1. 벤 윌슨 지음, 『메트로폴리스』, 박수철 옮김, 박진빈 감수, 매일경제신문사,

　2021, p405.

2. 벤 윌슨 지음, 『메트로폴리스』, 박수철 옮김, 박진빈 감수, 매일경제신문사,

　2021, p265.

3. 벤 윌슨 지음, 『메트로폴리스』, 박수철 옮김, 박진빈 감수, 매일경제신문사,

　2021, p80.

4. 벤 윌슨 지음, 『메트로폴리스』, 박수철 옮김, 박진빈 감수, 매일경제신문사,

　2021, p89.

5. 벤 윌슨 지음, 『메트로폴리스』, 박수철 옮김, 박진빈 감수, 매일경제신문사,

　2021, p457.

6. 조르주 루 지음, 『메소포타미아의 역사 1』, 김유기 옮김, 한국문화사, 2013, p134.

7. "君者舟也 庶人者水也. 水則載舟 水則覆舟. 君以此思危 則危將焉而不至矣."

　『순자(荀子)』 「왕제(王制)」.

8. 제임스 C. 스콧 지음, 『농경의 배신』, 전경훈 옮김, 책과함께, 2019, p233.

1. 발레리 한센 지음,『실크로드 – 7개의 도시』, 류형식 옮김, 소와당, 2015, p134.

2. 스튜어트 로스 지음,『모든 것의 처음』, 강순이 옮김, 홍시, 2020, p220.

3. 정예푸 지음,『문명은 부산물이다』, 오한나 옮김, 378, 2018, p326.

4. 이븐 칼둔 지음,『역사서설 – 아랍, 이슬람, 문명』, 김호동 옮김, 까치, 2003, p387.

5. 다음 문헌 참조. 김종일·권오영·장남원·한혜선 지음,『토기와 도자기 – 한국 도자기 문명사』, 들녘, 2022, p92.

6. 김종일·권오영·장남원·한혜선 지음,『토기와 도자기 – 한국 도자기 문명사』, 들녘, 2022, p252.

7. 정찬주 지음,『불국기행』, 유동영 사진, 작가정신, 2015, p186.

8. 정찬주 지음,『불국기행』, 유동영 사진, 작가정신, 2015, p176.

9. 스튜어트 로스 지음,『모든 것의 처음』, 강순이 옮김, 홍시, 2020, p192.

10. 스튜어트 로스 지음,『모든 것의 처음』, 강순이 옮김, 홍시, 2020, p191.

11. Allen, Robert C. 1975. "International Competition and the Growth of the British Iron and Steel Industry: 1830 – 1913." Harvard University, Cambridge.

12. 다음 문헌 참조. 김종일·권오영·장남원·한혜선 지음,『토기와 도자기 – 한국 도자기 문명사』, 들녘, 2022, p355.

13. "World Electricity Generation", *World Energy Data*, 2023년 2월 갱신. https://www.worldenergydata.org/world-electricity-generation/#footnote_0_9196 (2023년 7월 22일 검색)

14. 미치오 카쿠 지음,『단 하나의 방정식 – 궁극의 이론을 찾아서』, 박병철 옮김, 김영사, 2021.

15. 존 그리빈 지음,『과학을 만든 사람들』, 권루시안 옮김, 진선북스, 2021, p542.

16. 이상덕,「"AI, 자본주의 흔드는 날 온다"… 챗GPT 아버지의 경고」, 매일경제, 2023년 2월 6일 갱신. https://www.mk.co.kr/news/it/10632855 (2023년 6월 29일 검색).

| 5장 |

1. 「세계 30대 컨테이너 항만 순위」, 한국무역협회 물류뉴스.

   https://www.kita.net/cmmrcInfo/cmmrcNews/imxprtLgistNews/imxprtLgistNewsDetail.

   do?no=6202&dataCls=B (2023년 7월 24일 검색).

2. 이미지, 「2000개 로봇이 하루 100만개 물품 나른다」, 조선일보, 2023년 2월 3일

   갱신.

   https://www.chosun.com/economy/market_trend/2023/01/30/CUTZUECX7ZAW

   TKU3QMGVAFA744/ (2023년 7월 1일 검색).

3. 애덤 투즈 지음, 『붕괴 – 금융위기 10년, 세계는 어떻게 바뀌었는가』,

   우진하 옮김, 아카넷, 2019, p437.

4. Annie Lowrey, "The Rich Get Richer Through the Recovery", *The New York Times*,

   2013년 9월 10일.

   https://archive.nytimes.com/economix.blogs.nytimes.com/2013/09/10/the-rich-get-

   richer-through-the-recovery/ (2023년 7월 2일 검색).

| 6장 |

1. 다음 문헌 참조. 애덤 투즈 지음, 『셧다운 – 코로나19는 어떻게 세계 경제를

   뒤흔들었나』, 김부민 옮김, 정승일 감수, 아카넷, 2022, p362.

2. ADB et al. 2015. "From billions to trillions: Transforming development finance post-2015

   financing for development: Multilateral development finance." Development Committee

   Discussion Note, 2 April, prepared jointly by the African Development Bank, the Asian

   Development Bank, the European Bank for Reconstruction and Development,

the European Investment Bank, the Inter-American Development Bank, the International Monetary Fund and the World Bank Group.

https://thedocs.worldbank.org/en/doc/622841485963735448-0270022017/original/DC20150002EFinancingforDevelopment.pdf (2023년 7월 2일 검색).

3. 조던 B. 피터슨 지음, 『의미의 지도 – 인생의 본질을 잃어버린 시대에 삶의 의미를 찾아서』, 김진주 옮김, 앵글북스, 2021, p42.

4. Grove, Andy. "Andy grove: How america can create jobs." *Business Week*, July 1 (2010), 2010.

https://www.bloomberg.com/news/articles/2010-07-01/andy-grove-how-america-can-create-jobs (2023년 7월 2일 검색).

5. 마이클 샌델 지음, 『정의의 한계』, 이양수 옮김, 멜론, 2012.

6. 에릭 와이너 지음, 『천재의 지도』, 노승영 옮김, 문학동네, 2021, p47.

7. 「OECD 주요국 고용률 2000-2022」, 통계청 지표누리.

https://www.index.go.kr/unity/potal/indicator/PotalIdxSearch.do?idxCd=4212&sttsCd=421202 (2023년 7월 23일 검색).

「OECD 주요국 실업률 2000-2022」, 통계청 지표누리.

https://www.index.go.kr/unity/potal/indicator/PotalIdxSearch.do?idxCd=5026&sttsCd=502602 (2023년 7월 23일 검색).

8. 미래애셋 글로벌 X 팀, 「바이든 정부의 2조 달러 미국 일자리 계획과 인프라에 미치는 영향」, 2021년 4월.

https://www.globalxetfs.com/content/files/US-Infra-American-Jobs-Plan_Korean.pdf (2023년 7월 23일 검색).

9. "Suicide rates", *OECD Data*. https://data.oecd.org/healthstat/suicide-rates.htm (2023년 7월 23일 검색).

일자리 그 위대한 여정

1판 1쇄 인쇄 2023년 10월 27일
1판 1쇄 발행 2023년 11월 17일

지은이 백완기
펴낸이 김미영

편집 임성민
표지 디자인 이유나
본문 디자인 이채영
제작 테크디앤피

펴낸곳 지베르니
출판등록 2021년 8월 2일
출판등록 제561-2021-000073호
팩스 0508-942-7607
이메일 giverny.1874@gmail.com

ⓒ 백완기, 2023
ISBN 979-11-975498-3-0 (03300)

일자리
그 위대한 여정